Ressourcenallokation, Wettbewerb und Umweltökonomie

Klaus Deimer · Martin Pätzold · Volker Tolkmitt

Ressourcenallokation, Wettbewerb und Umweltökonomie

Wirtschaftspolitik in Theorie und Praxis

Klaus Deimer
Campus Lichtenberg, HWR Berlin
Berlin, Deutschland

Martin Pätzold
Fakultät Wirtschaftsingenieurwesen
HS Mittweida
Mittweida, Deutschland

Volker Tolkmitt
Fakultät Wirtschaftsingenieurwesen
HS Mittweida
Mittweida, Deutschland

ISBN 978-3-662-52765-8   ISBN 978-3-662-52766-5 (eBook)
DOI 10.1007/978-3-662-52766-5

Die Deutsche Nationalbibliothek verzeichnet diese Publikation in der Deutschen Nationalbibliografie; detaillierte bibliografische Daten sind im Internet über http://dnb.d-nb.de abrufbar.

Springer Gabler
© Springer-Verlag GmbH Deutschland 2017
Das Werk einschließlich aller seiner Teile ist urheberrechtlich geschützt. Jede Verwertung, die nicht ausdrücklich vom Urheberrechtsgesetz zugelassen ist, bedarf der vorherigen Zustimmung des Verlags. Das gilt insbesondere für Vervielfältigungen, Bearbeitungen, Übersetzungen, Mikroverfilmungen und die Einspeicherung und Verarbeitung in elektronischen Systemen.
Die Wiedergabe von Gebrauchsnamen, Handelsnamen, Warenbezeichnungen usw. in diesem Werk berechtigt auch ohne besondere Kennzeichnung nicht zu der Annahme, dass solche Namen im Sinne der Warenzeichen- und Markenschutz-Gesetzgebung als frei zu betrachten wären und daher von jedermann benutzt werden dürften.
Der Verlag, die Autoren und die Herausgeber gehen davon aus, dass die Angaben und Informationen in diesem Werk zum Zeitpunkt der Veröffentlichung vollständig und korrekt sind. Weder der Verlag noch die Autoren oder die Herausgeber übernehmen, ausdrücklich oder implizit, Gewähr für den Inhalt des Werkes, etwaige Fehler oder Äußerungen.

Lektorat: Margit Schlomski

Gedruckt auf säurefreiem und chlorfrei gebleichtem Papier

Springer Gabler ist Teil von Springer Nature
Die eingetragene Gesellschaft ist Springer-Verlag GmbH Germany
Die Anschrift der Gesellschaft ist: Heidelberger Platz 3, 14197 Berlin, Germany

Für Irmgard. Für Yvonne. Für Jana

Inhaltsverzeichnis

1 **Optimale Ressourcenallokation und Markt**.......................... 1
  1.1 Einführung... 1
  1.2 Marktgleichgewicht und Vollkommener Markt.................... 3
    1.2.1 Bedingungen des vollkommenen Marktes................... 3
    1.2.2 Bedingungen des Marktgleichgewichts.................... 8
  1.3 Marktunvollkommenheiten..................................... 12
    1.3.1 Unvollständige Information, Anpassungsreaktionen, Inhomogenität... 13
    1.3.2 Externe Schocks und Anpassungsreaktionen............... 16
    1.3.3 Unvollständiger Wettbewerb............................. 19
  1.4 Arten von Marktversagen..................................... 26
    1.4.1 Fehlende Stabilität des Marktgleichgewichts............ 26
    1.4.2 Entstehung von Marktmacht (Natürliches Monopol)........ 27
    1.4.3 Externe Effekte und Marktgleichgewicht................. 30
    1.4.4 Fehlender Marktmechanismus (Öffentliche Güter)......... 34
    1.4.5 Asymmetrische Information.............................. 36
  1.5 Wohlfahrtsanalyse von Markt und Wettbewerb.................. 38
  1.6 Wirkungsanalyse von Eingriffen in den Marktmechanismus...... 41
    1.6.1 Wettbewerbspolitische Wirkung staatlicher Preispolitik.. 43
    1.6.2 Wettbewerbseffekte von ordnungspolitischen Regulierungen. 48
    1.6.3 Monetäre Instrumente der Allokationspolitik............ 55
  Literatur... 59

2 **Erscheinungsformen der Allokationspolitik**......................... 61
  2.1 Wettbewerbspolitik.. 61
    2.1.1 Einordnung der Allokationspolitik in die Wirtschaftspolitik. 63
    2.1.2 Funktionen des Wettbewerbs............................. 66
    2.1.3 Marktmacht und Wettbewerbspolitik...................... 69
    2.1.4 Externe Effekte und Marktergänzungspolitik............. 71
    2.1.5 Öffentliche Güter und Marktsubstitutionspolitik........ 74

2.2		Instrumente der Allokationspolitik im Vergleich	75
	2.2.1	Systematisierung der Instrumente der Wettbewerbspolitik	76
	2.2.2	Bewertung der allokationspolitischen Instrumente	79
2.3		Umweltökonomie als Allokationspolitik	84
	2.3.1	Nachhaltigkeit und Wohlfahrtsökonomik	86
	2.3.2	Allokations- und spieltheoretische Erklärung von Umweltschäden	91
	2.3.3	Aufgaben der Umweltpolitik	96
2.4		Instrumente der Umweltpolitik	100
	2.4.1	Systematisierung der umweltpolitischen Instrumente	100
	2.4.2	Rechtliche Instrumente der Umweltpolitik	102
	2.4.3	Ökonomische Instrumente der Umweltpolitik	112
	2.4.4	Sozialwissenschaftliche Instrumente der Umweltpolitik	125
	2.4.5	Wirkungsanalyse und Bewertung der umweltpolitischen Instrumente	129
Literatur			145

3 Wirtschaftspolitische Schlussfolgerungen 147

Literatur 151

Optimale Ressourcenallokation und Markt 1

1.1 Einführung

Ressourcenallokation, Wettbewerb und Umweltökonomie sind für die Entwicklung einer modernen Volkswirtschaft Grundvoraussetzungen. Dabei ist die Verbindung von Theorie und Praxis für das Verständnis absolut notwendig. In diesem Buch wird dies durch viele Beispiele dargestellt. Dem Leser wird dadurch sichtbar, wie wissenschaftliche Modelle auf praktische wirtschaftliche Entwicklungen wirken. Nach Walter Eucken ist ein funktionierender Wettbewerb die fundamentale Voraussetzung für die Marktwirtschaft.[1] Unter der Bedingung eines vollkommenen Marktes kann der Wettbewerb sich frei entfalten. Damit können die Marktkräfte ein Gleichgewicht erreichen. Die immanente Tendenz zum Marktgleichgewicht führt dazu, dass bei Störungen des Marktsystems das Gleichgewicht ohne staatliche Eingriffe wiederhergestellt werden kann. In der Theorie kann es dennoch zum Marktversagen kommen. In der Realität treten zu dem Phänomen des Marktversagens unter den Bedingungen des vollkommenen Marktes Marktstörungen, die durch Unvollkommenheiten des Marktes hervorgerufen werden. Darüber hinaus können Märkte durch exogene Schocks so destabilisiert werden, dass sie nicht von allein zum Marktgleichgewicht zurückfinden.

Die Allokationspolitik als Teil der Wirtschaftspolitik beschäftigt sich damit, Ineffizienzen zu verhindern bzw. zu korrigieren (vgl. Mussel 1998, S. 5). Der funktionierende Marktmechanismus sorgt von selbst für eine optimale Ressourcenallokation. Das

---

[1]Walter Eucken (1891–1950) wird auch als theoretischer „Vater" der sozialen Marktwirtschaft bezeichnet. Er begründete in den 30er Jahren die „Freiburger Schule", die auch als Ordoliberalismus bezeichnet wird. Nach seinen „Grundsätzen der Wirtschaftspolitik" wurde die Wirtschaftsordnung der Bundesrepublik nach dem zweiten Weltkrieg u. a. durch Ludwig Erhardt gestaltet, Vgl. Eucken (1952), Grundsätze der Wirtschaftspolitik.

bedeutet, wenn es kein Marktversagen, keine Marktunvollkommenheiten und keine exogenen Schocks gibt, dann wird effizient gewirtschaftet. Wirtschaftliche Konstellationen, in denen der Markt nicht in der Lage ist, Angebot und Nachfrage über den Mechanismus optimal zu koordinieren, erfordern das Eingreifen eines Dritten. Diese Rolle kann in einer sozialen Marktwirtschaft mit parlamentarischer Demokratie nur der Staat übernehmen. Mit anderen Worten: Marktversagen liefert eine wesentliche Begründung für staatliche Aktivität im Wirtschaftskreislauf (vgl. Blankart 2008, S. 53; Musgrave 1966, S. 7). Der Staat sollte Fehlallokation infolge von Markteffizienz durch geeignete wirtschaftspolitische Instrumente verhindern oder korrigieren. Um das Staatshandeln im Rahmen der Allokationspolitik bewerten zu können, müssen zunächst die Bedingungen analysiert werden, unter denen der Markt funktioniert bzw. es muss untersucht werden, welche Ursachen zu Marktversagen führen. In der Modellwelt der Volkswirtschaftstheorie werden restriktive Bedingungen für einen vollkommenen Markt aufgestellt. Bei der Untersuchung von Markteffizienz muss also betrachtet werden, welche Konsequenzen eine Verfehlung der Bedingungen des vollkommenen Marktes für das Funktionieren des Marktmechanismus haben. Aufgrund dieser Analyse müssen wirtschaftspolitische Instrumente gefunden und bewertet werden, die den Staat in die Lage versetzen, das Marktversagen zu korrigieren. Ein zweiter Ansatzpunkt für die Allokationspolitik ergibt sich aus so genannten externen Effekten und der Notwendigkeit, die Volkswirtschaft mit Gütern und Leistungen zu versorgen, die unter Marktbedingungen nicht angeboten würden (öffentlicher Güter). Zusammenfassend kann festgestellt werden, dass es sich bei der Allokationspolitik um alle Maßnahmen des Staates handelt, den Wettbewerb im Wirtschaftsleben sicherzustellen.

Durch das Eingreifen des Staates in den Wirtschaftskreislauf kann es jedoch ebenfalls zu Staatsversagen kommen. Die Akteure des Staatshandelns verfolgen mit ihrem Verhalten nicht das Ziel der Maximierung der Gesamtwohlfahrt (Pareto-Effizienz). Sie agieren vielmehr, wie jedes Individuum, Eigennutz maximierend. Darüber hinaus erzeugen Staatseingriffe neben den gewünschten Wirkungen auch Nebenwirkungen. Der Erfolg der Allokationspolitik muss daher zum einen danach beurteilt werden, ob er die Ressourcenallokation durch Herstellung des Marktmechanismus verbessert. Zum anderen muss der Staatseingriff selbst möglichst effizient sein. Allokationspolitische Instrumente müssen daher nach den Kriterien der Zielerreichung, der Effizienz und der politischen Durchsetzbarkeit analysiert und bewertet werden. Neben der Sicherstellung des Wettbewerbs als allgemeinem Ziel der Allokationspolitik, ist die Herstellung umweltökonomischer Effizienz ein spezielles Ziel der Allokationspolitik.

In diesem Buch sollen alle angesprochenen Themengebiete systematisch abgearbeitet werden. Nach einer Analyse der Theorie des Marktes sowie des Marktgleichgewichts werden die Ursachen und Konsequenzen des Marktversagens analysiert. Danach werden die Aufgaben und Möglichkeiten der Allokationspolitik betrachtet. Darauf aufbauend wird das allgemeine Instrumentarium der Wettbewerbspolitik beschrieben und hinsichtlich seiner Eignung analysiert. In der speziellen Analyse werden dann Zielstellung und

Instrumente der Umweltökonomie untersucht. Dabei steht nicht die Bewertung der Staatsaktivität im Fokus, sondern die Beurteilung des umweltpolitischen Instrumentariums ohne die Berücksichtigung eines möglichen Staatsversagens.

1.2 Marktgleichgewicht und Vollkommener Markt

1.2.1 Bedingungen des vollkommenen Marktes

Die Theorie des Marktes in der Volkswirtschaftslehre bedient sich bei der Analyse des Marktmechanismus des Modells eines vollkommenen Marktes.[2] Dabei wird untersucht, ob und wie sich ein Marktgleichgewicht einstellt, das gleichzeitig die Gesamtwohlfahrt maximiert.[3] Ein Grund dafür, dass Märkte nur eingeschränkt funktionieren, ist die Existenz von Präferenzen. Individuen können Güter und Leistungen aufgrund von Vorlieben (Präferenzen) anderen Gütern vorziehen, obwohl diese objektiv gleich erscheinen. Wenn es einem Anbieter gelingt, bei einzelnen Nachfragern oder Gruppen von Nachfragern eine Präferenz für sein Produkt auszuprägen, dann steht sein Produkt nicht mehr im Wettbewerb mit anderen, eigentlich homogenen Gütern. Voraussetzung für das Funktionieren des Marktmechanismus ist die Wahrnehmung möglichst vieler Produkte verschiedenster Anbieter als homogen. Homogene Güter stehen im Wettbewerb und werden als substituierbar empfunden.

> **Aus der Praxis: Marktstörung aufgrund unvollkommener Märkte**
> Unternehmen versuchen aus diesem Grund durch Marketing bei den Nachfragern Präferenzen für ihre Produkte zu erzeugen. Wenn ihnen dies gelingt, unterscheidet sich ihr Produkt in der Wahrnehmung der Nachfrager vom Wettbewerber und es steigt die Zahlungsbereitschaft. Der Anbieter erreicht so Marktmacht, die er nutzt, um einen höheren Preis am Markt zu erzielen. Dies ist ein Fall einer Marktstörung aufgrund unvollkommener Märkte.

Daraus kann abgeleitet werden, dass eine erste Bedingung für das Funktionieren des Marktmechanismus so genannte homogene Märkte sind. Sie werden allgemein dadurch charakterisiert, dass jede Art von Präferenzen ausgeschlossen wird.

---

[2] Zu den mikroökonomischen Grundlagen des Verhaltens der Haushalte und Unternehmen am Markt können diverse mikroökonomische Lehrbücher herangezogen werden, beispielsweise (Fehl 2004; Endres 2007; Stobbe 2013; Varian 2011).

[3] Vgl. Endres (2007, S. 310, 673). Zu den Begründern der Theorie des allgemeinen Gleichgewichts und der Wohlfahrtsökonomik zählen Francis Ysidoro Edgeworth und Alfred Pareto.

Homogener Markt

- **Fehlen sachlicher Präferenzen** => Homogene Einheiten des betrachteten Gutes = Gleichartigkeit in technisch-physischer Qualität, Form, Ausstattung und Verpackung
  Beispiel: Die MARKE des Autos ist für den Kauf eines Autos irrelevant.
- **Fehlen persönlicher Präferenzen** der Nachfrager (Anbieter) => Abneigung bzw. Wertschätzung einzelner Produzenten (Konsumenten)
  Beispiel: Die optischen Reize des Verkaufspersonals sind für den Kauf irrelevant.
- **Fehlen räumlicher Präferenzen** => bei mehreren Produktions- bzw. Absatzorten bestehen keine Vorlieben für einzelne Orte.
  Beispiel: Die Lage der Süßigkeiten in Greifhöhe der Kinder und unmittelbar vor der Kasse ist für den Kauf irrelevant.
- **Fehlen zeitlicher Präferenzen** => bei unterschiedlichen Lieferfristen bzw. -terminen bestehen keine Vorlieben
  Beispiel: Die Lieferung kann auch mit der Deutschen Post erfolgen, weil die Lieferung einen Tag früher oder später für den Kauf irrelevant ist.

▶ **Homogener Markt:** Märkte sind **homogen,** wenn es keine sachlichen, persönlichen, räumlichen oder zeitlichen Präferenzen gibt und die Güter von den Nachfragern als gleich und damit vollkommen substituierbar angesehen werden.

Eine weitere Bedingung des vollkommenen Marktes ist ein offener Markt. Such- und Informationskosten sowie Kosten des Austauschs (Transaktionskosten) führen zu einem Marktgleichgewicht bei einem höheren Preis und einer geringeren Tauschmenge. Dies ist gleichbedeutend mit einem Wohlfahrtsverlust gegenüber einem Zustand ohne diese Kosten. Auktionen werden oftmals als Beispiele für offene Märkte herangezogen.[4]

> **Aus der Praxis: Kapitalmärkte**
> Organisierte Kapitalmärkte (Börsen) gelten als weitgehend offen. Die Informationen, die den Marktpreis (Kurs) beeinflussen könnten, müssen sofort allen Marktteilnehmern zur Verfügung gestellt werden (Ad-hoc-Publizität). Das Marktangebot und die Nachfrage sind den Marktteilnehmern jederzeit offen zugänglich (Orderbuch). Die Abwicklung über elektronische Handelsplattformen erfolgt in Bruchteilen von Sekunden. Der Markteintritt bzw. -austritt ist jederzeit ohne Beschränkungen möglich. Die Kosten des Markteintritts sind vernachlässigbar gering.

---

[4]Das Auktionatorprinzip in der Ökonomie geht auf den französischen Nationalökonomen Leon Walras (1843–1919) zurück. Zur Verdeutlichung der Preisanpassung auf Märkten führt er 1887 den „Walrasianischen Auktionator" ein.

1.2 Marktgleichgewicht und Vollkommener Markt

Offener Markt

- **Vollständige Information** $=>$ Teilnehmer kennen alle relevanten Marktdaten; alle Marktteilnehmer sind gleich informiert (symmetrische Informationsverteilung)
Beispiel: Der Käufer kennt das Produkt genau so gut wie der Verkäufer und beide kennen jedes Detail.
- **Vollständige Transparenz** $=>$ Alle marktbeeinflussenden Fakten sind jederzeit allen kostenlos zugänglich
Beispiel: Die Prüfung der Kontodeckung bei der Kreditkartenzahlung entfällt, weil die Zahlungsfähigkeit bekannt ist.
- **Unendliche Reaktionsgeschwindigkeit** $=>$ Abwicklung der Transaktionen unmittelbar ohne Zeitverzug
Beispiel: Lieferverzögerungen sind nicht existent, weil erworbene Güter sofort zum Käufer kommen (ohne Zeitverzug).
- **Freier Marktzutritt und -austritt** $=>$ keine Eintritts- oder Austrittsbeschränkungen administrativer oder ökonomischer Art
Beispiel: Ein Übertragungsnetz steht allen Anbietern zur Verfügung. Für die Nutzung müssen verbrauchsbezogene Entgelte von allen Marktteilnehmern entrichtet werden.

In Abb. 1.1 ist die Wirkung der Bedingungen für den offenen Markt grafisch dargestellt. Jede Einschränkung des offenen Marktes verursacht gegenüber dem vollkommenen Markt zusätzliche Kosten des Austauschs (hier Such-, Informations- und Transaktionskosten). Zusätzliche Kosten eines Markteintritts oder -austritts würden ebenfalls das Angebot verteuern (Verschiebung der Angebotskurve nach rechts oben).

▶ **Offener Markt: Märkte** sind **offen,** wenn die Marktteilnehmer vollständig und symmetrisch informiert sind, vollständige Transparenz, unendliche Reaktionsgeschwindigkeit sowie freier Marktzutritt und -austritt besteht.

Eine weitere entscheidende Voraussetzung für das Funktionieren des Marktmechanismus ist die vollständige Konkurrenz. Wenn es auf einer Marktseite einzelnen Akteuren möglich wäre, ihr Verhalten zu koordinieren oder den Wettbewerber aus dem Markt zu drängen, könnte der Marktmechanismus außer Kraft gesetzt werden. Es entstünde Marktmacht, die zu einer Preisbeeinflussung genutzt wird.

> **Aus der Praxis: Ausbau der Marktmacht**
> Unternehmen versuchen durch Marktanteilsgewinne und/oder Unternehmenszusammenschlüsse (Fusionen) sowie Unternehmensübernahmen (Akquisitionen) den Wettbewerb auszuschalten, um einen marktbeherrschenden Einfluss zu gewinnen. Ein vermeintlich zunehmender Wettbewerb durch Globalisierung, indem die Unternehmen durch Stückkostendegression (Economies of Scale) ihre

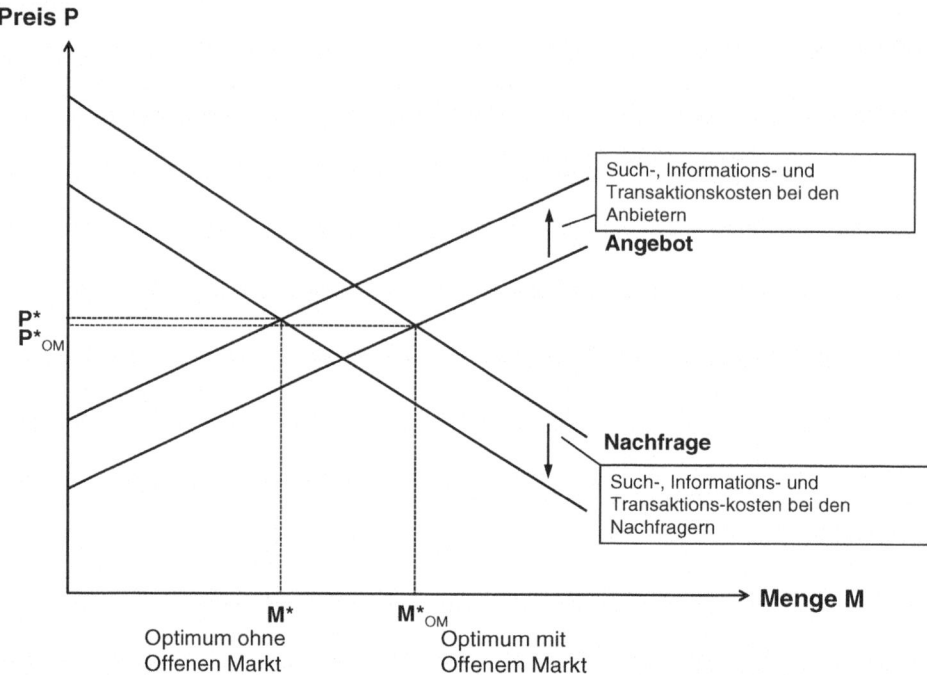

Abb. 1.1 Wirkung offener Märkte auf das Marktgleichgewicht. (Alle Darstellungen, die auf dem Mengen-Preis-Diagramm basieren, sind in Anlehnung an die verwendeten Lehrbücher entstanden. Da diese Abbildungen in nahezu allen im Literaturverzeichnis angegeben Lehrbüchern so oder so ähnlich als Standardwissen verwendet sind, ohne entsprechende Einzelnachweise der Quellen, erfolgt hier lediglich der pauschale Hinweis darauf)

> Wettbewerbsfähigkeit erhalten müssen, dient dabei regelmäßig als Vorwand. Marktmacht kann dann zur Preissetzung genutzt werden. Dies führt zu Marktstörungen. Die Effizienz des Marktmechanismus ist aufgrund der Unvollkommenheit nicht mehr gegeben.

Vollständige Konkurrenz
- **Polypol** => unendlich viele Anbieter/unendlich viele Nachfrager => Keine Absprachen zwischen Marktteilnehmern; keine Preisbeeinflussung
  Beispiel: Eine anonyme Masse drängt sich über den Wochenmarkt, auf dem jeder Händler die nahezu gleiche Produktpalette anbietet.

▶ **Vollständige Konkurrenz:** Auf den Märkten besteht **vollständige Konkurrenz**, wenn der Wettbewerb zwischen den Marktteilnehmern uneingeschränkt ist, weil die unendliche Zahl der Anbieter und Nachfrager jeden Einfluss eines einzelnen Akteurs

1.2 Marktgleichgewicht und Vollkommener Markt

auf den Preis oder andere Marktteilnehmer ausschließt. Die Marktteilnehmer agieren als Mengenanpasser, weil der Marktpreis gegeben ist.

Ein Markt ist vollkommen, wenn alle diese Bedingungen erfüllt sind. Ein vollkommener Markt wiederum repräsentiert einen Zustand, auf dem sich ein Marktgleichgewicht einstellt und stabil ist. Ein stabiles Marktgleichgewicht hat die wichtige Eigenschaft, dass es sich bei einer Störung des Gleichgewichtszustands von selbst durch Anpassungsreaktionen der Marktteilnehmer wieder einstellt.

> **Aus der Praxis: Berechtigung für das Eingreifen in den Markt**
> Die Kenntnis der Bedingungen für ein stabiles Marktgleichgewicht versetzt die Wirtschaftspolitik in die Lage, die Grundlagen für einen Eingriff in den Marktmechanismus zu definieren. Bei einem stabilen Marktgleichgewicht ist kein Eingriff in den Mechanismus durch die Wirtschaftspolitik erforderlich. Bestenfalls können nach einer Marktstörung (z. B. Missernte) Anpassungsreaktionen, die eine Wiederherstellung des Gleichgewichts bewirken, befördert werden. Eingriffe der Wirtschaftspolitik sind dagegen notwendig, wenn der Markt aufgrund von Unvollkommenheiten nicht entsteht oder versagt. Strittig ist in der Wirtschaftspolitik dabei die Frage, ob der Staat sich auf die Allokationspolitik beschränken, also auf die Optimierung der Marktbedingungen im Hinblick auf einen vollkommenen Markt hinwirken sowie bei Marktversagen aktiv werden soll oder ob ein Versagen des Marktes unter Umständen eine (pro-)aktive Stabilisierungspolitik erfordern kann.

Für die Analyse und Bewertung der wettbewerbspolitischen Handlungsmöglichkeiten ist die Kenntnis der Bedingungen für einen vollkommenen Markt nicht hinreichend. Vielmehr muss betrachtet werden, wann Märkte sich im Gleichgewicht befinden, zum Gleichgewicht streben oder instabil werden. Ein Staatseingriff in den Marktmechanismus wäre nur dann gerechtfertigt, wenn der Staatseingriff mehr erreicht als die Ersetzung des Marktversagens durch Staatsversagen. Wohlfahrtsökonomisch sollte eine Steigerung der Gesamtwohlfahrt durch wirtschaftspolitischen Eingriff in den Marktmechanismus erzielt werden. Gleichzeitig sollte der Staatseingriff effizient sein. Ein gegebenes wirtschaftspolitisches Ziel muss mit minimalen Kosten realisiert werden bzw. mit einem gegebenen Ressourceneinsatz soll eine bestmögliche Zielerreichung umgesetzt werden. In den folgenden Kapiteln werden wettbewerbs- und umweltpolitische Instrumente nach den Kriterien Effizienz, Zielerreichung und politische Durchsetzbarkeit untersucht.

▶ **Vollkommener Markt:** Ein **vollkommener Markt** ist homogen und offen und es herrscht vollständige Konkurrenz. Ein vollkommener Markt befindet sich im Gleichgewicht bzw. findet nach einer Störung dahin zurück.

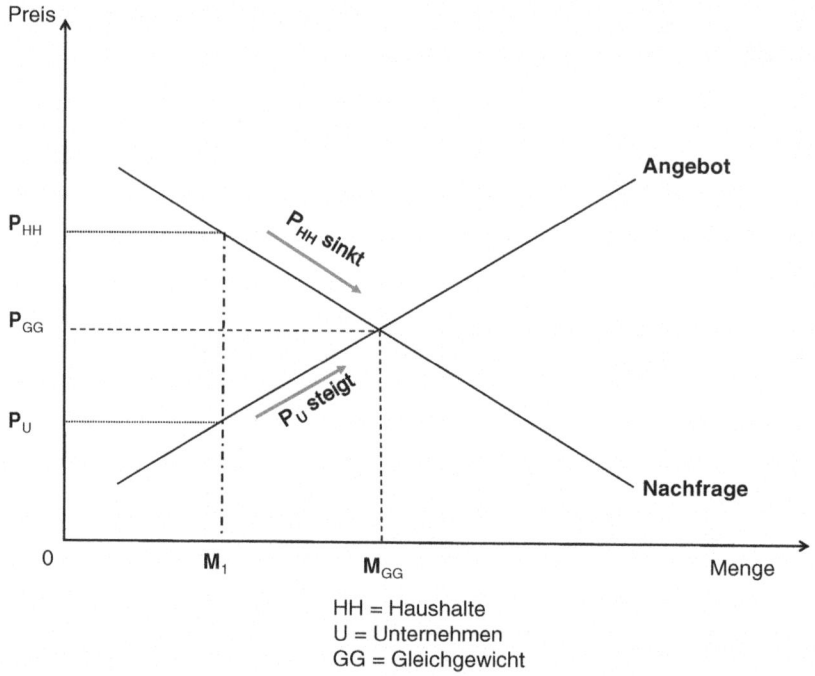

Abb. 1.2 Stabiles Marktgleichgewicht

1.2.2 Bedingungen des Marktgleichgewichts

Unter den Bedingungen des vollkommenen Marktes sorgt der Marktmechanismus über den Preis als Lenkungsinstrument für den Ausgleich von Angebot und Nachfrage. Die Koordination der Einzelpläne aller Marktteilnehmer über den Preis führt zum Marktgleichgewicht. Der Zustand des Marktgleichgewichts beschreibt die größtmögliche Tauschmenge am Markt (max. Mengenumsatz), bei der Angebot und Nachfrage gleich groß sind (Markträumung) (vgl. z. B. Klump 2006, S. 46). In der Abb. 1.2 ist das Marktgleichgewicht durch die Kombination (M_{GG}; P_{GG}) veranschaulicht.

> **Aus der Praxis: Marktmechanismus auf vollkommenen Märkten**
> Der Marktmechanismus kann am besten auf Märkten analysiert werden, die den Bedingungen des vollkommenen Marktes nahe kommen und auf denen Angebot und Nachfrage transparent messbar sind. Die organisierten Finanzmärkte (Börsen), insbesondere elektronische Handelssysteme, erfüllen diese Kriterien in den meisten Anforderungen. Sie haben eine große Zahl von Marktteilnehmern, eine Vielzahl von marktrelevanten Informationen steht allen zur Verfügung, die Tauschabwicklung findet sehr schnell und zu geringen Transaktionskosten statt.

> Schließlich ist der Marktzutritt und -austritt nahezu frei möglich. Die Funktionsfähigkeit von Märkten sowie Marktversagen und dessen Auswirkungen können hier besonders gut beobachtet werden. Entsprechendes gilt für Markteingriffe durch Wettbewerbspolitik. Damit können Schlussfolgerungen für die Wirkungseffizienz allokationspolitischer Maßnahmen gezogen und auf andere Märkte übertragen werden.

Der Marktmechanismus wirkt nur unter der Annahme knapper Güter. Wenn ein Gut knapp ist, existiert mindestens ein Preis P, zu dem die Nachfrager mehr von dem Gut erwerben möchten, als die Anbieter bereit sind anzubieten. Diese Bedingung ist bei freien Gütern nicht erfüllt. In der ökonomischen Theorie werden inzwischen auch erschöpfbare und regenerative natürliche Ressourcen als knappe Güter betrachtet, sodass die Existenz freier Güter als nicht gegeben gelten muss.

▶ **Marktgleichgewicht:** Auf den **Märkten** besteht ein **Gleichgewicht,** wenn es zum bestehenden Marktpreis kein Angebot gibt, das nicht verkauft wird und keine Nachfrage existiert, die nicht befriedigt wird. Es wird von Markträumung gesprochen, die gleichzeitig die größtmögliche Tauschmenge am Markt gewährleistet.

Darüber hinaus ist aus der Mikroökonomie bekannt, dass es einen Preis gibt, zu dem die Nachfrager (Haushalte) keine Mengeneinheit nachfragen würden (Prohibitivpreis). Dies ist der Fall, wenn für ein Gut die Wertschätzung, die sich in ihrer marginalen Zahlungsbereitschaft ausdrückt, unterhalb des Preises liegt. Wenn die Haushalte (Konsumenten) dagegen zum Preis „Null" keine Einheit des Gutes (der Dienstleistung) nachfragen, spricht man von Sättigung (sie nehmen das Gut auch nicht geschenkt). Zwischen diesen Extremen fragen die Konsumenten Güter und Dienstleistungen entsprechend ihrer Zahlungsbereitschaft nach. Im Gleichgewicht entspricht die marginale Zahlungsbereitschaft exakt dem Marktpreis. Auf der Anbieterseite werden die Anbieter (Unternehmen) entsprechend ihrer Grenzkosten anbieten. Im Gleichgewicht entsprechen die Grenzkosten des Anbieters dem Marktpreis. Alle Nachfrager mit einer höheren Zahlungsbereitschaft als dem Marktpreis und alle Anbieter mit niedrigeren Grenzkosten als dem Marktpreis realisieren entsprechende Gewinne. Die Mikroökonomie nennt die Gewinne der Haushalte die Konsumentenrente und die Gewinne der Unternehmen Produzentenrente (siehe dazu auch Abb. 1.3).

Bei Konstanz der Bedingungen werden keine endogenen Kräfte am Markt wirksam, die eine Korrektur des Gleichgewichts bewirken. Dadurch kann das Marktgleichgewicht als stabil betrachtet werden. Bei exogenen Störungen kann der Preismechanismus die Wiederherstellung des Marktgleichgewichts sicherstellen. Auf vollkommenen Märkten erfolgt die Korrektur der Gleichgewichtsstörung durch Anpassungsreaktionen der Marktteilnehmer, bei der durch Preis- und Mengenveränderungen das Marktgleichgewicht wieder hergestellt wird.

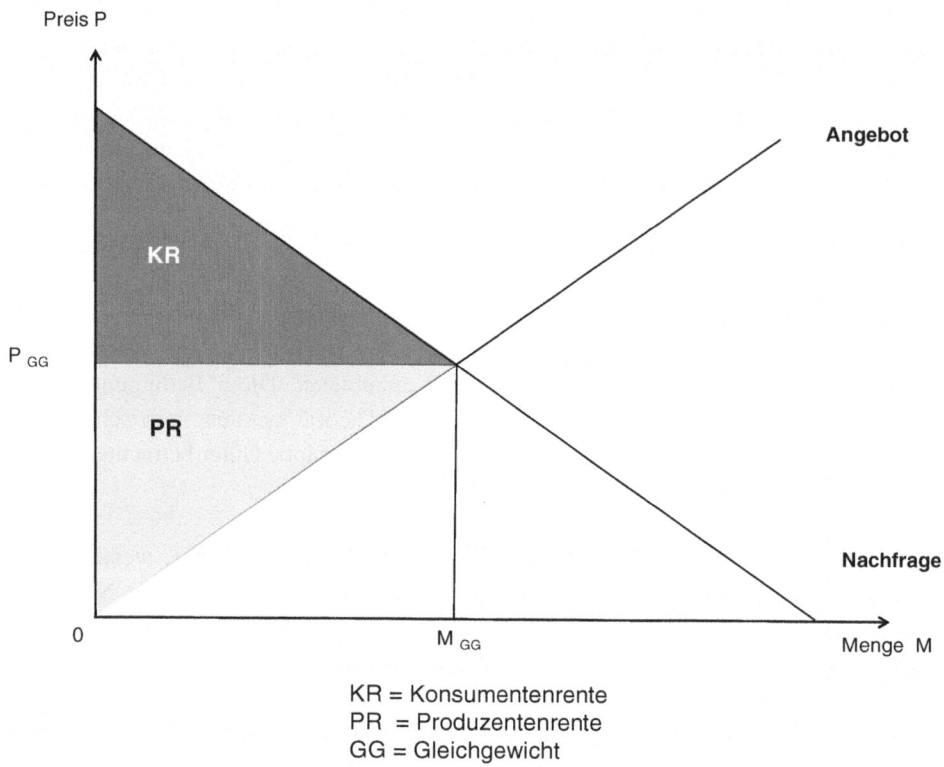

Abb. 1.3 Konsumenten- und Produzentenrente

Bei einer zeitpunktbezogenen vergleichenden Analyse des Marktgleichgewichts vor der Störung und nach der Störung (komparativ-statischen Betrachtung) wird ausschließlich die Marktanpassung bei sonst unveränderten Marktbedingungen (insbesondere abgeschlossener Produktion) untersucht. Bei der sogenannten Walras-Hicks-Stabilität sorgt dabei ein Auktionator anonym für die Anpassung der Marktpreise an die neuen Gleichgewichtsbedingungen.[5]

Bei der Marshall-Stabilität wird das Ungleichgewicht über einen längeren Zeitraum dynamisch auch durch Mengenanpassungen der Marktteilnehmer überwunden. Die Störung des Gleichgewichts durch Veränderungen der Bestimmungsgründe für das Angebot oder die Nachfrage resultiert in einer:

- Verschiebung der Angebotskurve
- Verschiebung der Nachfragekurve
- Simultanen Verschiebung von Angebots- und Nachfragekurve.

---

[5]Benannt nach den Nationalökonomen Leon Walras und Alfred Hicks. Vgl. zum Walrasianischen Auktionator z. B. Endres (2007, S. 688).

1.2 Marktgleichgewicht und Vollkommener Markt

Aus der Praxis: Eingriff in den Marktmechanismus
Der Erfolg von Allokationspolitik ist an die richtige Analyse der Marktsituation geknüpft. Da die Eignung wirtschaftspolitischer Maßnahmen zur Herstellung eines Marktgleichgewichts bzw. zur Unterstützung des Marktmechanismus vom Marktverhalten der Anbieter und Nachfrager abhängig ist, erfordert eine wirksame Allokationspolitik die Kenntnis potenzieller Marktreaktionen. Eine falsche Einschätzung der Marktsituation bewirkt im günstigsten Fall eine Wirkungslosigkeit der Wirtschaftspolitik im Hinblick auf eine Marktstabilisierung. Im Regelfall erzeugen staatliche Eingriffe in den Marktmechanismus aufgrund fehlerhafter Situationsanalyse jedoch zusätzliche Verzerrungen und Wohlfahrtsverluste.

Bei normalen Angebots- und Nachfrageverläufen und Preiselastizitäten kommt es zu stabilen Marktgleichgewichten durch die Anpassung von Preisen und Mengen (vgl. Abb. 1.4). Es kann durch anormale Verhaltensweisen von Anbietern oder Nachfragern zu labilen Gleichgewichten bzw. zu Anpassungsreaktionen von Marktteilnehmern kommen, die keine Tendenz zum Gleichgewicht auslösen. Dabei sind die Anpassungsreaktionen nach Walras und Marshall unter bestimmten Bedingungen unterschiedlich. Bei

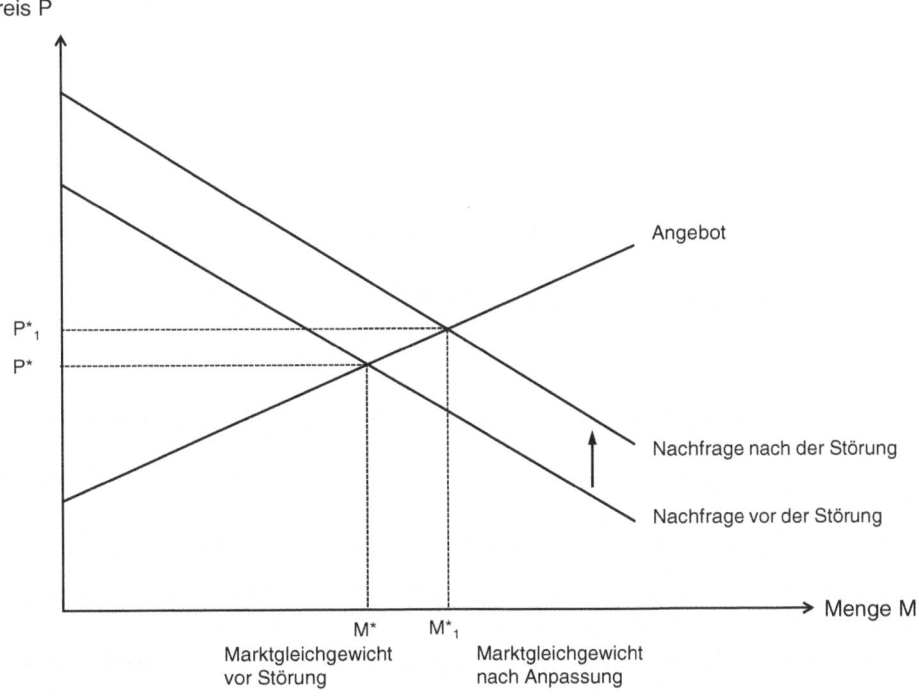

Abb. 1.4 Marktanpassung nach exogener Gleichgewichtsstörung (Nachfrageerhöhung)

der sektoralen Wirtschaftspolitik (Wettbewerbs- und Umweltpolitik) hängt der Erfolg wirtschaftspolitischer Maßnahmen unmittelbar von der korrekten Analyse des Marktverhaltens der Akteure in der jeweiligen Marktsituation ab. Es kann Marktsituationen (Verhaltensreaktionen der Akteure) geben, bei denen sich nach Walras ein Gleichgewicht wieder durch die Marktkräfte einstellt, aber nach Marshall eine Marktinstabilität bestehen bleibt und umgekehrt. Unerwartete Reaktionen im Marktverhalten auf wirtschaftspolitische Maßnahmen bzw. situativ ungeeignete wettbewerbspolitische Maßnahmen bewirken eine Steigerung der Fehlallokation. Die weitere Entfernung vom Gleichgewicht infolge falscher sektoraler Wirtschaftspolitik erhöht somit die Wohlfahrtsverluste.

▶ **Marktanpassung:** Auf den Märkten besteht eine Tendenz zum Gleichgewicht, wenn nach einer Gleichgewichtsstörung die Preis- und Mengenanpassungen der Anbieter und Nachfrager für eine Wiederherstellung des Marktgleichgewichts sorgen. Dies ist bei normalen Angebots- und Nachfragereaktionen zu erwarten.

Bei der Analyse von Gleichgewichts- und Ungleichgewichtszuständen auf Märkten wird in eine Totalanalyse, bei der es um ein simultanes Gleichgewicht auf allen Teilmärkten geht, und eine Partialanalyse, bei der es lediglich um die Betrachtung eines Teilmarktes geht, unterschieden. Für die gesamtwirtschaftliche Betrachtung der Auswirkungen von Wirtschaftspolitik ist das Simultangleichgewicht auf allen Märkten relevant. Für die Analyse und Bewertung der Allokationspolitik auf einzelnen Märkten ist die Partialanalyse relevant.

1.3 Marktunvollkommenheiten

Der funktionierende Marktmechanismus erzeugt durch die individuellen Planungen und Handlungen der Akteure ein Wohlfahrtsmaximum im gesamtwirtschaftlichen Sinne. Damit kann eine sehr heterogene Verteilung der Wohlfahrtseffekte verbunden sein. Die daraus resultierende Frage einer Umverteilung des Marktergebnisses ist jedoch nicht Gegenstand der Allokationspolitik und muss getrennt betrachtet werden. Davon ist allokationspolitisch nur relevant, dass jede Umverteilung Verhaltensanreize bei den Marktteilnehmern setzt, die wohlfahrtsökonomisch eine Reduzierung der Gesamtwohlfahrt gegenüber einem Zustand ohne Umverteilung bewirkt. Allein diese Tatsache genügt als Argument gegen Umverteilung nicht. Es ist nur wesentlich für die Analyse der Wohlfahrtseffekte von Umverteilungsmaßnahmen.

Weniger kontrovers sind Fragen der Wirtschaftspolitik in den Fällen, in denen Marktunvollkommenheiten oder Marktversagen ohne korrigierenden Eingriff zu Fehlallokationen und damit Wohlfahrtsverlusten gegenüber einem theoretischen Maximum bei funktionierendem Marktmechanismus führen. Marktunvollkommenheiten sind typischerweise auf allen Märkten existent, denn das Konstrukt des „vollkommenen Marktes" ist in der Realität nicht anzutreffen. Die Kenntnis von Vorhandensein und Ausmaß der

1.3 Marktunvollkommenheiten

Marktunvollkommenheiten auf den jeweiligen Märkten ermöglicht es, den Unvollkommenheiten entgegenzuwirken und damit den Marktmechanismus zu unterstützen. Die Analyse des Marktgleichgewichts muss modellhaft unter restriktiven Annahmen erfolgen, um wie in jeder anderen Wissenschaft grundsätzliche Erkenntnisse über das Funktionsprinzip zu gewinnen. Ohne eine solche Marktanalyse wäre eine Wirtschaftspolitik unsystematisch und so wirkungsvoll wie eine beliebige Medizin ohne vorherige Analyse der Krankheitssymptome und eine entsprechende Ableitung der Diagnose.

1.3.1 Unvollständige Information, Anpassungsreaktionen, Inhomogenität

Die Verfügbarkeit aller relevanten Informationen für alle Marktteilnehmer ist praktisch ausgeschlossen. Das Fehlen relevanter Informationen auf beiden Marktseiten führt dabei potenziell zu Fehlallokation bzw. Wohlfahrtsverlusten gegenüber einem Zustand vollkommener Information, erzeugt aber keine Verzerrungen zwischen den Marktteilnehmern. Eine asymmetrische Informationsverteilung zwischen den Anbietern und Nachfragern führt dagegen neben Gesamt-Wohlfahrtsverlusten potenziell zu höheren Nutzen/Gewinnen bei der Marktseite mit Informationsvorteilen, auf Kosten der schlechter informierten Marktseite. Daher werden die Konsequenzen asymmetrischer Informationsverteilung im Kapitel Marktversagen behandelt. Die nicht vorhandene Homogenität der Güter führt zu weiteren Kosten des Austauschs durch den Vergleich von Eigenschaften und Qualität der Güter und Leistungen.

Die symmetrische unvollständige Information erzeugt nur zufällig ein Gleichgewicht. Wahrscheinlicher ist, dass ein Überschuss auf einer Marktseite entsteht, dem eine Mangelsituation auf der anderen Marktseite gegenübersteht. Dies ist in Abb. 1.5 dargestellt. Zu einem Angebotsüberschuss kommt es, wenn der Preis über dem Gleichgewichtspreis liegt. Zum Marktpreis besteht keine hinreichende Nachfrage, um den Markt zu räumen bzw. es existiert ein zu großes Angebot für die bestehende Nachfrage. Der Marktmechanismus wird für eine Preisminderung sorgen. Dabei werden einige das Angebot reduzieren oder einstellen und gleichzeitig sind mehr Nachfrager bereit, das Angebot abzunehmen. Ein Marktgleichgewicht wird sich bei einem geringeren Preis und einer größeren Menge gegenüber der Überschuss-Situation einstellen.

> **Aus der Praxis: Angebotsüberschuss**
> Hohe Lagerbestände sind ein Indiz für einen Angebotsüberschuss. Oft erfolgen Lagerverkäufe oder Räumungsverkäufe mit hohen Preisnachlässen. Der Preis wird gesenkt, um das Überangebot zu verkaufen und mehr Nachfrage zu finden. Umgekehrt sind lange Liefer- oder Wartezeiten für Güter ein Zeichen für einen Nachfrageüberhang. Das Gut ist knapp und teuer oder eine schnelle Lieferung erfolgt zu zusätzlichen Kosten.

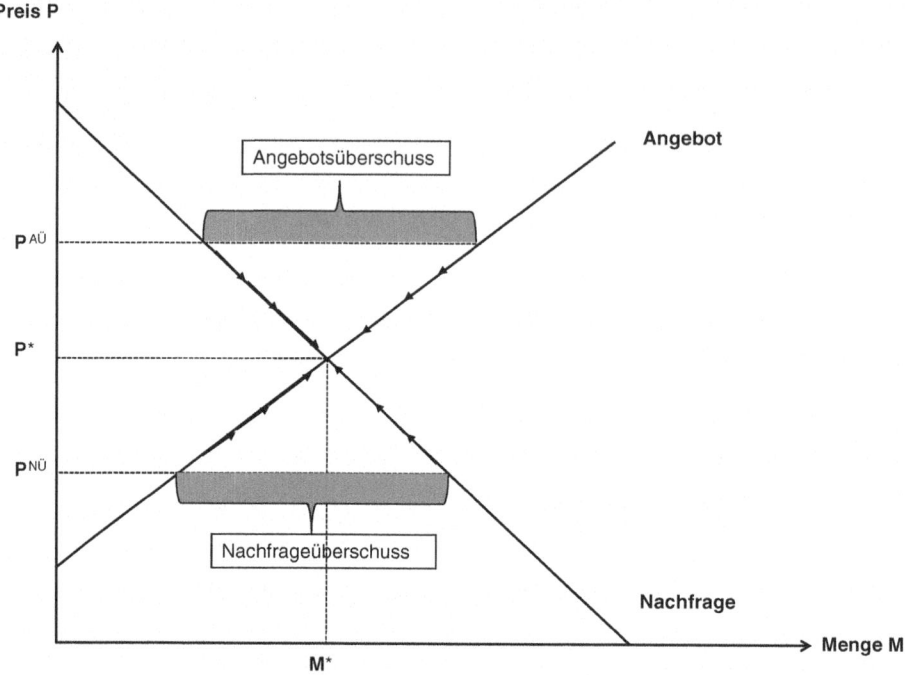

Abb. 1.5 Angebotsüberschuss und Nachfrageüberschuss auf dem Markt

Zu einem Nachfrageüberschuss kommt es, wenn der Marktpreis unterhalb des Gleichgewichtspreises liegt. Eine Anpassung zum Gleichgewicht erfolgt hier durch eine Preiserhöhung und eine Angebotsausdehnung, weil der höhere Preis die Produktion profitabler werden lässt. Gleichzeitig nimmt die Nachfrage infolge des steigenden Preises ab. In beiden Überschuss-Situationen erfolgt eine Anpassung entlang der bestehenden Angebots- und Nachfragekurven bei normalem Verhalten der Marktteilnehmer. In jedem Fall führt der Handel zu „falschen" Marktpreisen zu Nutzenverlusten mindestens einer Marktpartei und volkswirtschaftlich zu einer reduzierten Gesamtwohlfahrt gegenüber der Situation im Marktgleichgewicht. Eine weitere Abweichung vom vollkommenen Markt tritt in der Realität durch Informations- und Suchprozesse auf. Die Information ist nicht vollständig, die Marktreaktionen sind nicht unendlich schnell. Die Informationsbeschaffung und der Informationsaustausch sind nicht kostenlos. Vielmehr entstehen Such- und Informationskosten, um den Markt einschätzen zu können und Marktpartner zu finden. Gegenüber der theoretischen Situation der Vollkommenheit entsteht durch diese Transaktionskosten ein Marktgleichgewicht zu einem höheren Marktpreis und einem geringeren Marktvolumen. Die volkswirtschaftliche Gesamtwohlfahrt sinkt gegenüber dem Wohlfahrtsniveau ohne Transaktionskosten. Bei einer Ungleichverteilung dieser Kosten zwischen den Marktteilnehmern kommt es zu einer Verzerrung der Angebots- oder Nachfragekurve.

1.3 Marktunvollkommenheiten

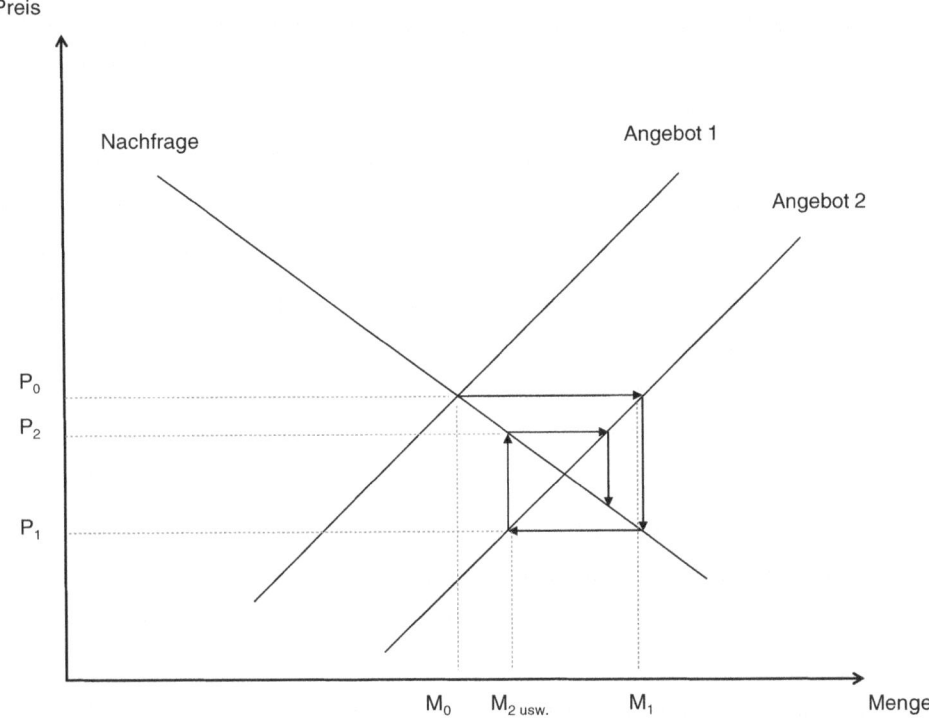

Abb. 1.6 Wirkung verzögerter Anpassungsreaktionen auf dem Markt (Cobweb-Theorem)

Verzögerte Anpassungsreaktionen sind vor allem auf Märkten relevant, in denen die Angebotsmenge erst über einen längeren Zeitraum variiert werden kann. Diese verzögerte Marktreaktion der Anbieter kann zu dauerhaften Fluktuationen von Menge und Preis um das Marktgleichgewicht führen und ist als „Cobweb-Theorem" bekannt (Abb. 1.6). Historisch wurde das Phänomen auf landwirtschaftlichen Märkten beobachtet und ist als Schweinezyklus in die Lehrbücher eingegangen (vgl. Klump 2006, S. 56 f.). Ein typischer Markt für dieses Beobachtungsmuster sind Immobilienmärkte, auf denen aufgrund langer „Produktionszeit" das Angebot sehr unelastisch auf Preisveränderungen reagiert.

Aus der Praxis: Auswirkungen von Transaktionskosten
Anbieter versuchen vor einer Produkteinführung den Markt zu analysieren und zu testen sowie potenzielle Nachfrager (Zielgruppen) zu identifizieren. Für solche Machbarkeits- und Marktstudien entstehen erhebliche Kosten. Nachfrager sammeln Informationen über Preise und Produktqualität, teilweise bezahlen sie für diese Informationen (Verbrauchertests), mindestens aber entstehen Opportunitätskosten durch den zeitlichen Aufwand. Zu den Transaktionskosten zählen auch die

> Kosten für Verträge, die bei hochwertigen Gütern und Leistungen sehr aufwendig gestaltet sein können.
>
> Verzögerte Anpassungsreaktionen führen beispielsweise auf dem Immobilienmarkt zu Wohnungsknappheit und schnell steigenden Preisen (Mieten und Grundstückspreise), wenn Mieten und Immobilienpreise zuvor längere Zeit stagnierten. Umgekehrt endet ein Bauboom oft erst, wenn bereits keine neuen Immobilien mehr benötigt werden, sodass mit Zeitverzögerung die Preise fallen. Der Neubau bzw. die Sanierung von Immobilien benötigt Zeit, sodass es hier (ohne Eingriffe) zu zyklischen Marktpreisschwankungen kommt.

Marktunvollkommenheiten führen zu Abweichungen von einem stabilen Marktgleichgewicht. Sie bewirken einerseits, dass das Marktgleichgewicht verfehlt wird und erst durch Anpassungsreaktionen wieder hergestellt werden kann. Andererseits verursachen sie Kosten des Austauschs, die zu einer Reduzierung des gesamtwirtschaftlichen Wohlfahrtsniveaus führen. Die Wirtschaftspolitik muss versuchen, durch ordnungspolitische Maßnahmen die Marktunvollkommenheiten zu minimieren. Auf diese Weise werden Transaktionskosten minimiert und das Wohlfahrtsniveau für die Gegebenheiten eines unvollkommenen Marktes maximiert.

▶ **Marktunvollkommenheiten** sind Abweichungen vom Zustand des vollkommenen Marktes und entstehen durch eine nicht vollständige Information der Teilnehmer, durch notwendige Anpassungsreaktionen und durch Inhomogenitäten. Die Unvollkommenheiten verursachen Kosten des Austauschs (Transaktionskosten), die zu einer Reduktion des Wohlfahrtsniveaus gegenüber dem Zustand des vollkommenen Marktes führen.

1.3.2 Externe Schocks und Anpassungsreaktionen

Abweichungen vom stabilen Marktgleichgewicht können ebenfalls durch Einflussparameter entstehen, die von außen auf die Märkte einwirken. Dies können Eingriffe des Staates oder sogenannte externe Schocks sein. Solche Schocks sind Ereignisse, die das Verhalten der Marktteilnehmer verändern oder Mengen bzw. Eigenschaften von Gütern beeinflussen. Der Staat beeinflusst die Märkte durch Gesetze und Regulierungen unmittelbar sowie durch Abgaben, Steuern und Subventionen mittelbar. Das Marktgleichgewicht ist gestört und die Marktteilnehmer passen ihr Verhalten entsprechend an. Es entsteht eine Bewegung zu einem neuen Marktgleichgewicht. Dies kann der Staat nutzen, um z. B. Mindeststandards für Produkte und Leistungen zu gewährleisten. Normierungen stellen für Konsumenten oftmals eine höhere Markttransparenz sicher und reduzieren Inhomogenitäten.

Gesetze und Regulierungen in funktionierenden Märkten können aber auch bewirken, dass es zu keinem neuen Marktgleichgewicht kommt. Der Staat sollte bei seinen Eingriffen also immer die Verhaltensanpassungen und damit die potenziellen Auswirkungen seiner Aktivität auf Wettbewerb und Marktgleichgewicht antizipieren. Anderenfalls läuft die Wirtschaftspolitik Gefahr, ungewünschte Nebenwirkungen in Form von Marktversagen oder Marktungleichgewichten zu erzeugen. In einem solchen Fall spricht man von Staatsversagen. Bei Marktversagen muss der Staat hingegen korrigierend eingreifen, um den Markt zu schaffen oder eine Funktionsfähigkeit des Marktes wieder herzustellen.

> **Aus der Praxis: Mindeststandards für den Wettbewerb**
> Die Verwendung von „DIN-Normen", die grundsätzlich ein freiwilliges Regelwerk der deutschen Wirtschaft darstellen, kann der Gesetzgeber zur Qualitäts- und Transparenzsicherung zur Verpflichtung gestalten. Nicht normgerechte Produkte verschwinden durch diese Regulierung vom Markt. Eine Kennzeichnungspflicht soll es Anbietern erschweren, minderwertige Materialien oder Schadstoffe zu verwenden und den Verbraucher darüber in Unkenntnis zu lassen. Sie sollen den Markt „bereinigen". Steuern und Abgaben wirken mittelbar und sollen das Marktverhalten ändern. Die Mineralölsteuer soll den Kraftstoff so verteuern, dass Verbraucher einen Anreiz haben, Kraftstoff zu sparen. Die Anbieter sollen gleichzeitig angeregt werden, Kraftstoff sparende Modelle zu entwickeln. Dies kann man sowohl als Wettbewerbspolitik als auch als Umweltpolitik interpretieren.

Die Nachfrage nach einem Gut sinkt, wenn unerwartet negative Eigenschaften von Produkten bekannt werden, z. B. Nebenwirkungen bei Medikamenten, Schadstoffe in Nahrungsmitteln oder Spielzeug oder wenn ein Substitut entwickelt wurde. Die Gleichgewichtsstörung des Marktes führt bei gesunkener Nachfrage zu einer Parallelverschiebung der Nachfrage nach links. Beim gleichen Preis wird weniger vom Gut nachgefragt. Zum bisherigen Marktpreis findet sich für das vorhandene Angebot keine Nachfrage mehr. Der neue Marktpreis liegt bei gesunkener Gleichgewichtsmenge unterhalb des alten Preises. Die Preisreduzierung bewirkt gleichzeitig, dass einige Nachfrager, deren Zahlungsbereitschaft unter dem bisherigen Marktpreis liegt, nun das Gut nachfragen. Der Nachfrageeinbruch wird dadurch gemildert. Umgedreht kann ein externes Ereignis auch eine Nachfrageerhöhung auslösen, wie in Abb. 1.7. Die Veröffentlichung von gesundheitsfördernder Wirkung von Nahrungs- oder Genussmitteln oder technische Innovationen, die den Nutzen von bereits existierenden Produkten steigern, können bei gleichem Marktpreis zu einer höheren Nachfrage führen. Entsprechend entsteht das neue Marktgleichgewicht bei einem höheren Marktpreis und einer größeren Gleichgewichtsmenge. Ein Teil der Nachfrageerhöhung wird auch hier gebremst durch den Ausstieg von Konsumenten (Nachfragern), deren Zahlungsbereitschaft nun unterhalb des neu entstehenden Marktpreises liegt.

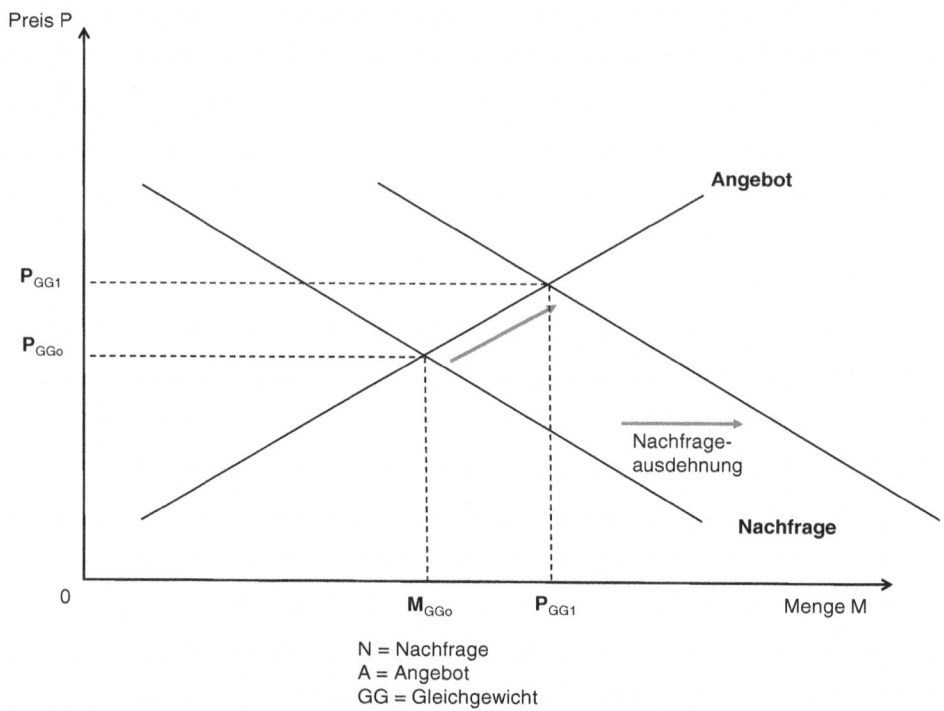

Abb. 1.7 Verschiebung der Nachfragekurve durch einen exogenen Schock

Eine Veränderung des Angebots verursacht, wie in Abb. 1.8 dargestellt, ebenfalls eine Störung des Marktgleichgewichts mit anschließenden Anpassungsreaktionen. Eine Angebotsreduktion kann beispielsweise durch eine Missernte bei Naturprodukten ausgelöst werden. Sie kann aber auch durch eine Kostensteigerung von Ausgangsstoffen verursacht sein. Dadurch erhöhen sich die Kosten für die Anbieter. Die gleiche Menge kann nur noch zu einem höheren Preis angeboten werden bzw. Anbieter deren Grenzkosten nun über dem bisherigen Marktreis liegen, verlassen den Markt oder reduzieren ihr Angebot. Bei gleichem Marktpreis wird weniger angeboten. Das neue Gleichgewicht stellt sich bei einem höheren Marktpreis und einer reduzierten Menge ein. Wiederum wird ein Teil des Schocks (der Angebotsverringerung) durch den steigenden Marktpreis abgefangen.

Schließlich können Veränderungen der Determinanten des Marktes Veränderungen bei Nachfragern und Anbietern gleichzeitig auslösen. Ob es bei der Marktanpassung infolge einer Nachfrage- und Angebotsreduktion zu einer Preissteigerung oder Preissenkung kommt, hängt davon ab, welcher Effekt stärker durchschlägt. In jedem Fall sinkt die Gleichgewichtsmenge infolge beider Effekte. Umgekehrt gilt bei einer gleichzeitigen Erhöhung von Angebot und Nachfrage, dass die Gleichgewichtsmenge steigt.

1.3 Marktunvollkommenheiten

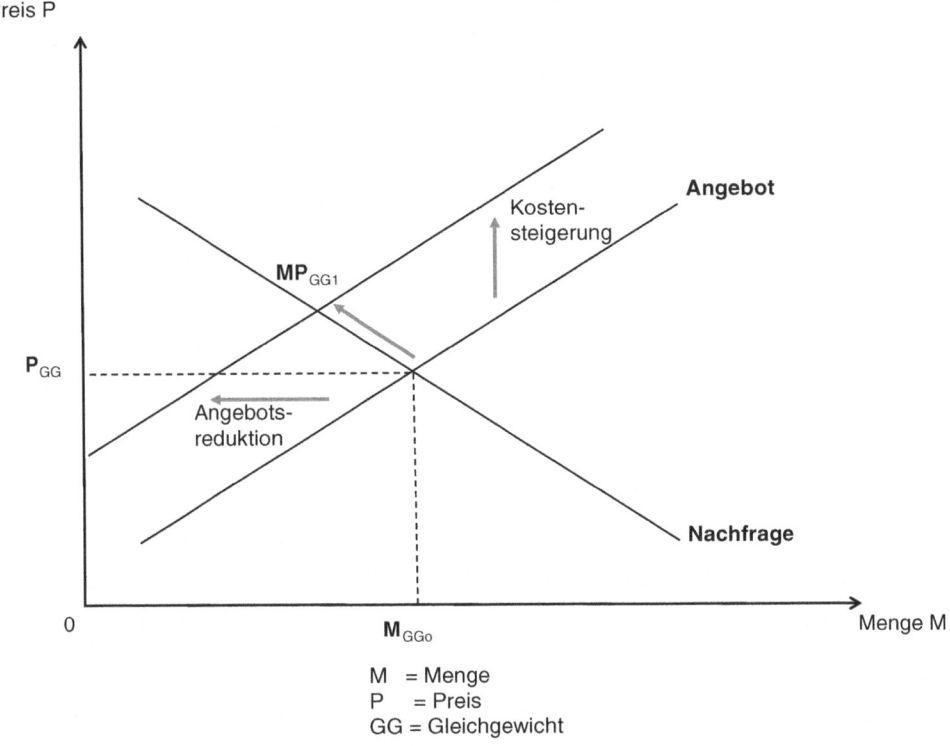

Abb. 1.8 Verschiebung der Angebotskurve

▶ **Externe (exogene) Schocks** sind unerwartete Ereignisse, die das Verhalten der Marktteilnehmer und/oder die Markbedingungen verändern. Sie stören das Marktgleichgewicht. Das so entstehende Ungleichgewicht des Marktes löst Anpassungsreaktionen aus, die bei funktionierenden Märkten (Normalverhalten) zu einem neuen stabilen Marktgleichgewicht führen.

1.3.3 Unvollständiger Wettbewerb

Jede Abweichung vom Zustand der vollständigen Konkurrenz bewirkt einen unvollständigen Wettbewerb. Der Wettbewerb ist dadurch gekennzeichnet, dass die Vielzahl von Nachfragern und Anbietern ein anonymes Handeln ohne die Möglichkeit der Beeinflussung des Marktes durch einzelne Akteure sicherstellt. Die Akteure verhalten sich als Mengenanpasser. Der Marktpreis erscheint als gegeben. Das Verhalten wird nach dem Marktpreis ausgerichtet. Eine Verringerung der Zahl der Marktteilnehmer auf einer Marktseite oder beiden Seiten bewirkt die Möglichkeit, das Marktgeschehen zu beeinflussen. Damit wird das Prinzip des Wettbewerbs und der freien Marktpreisbildung gestört. Der Marktmechanismus funktioniert ohne den Wettbewerb nicht oder nur eingeschränkt. Die Marktpreise können ihre Steuerungsfunktion nicht mehr ausüben. Dies kann in der Konsequenz zu Marktversagen führen, wenn sich auf einer Marktseite nur ein Akteur (monopolistische Strukturen) herausbildet oder einige wenige handelnde Akteure (Oligopol) marktbeeinflussende Verhaltensweisen zeigen. Im Oligopol können sie sich koordinieren (Kartellbildung) oder bekämpfen (ruinöser Wettbewerb). Die Ursachen können in einer grundsätzlich beschränkten Zahl von Anbietern aufgrund von hohen Markeintrittsbarrieren oder in einer künstlichen Verringerung der Anbieterzahl durch Fusionen, Übernahmen und Verdrängungswettbewerb liegen. Auf der Nachfrageseite entstehen Oligopol- oder Monopolstrukturen durch eine hohe Spezialisierung von Gütern, die nur von wenigen oder einzelnen Akteuren nachgefragt werden oder durch die Bündelung von Nachfragern über Händler oder Mittler. Das geschieht auf Märkten, in denen große Unternehmen mit Großaufträgen als Nachfrager agieren.

> **Aus der Praxis: Folgen von Unternehmenszusammenschlüssen**
> Ein deutsches Unternehmen beantragt die Übernahme seines französischen Konkurrenten, um Kosten zu sparen und dadurch im weltweiten Wettbewerb konkurrenzfähiger zu sein. Es könnte aber auch sein, dass die Übernahme versucht wird, um dadurch eine marktbeherrschende Stellung zu erlangen und so einen Preiserhöhungsspielraum zulasten der Kunden zu erhalten.
> Zur Erhöhung der Wettbewerbsintensität und zur Senkung von Markteintrittsbarrieren schafft der Staat günstige Rahmenbedingungen (Infrastruktur) für Unternehmensgründungen und reduziert die Kosten der Existenzgründung.

Die wohlfahrtsoptimierende Wirkung des Wettbewerbsgleichgewichts gilt nur in einem funktionierenden Konkurrenzmarkt, in dem kein Anbieter und kein Nachfrager Marktmacht ausüben. Wenn ein Marktteilnehmer in der Lage ist, auf dem Markt Einfluss auszuüben, dann wird er diesen Einfluss nutzen, um eine höhere Rente für sich zu erzielen. Er handelt dabei rational und Eigennutz maximierend. Die mikroökonomische Theorie erbringt den Nachweis, dass die Ausnutzung von Markmacht eine zusätzliche Rente, die Monopolrente erbringt. Der Wohlfahrtsverlust auf der anderen Marktseite ist dabei jedoch größer, sodass insgesamt die Wohlfahrt gegenüber dem Konkurrenzmarkt sinkt.

Die Wirtschaftspolitik muss also alles tun, um Einschränkungen des Wettbewerbs zu verhindern. Sie muss Markteintrittsbarrieren reduzieren sowie ggf. (marktbeeinflussende) Zusammenschlüsse von Unternehmen verhindern (vgl. Klump 2006, S. 90 ff.). Ein generelles Verbot von Zusammenschlüssen ist allerdings ebenfalls nicht wettbewerbsfördernd, weil zu kleine Anbieter typischerweise höhere Kosten haben und daher die Gefahr besteht, dass sie aufgrund fehlender Wettbewerbsfähigkeit den Markt verlassen müssen. Unternehmenszusammenschlüsse reduzieren in der Regel die Kosten. Dies bewirkt bei funktionierendem Wettbewerb eine Marktpreisreduzierung. Die Konsumentenrente steigt bei steigender Gleichgewichtsmenge.

▶ **Unvollständiger Wettbewerb** entsteht durch die Einschränkung der Zahl der Marktteilnehmer auf der Anbieter- und/oder Nachfrageseite in der Art, dass einzelne Marktteilnehmer den Markt bzw. den Preis auf dem Markt beeinflussen können. Jede Beeinflussung des Marktes durch Marktakteure bewirkt eine Reduzierung der Gesamtwohlfahrt gegenüber der Situation der vollständigen Konkurrenz.

1.3.3.1 Monopolmärkte

In einem Konkurrenzmarkt (vollständiger Wettbewerb) besteht für das Individuum, also den einzelnen Marktteilnehmer keine Möglichkeit, den Markt zu beeinflussen. Jede Abweichung von diesem Prinzip wird bewirken, dass Marktteilnehmer einen Handlungsspielraum auf dem Markt nutzen, um ihren individuellen Nutzen zu erhöhen. Die Mikroökonomie liefert den Nachweis, dass die Ausnutzung von Marktmacht zur Steigerung der individuellen Wohlfahrt führt. Gleichzeitig erzeugt dieses Verhalten auf der anderen Marktseite einen noch höheren Wohlfahrtsverlust. Dieser Mechanismus bewirkt einen permanenten Anreiz, Marktmacht aufzubauen, um Einfluss zur Eigennutzerhöhung auszuüben. Eine der wichtigsten Aufgaben der Wettbewerbspolitik ist es daher, die Konkurrenz derart sicherzustellen, dass die Ausübung von Marktmacht ausgeschlossen oder weitgehend unterbunden wird. Von wesentlichem Interesse ist dabei die Herausbildung von Marktmacht auf der Anbieterseite, die hier näher betrachtet werden soll.

Ausgehend vom funktionierenden Wettbewerb führt das Wettbewerbsverhalten einzelner Marktteilnehmer (Anbieter, Unternehmer) über die Steigerung von Marktanteilen und die Ausprägung des Bekanntheitsgrades zur Verbesserung der Marktposition gegenüber Wettbewerbern (das bedeutet gleichzeitig: Aufgabe der Homogenitätsannahme sowie Akzeptanz von Präferenzen). Daraus kann Marktmacht entstehen, die zu einem Preissetzungsspielraum und schließlich zur Verdrängung von Wettbewerbern führt. Die Wettbewerbspolitik muss abwägen, welche betriebswirtschaftlichen Entscheidungen von Marktteilnehmern legitime Wettbewerbsinstrumente sind und ab wann ein Verdrängungswettbewerb mit unlauteren Mitteln einsetzt.

Es besteht für den einzelnen Marktteilnehmer ein permanenter Anreiz, eine Monopolsituation anzustreben, bei der er der einzige Anbieter am Markt wäre. Während ein Anbieter im Wettbewerb den Gewinn durch die Mengenanpassung an den Marktpreis vornehmen muss, kann der Monopolist den Preis bestimmen und danach sein Gewinnmaximum realisieren. Die Nachfrage wird für den Monopolisten zur Preis-Absatz-Funktion. Sein Gewinnmaximierungsverhalten richtet sich nun nicht mehr nach den Grenzkosten, sondern nach dem Grenzumsatz. Im Konkurrenzmarkt passt der Anbieter seine Produktionsmenge so lange an, bis der Marktpreis den Grenzkosten entspricht, wobei der Marktpreis gegeben ist. Im Monopol bestimmt der Anbieter den Preis. Er wird den Marktpreis wählen, bei dem der Grenzumsatz seinen Grenzkosten entspricht, weil

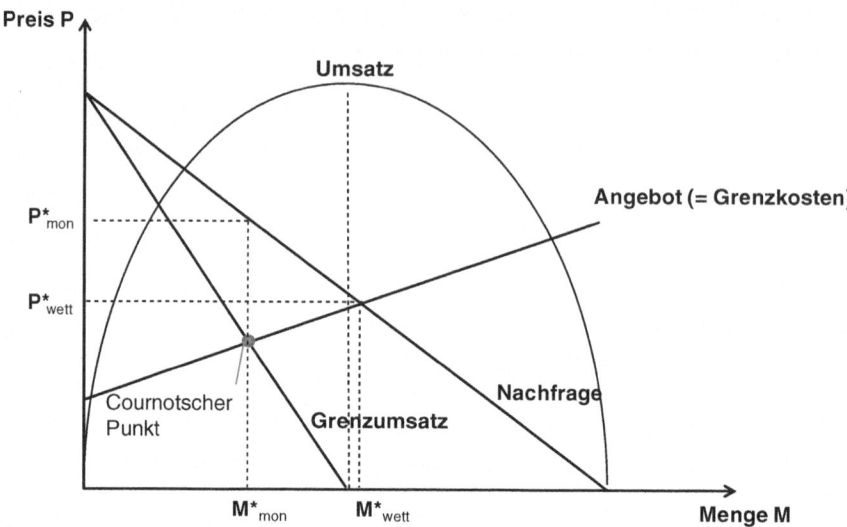

Abb. 1.9 Gewinnmaximierung im Monopol

dort sein Gewinnmaximum liegt. Dieses Gewinnmaximum ist größer als unter Wettbewerbsbedingungen.

Das Marktgleichgewicht entsteht damit im Vergleich zum Konkurrenzmarkt bei einem höheren Marktpreis und einer geringeren Menge (siehe Abb. 1.9). Die Summe aus Produzentenrente und Konsumentenrente, also die Gesamtwohlfahrt, ist geringer als im Wettbewerb. Der Schnittpunkt von Grenzumsatz und Grenzkosten wird auch „Cournotscher Punkt" genannt. Er ist dadurch gekennzeichnet, dass der Monopolist bei jeder Abweichung einen geringeren Gewinn erzielen würde. Wenn er sein Angebot über dieses Niveau ausdehnt, sind die zusätzlichen Kosten (Grenzkosten) bei jeder Einheit größer als der zusätzliche Umsatz (Grenzumsatz). Wenn er sein Angebot reduziert, liegen die Grenzkosten unter dem Grenzumsatz, so könnte er bis zum Gleichgewicht von Grenzkosten und Grenzumsatz seinen Gewinn steigern.

Aus der Praxis: Fairer Wettbewerb

Ein Unternehmen investiert in eine Imagekampagne, um sich von den Wettbewerbern abzuheben und von den Kunden stärker und positiv wahrgenommen zu werden. Bei Erfolg können mehr Produkte ggf. auch teurer verkauft werden, weil die Konsumenten das Unternehmen „quasi" als Monopolisten betrachten.

Ein Unternehmen erhöht seinen Marktanteil durch Preissenkungen und versucht, andere Wettbewerber zu verdrängen. Im Erfolgsfall entsteht Marktmacht bis zum Monopol, die zur Preiserhöhung und Gewinnmaximierung ausgeschöpft werden kann.

> Die Wettbewerbspolitik soll dabei „unlauteren" Wettbewerb verhindern, indem sie Herabsetzung und Beschimpfung von Konkurrenten verbietet bzw. bestraft oder Preisdumping, also nicht Kosten deckende Angebote unterbindet. Die Ordnung des Wettbewerbs soll durch Regeln sichergestellt sein.

Aufgrund seines freien Preissetzungsspielraums könnte der Monopolist ggf. seinen Preis auch senken und die Menge ausdehnen, um potenzielle neue Wettbewerber vom Markteintritt fernzuhalten. Dies wird er nur dann tun, wenn deren Markteintrittspreis unterhalb des Monopolpreises liegt. In der Praxis bewirken Markteintrittskosten und Skalenerträge durch sinkende Stückkosten bei steigender Produktion eine eher gefestigte Monopolstellung. Die Marktkräfte zur Überwindung des Monopols müssen daher durch die Wettbewerbspolitik gestärkt werden.

Das Spektrum der Maßnahmen der Wettbewerbspolitik zur Sicherstellung des Wettbewerbs ist weitreichend. Die Bedeutung der Wettbewerbssicherung kann nicht überschätzt werden. Walter Eucken, der Vordenker der modernen, sozialen Marktwirtschaft betont die Verwirklichung einer Wettbewerbsordnung als die zentrale Aufgabe in der Marktwirtschaft. Neben den Voraussetzungen des freien Marktes, privates Eigentum und freie Preisbildung, gehört dazu die Erkenntnis, dass die Wettbewerbsordnung durch den Staat organisiert und durch die Rechtsordnung gesichert sein muss.[6]

▶ **Monopol:** Ein **Monopol** ist dadurch gekennzeichnet, dass es auf einer oder auf beiden Marktseiten nur einen Marktteilnehmer gibt. Im Monopol hat der Monopolist einen freien Preissetzungsspielraum, den er zur Gewinnmaximierung nutzt. Sein Gewinnmaximum ist dabei größer als bei Konkurrenz. Die Gesamtwohlfahrt ist geringer, weil der Wohlfahrtsverlust der anderen Marktseite den Zugewinn überkompensiert.

1.3.3.2 Oligopolmärkte

Zwischen dem Zustand der vollständigen Konkurrenz mit vielen Marktteilnehmern und der Monopolsituation mit nur einem Marktteilnehmer wird das Oligopol eingeordnet. Von Interesse soll auch hier ein Angebotsoligopol sein. In einem Oligopolmarkt gibt es mindestens zwei Anbieter und weniger Anbieter als in der vollständigen Konkurrenz (Polypol). Die Abgrenzung zwischen Konkurrenz und Oligopol ist nicht quantitativ auszudrücken. Der Unterschied besteht vielmehr darin, dass in einem Oligopol das Verhalten der anderen Anbieter relevant wird für den eigenen Erfolg. Während die Anbieter im

---

[6]In den Grundsätzen der Wirtschaftspolitik formuliert er „konstituierende" und „regulierende" Prinzipien der liberalen Wirtschaftsordnung als Voraussetzung der Funktionsfähigkeit einer sozialen Marktwirtschaft. Das konstituierende Prinzip ist dabei das Preissystem der vollständigen Konkurrenz und das regulierende Prinzip die staatliche Kontrolle/Unterbindung der Monopol- und Kartellbildung Vgl. Eucken (1990, S. 241 ff).

Wettbewerb sich bei ihren Entscheidungen lediglich am Marktpreis und den Rahmenbedingungen orientieren, beeinflusst in einem Oligopol das Verhalten der Wettbewerber den Gewinn ebenfalls. Die potenziellen Entscheidungen der „Gegenspieler" bzw. „Kooperationspartner" werden nun in die eigenen Aktionen einbezogen.

Das Gleichgewicht im Oligopol ist demzufolge dann gegeben, wenn kein Anbieter durch Veränderung seines Verhaltens seinen Gewinn steigern kann. Dieser Zustand wird als Cournot-Gleichgewicht bezeichnet und entspricht dem Nash-Gleichgewicht in der Spieltheorie. Die Existenz eines oder mehrerer solcher Gleichgewichte kann unterstellt werden. Eine vereinfachte Darstellung ist im Gegensatz zum Monopol- und zum Konkurrenzmarkt jedoch nicht möglich. Aus den zahlreichen Einflussparametern (Preis, Menge, Marketing, Produktionsverfahren, Forschung usw.) ergeben sich vielfältige Kombinationsmöglichkeiten, sodass hier auf die Gleichgewichtsanalyse verzichtet wird. Es sollen lediglich wettbewerbspolitisch besonders relevante Handlungsmöglichkeiten betrachtet werden, um die Bedeutung der Wettbewerbsordnung für die Funktionsfähigkeit der Marktwirtschaft herauszuarbeiten (vgl. Endres 2007, S. 314–316).

Aus der Praxis: Preisabsprachen und ruinöser Wettbewerb
Die Kreditinstitute verabreden gemeinsam, die gleichen Zinskonditionen für Kredite und Guthaben festzulegen. Der Preismechanismus wird ausgeschaltet. Das Kartell setzt den Preis wie ein Monopolist fest. Die Kreditinstitute (das Kartell) legen die Zinsen so fest, dass ihr Gewinn maximiert wird. Die Aufteilung des Monopolgewinns muss durch das Kartell vereinbart werden, sodass jedes Mitglied des Kartells seinen Anteil an der Gewinnsteigerung erhält, sich also gegenüber der Wettbewerbssituation verbessert. Solche Preisabsprachen hat es in der Vergangenheit oft gegeben, sogar trotz des Verbots solcher Kartelle. Die Strafen müssen so hoch sein, dass der Monopolgewinn abgeschöpft wird und darüber hinaus eine Abschreckungswirkung erzielt wird. Aufgabe der Wettbewerbspolitik ist es, solche Kartelle in allen Branchen zu unterbinden, denn diese Art von Kartellen verringert die Gesamtwohlfahrt.

Ein Wettbewerber mit den größten Ressourcen und Kapitalreserven tritt in einen ruinösen Wettbewerb mit dem Ziel, seine Konkurrenten aus dem Markt zu verdrängen, um danach ein Monopol zu errichten. Dazu bietet er einen nicht Kosten deckenden Preis (Preisdumping), in der Annahme, dass die Konkurrenz sich seinem Verhalten anschließen muss, um im Markt zu bestehen. Die Konkurrenz kann dieses Preisdumping jedoch aufgrund der geringeren Ressourcen und Kapitalreserven nicht so lange durchhalten und muss aus dem Markt ausscheiden. Die anschließenden Monopolgewinne stellen einen Anreiz zu diesem Verhalten dar, wenn sie mutmaßlich größer sind als die kurzfristigen Verluste aus dem ruinösen Wettbewerb.

1.3 Marktunvollkommenheiten

Eine vereinfachte Analyse der Handlungsoptionen im Oligopol lässt eine Reduzierung auf zwei Betrachtungen zu. Allgemein lässt sich sagen, dass der Gewinn unter Monopolbedingungen maximiert wird. Es ist daher bei wenigen Marktteilnehmern rational, ein solches Monopol anzustreben. Die Monopolstellung kann entweder durch Kooperation der Anbieter oder durch Ausschalten der anderen Anbieter erreicht werden. Die Wahl der Strategie ist abhängig von den Kosten und den erwarteten Gewinnen. Bei gleich starken Wettbewerbern in der Ausgangssituation des Oligopols ist davon auszugehen, dass eine Verdrängungsstrategie kostenintensiv ist und die Erfolgswahrscheinlichkeit aus Sicht eines einzelnen Oligopolisten niedrig erscheint. Dies lässt eine Kartellbildung attraktiver werden. Zudem wird eine einfache (kostenminimale) Einigung über die Aufteilung des Monopolgewinns wahrscheinlicher. Demzufolge ist die Kooperationsstrategie, die zur Bildung eines Anbieterkartells führt, um den Monopolgewinn abschöpfen zu können, die beste Handlungsoption bei wenigen Anbietern mit vergleichbarer Marktposition und Ressourcenausstattung.

Demgegenüber ist der Anreiz, eine Verdrängungsstrategie zu wählen umso größer, je dominanter die Marktstellung eines Oligopolisten und je besser seine Ressourcenausstattung ist. Unter diesen Bedingungen wäre es für einen kleinen Anbieter im Oligopol rational, unter weitgehendem Verzicht auf seinen Anteil am Monopolgewinn, seine Marktposition durch eine Kartellvereinbarung (Kooperation) zu festigen bzw. zu erhalten. Aus Sicht des marktbeherrschenden Unternehmens wird eine Kartellbildung dann rational, wenn der entgangene Monopolgewinn (abzugebende Monopolgewinn) geringer ausfällt als die erwarteten Kosten der Verdrängung.

Die Oligopolsituation lässt sich so zusammenfassen, dass es bei wenigen Anbietern einen permanenten Anreiz gibt, durch sein Verhalten eine Monopolstellung zu erzeugen. Dies resultiert zum einen aus der Möglichkeit, den Markt aktiv zu beeinflussen und zum anderen aus der höheren Gewinnerwartung unter Monopolbedingungen. Aufgrund der vielfältigen Handlungsoptionen und der variierenden Rahmenbedingungen lassen sich keine allgemeingültigen Aussagen zur optimalen Handlungsstrategie eines Oligopolisten ableiten. Es lässt sich aber sagen, dass die Wettbewerbspolitik eine Oligopolsituation aufgrund der dort gegebenen Anreizstrukturen vermeiden sollte. Bei einer gegebenen Oligopolsituation lässt sich ein eindeutiger Handlungsbedarf der Wettbewerbspolitik identifizieren. Sie muss regulierend eingreifen, um die Entstehung einer Monopolsituation zu verhindern und den Wettbewerb zu stärken.

▶ **Oligopol:** Ein **Oligopolmarkt** liegt vor, wenn es nur wenige Anbieter auf dem Markt gibt, die dadurch den Markt beeinflussen können (Marktmacht ausüben). Zu Preis und Menge treten die Entscheidungen der anderen Anbieter als Einflussparameter hinzu. Es besteht ein permanenter Anreiz für die Oligopolisten, durch Verdrängung oder Kooperation zu einem Monopolmarkt zu gelangen.

1.4 Arten von Marktversagen

Grundsätzlich können alle bisher behandelten Marktunvollkommenheiten als Marktversagen bezeichnet werden, weil sie zu Abweichungen vom Marktgleichgewicht bzw. vom Optimum führen (vgl. Endres 2007, S. 741). In der Literatur wird dies ebenfalls häufig so definiert. Die Begründung ist darin zu finden, dass die meisten Marktunvollkommenheiten nicht gänzlich beseitigt werden können. Damit besteht die Gefahr eines latenten Marktversagens, je stärker sie ausgeprägt sind und je weniger die Marktkräfte trotz der Unvollkommenheiten zum Gleichgewicht tendieren. In diesem Kapitel sollen Arten von Marktversagen diskutiert werden, die selbst dann eintreten, wenn die Bedingungen eines vollkommenen Marktes gegeben wären. Die Besonderheit liegt darin, dass die Wirtschaftspolitik dieses Marktversagen nicht durch Verbesserung der Rahmenbedingungen, durch eine funktionierende Wettbewerbsordnung, die Marktunvollkommenheiten reduziert, beseitigen oder verhindern kann. Es sind regulierende Maßnahmen der Wettbewerbspolitik notwendig, um den Marktmechanismus zu ersetzen oder grundsätzlich erst mal herzustellen.

1.4.1 Fehlende Stabilität des Marktgleichgewichts

Der Marktmechanismus kann unter bestimmten Bedingungen versagen, auch wenn die Rahmenbedingungen des vollkommenen Marktes gegeben wären. Dies kann durch anormales Verhalten von Marktteilnehmern verursacht sein. Marktversagen kann aber ebenso durch verzögerte Anpassungsprozesse bedingt sein. Beide Ursachen können die Tendenz zu einem stabilen Marktgleichgewicht stören, sodass es zu instabilen Märkten kommt.

Bei einem anormalen (inversen) Verlauf der Nachfragekurve führt die Preissenkung eines Gutes nicht zu einer steigenden, sondern einer fallenden Nachfrage. In der mikroökonomischen Theorie wird von einem Giffen-Gut[7] gesprochen. Ein Konsument verwendet sein Einkommen nicht für zusätzlichen Konsum des nun preiswerteren Gutes. Er ersetzt dieses Gut durch ein anderes Gut, weil der Grenznutzen des anderen Gutes höher ist. Dies kann durch die Sättigung mit dem Gut bzw. mit der relativ gestiegenen Attraktivität des anderen Gutes erklärt werden.

---

[7]Ein Giffen-Gut oder inferiores Gut ist dadurch klassifiziert, dass die Nachfrager bei steigenden Preisen mehr konsumieren. Sein Namensgeber, Robert Giffen, beobachtete das Phänomen bei Brot, das nach einer Preissteigerung mehr nachgefragt wurde, weil sich die Konsumenten das noch teurere Fleisch nicht mehr leisten konnten und durch zusätzlichen Brotkonsum kompensierten (substituierten).

1.4 Arten von Marktversagen

> **Aus der Praxis: Substitutionseffekte**
> Bezieher niedriger Einkommen konsumieren preiswerte Grundnahrungsmittel und müssen dafür einen erheblichen Teil des Einkommens verwenden. Wenn ein Grundnahrungsmittel, z. B. industrielles Schnittbrot, nun billiger wird, kann das „eingesparte" Geld für ein höherwertiges Substitutionsgut, z. B. frisches Bäckerbrot eingesetzt werden. Dieser Effekt kann sogar zu einer Reduktion des Konsums des Schnittbrots führen. In dem Fall wird der Einkommenseffekt vom Substitutionseffekt überkompensiert. Praktisch bedeutet dies, dass der Marktmechanismus für das Schnittbrot in dem Fall versagt, weil die normalen Anpassungsreaktionen nicht zum Gleichgewicht führen.
>
> Ein weiteres Beispiel könnte der Arbeitsmarkt sein. Da Freizeit ein Bedürfnis darstellt und Nutzen stiftet, kann Freizeit als Gut betrachtet werden und als solches Gut ist Freizeit ein Substitut zu Arbeit. Eine Reallohnsteigerung kann so durchaus zur Reduktion des Arbeitsangebots führen, weil der Grenznutzen der Freizeit höher ist, als der Grenznutzen aller anderen mit dem zusätzlichen Einkommen konsumierbaren Güter. Das Arbeitsangebot würde anormal reagieren und bei einer Preissteigerung (Reallohn) sinken.

Durch das anormale Verhalten von Anbietern oder Nachfragern kann eine Situation eintreten, in der es keine Tendenz zum Marktgleichgewicht nach einer Störung gibt, selbst wenn die Bedingungen des vollkommenen Marktes gegeben sein würden. Die normalen Anpassungsreaktionen können nicht zur Wiedererreichung eines Marktgleichgewichts führen. Daher kann in den Fällen von Marktversagen gesprochen werden.

▶ **Marktversagen:** Ein **Marktversagen** aufgrund fehlender Marktstabilität liegt vor, wenn der Marktmechanismus aufgrund von anormalen Verhaltensreaktionen bei Marktteilnehmern auf mindestens einer Marktseite die Rückkehr zu einem stabilen Marktgleichgewicht selbst unter den Bedingungen eines vollkommenen Marktes nicht gewährleistet.

1.4.2 Entstehung von Marktmacht (Natürliches Monopol)

Marktmacht kann auf verschiedene Art und Weise entstehen. Ein Marktversagen unter den Bedingungen eines vollkommenen Marktes wäre dann gegeben, wenn aufgrund technologischer Ursachen kein Konkurrenzmarkt entstehen kann. In dem Fall wird von einem „natürlichen Monopol" gesprochen. Ein solches Monopol entsteht durch Unteilbarkeiten in der Produktion. Ausgelöst durch hohe Fixkosten führt dabei die Ausdehnung der Stückzahl zu stetig sinkenden Durchschnitts- und Grenzkosten (siehe Abb. 1.10). Dadurch haben große Anbieter grundsätzlich niedrigere Kosten als kleine

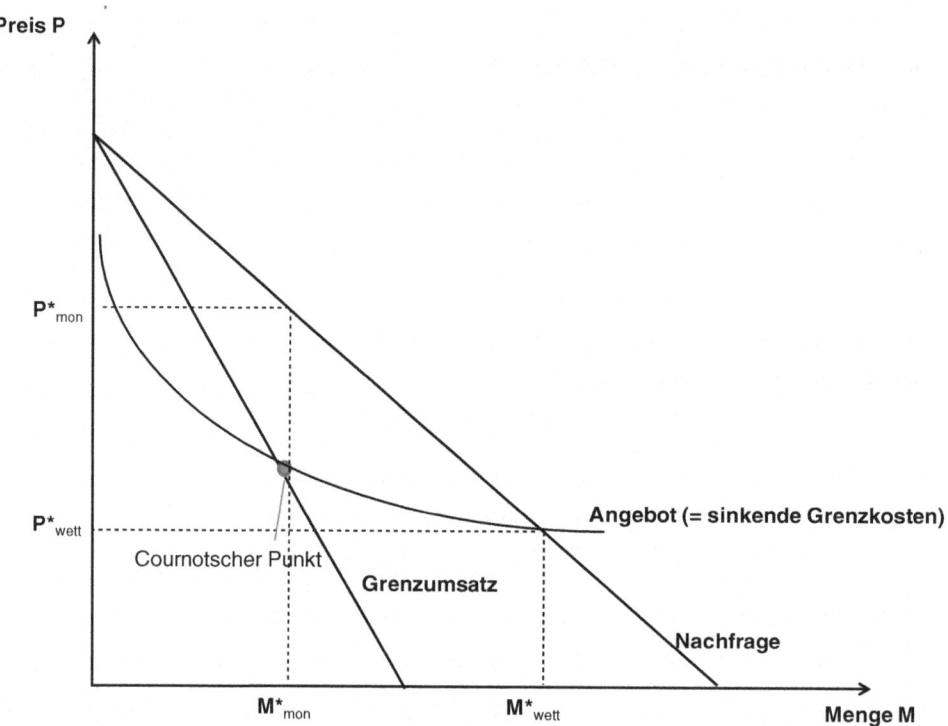

Abb. 1.10 Marktversagen in einem natürlichen Monopol

Anbieter und werden die kleinen Marktteilnehmer aus dem Markt drängen bis sie eine Monopolstellung erlangt haben. Diese Kostenstruktur verhindert den Markteintritt von Konkurrenten. Bei der Aufweichung der Bedingungen des vollkommenen Marktes kann des Weiteren argumentiert werden, dass ein etablierter Wettbewerber durch den bereits vollzogenen Markteintritt „versunkene" Kosten hat (bereits getätigte Investitionen), die in der weiteren Kalkulation entfallen. Diese Markteintrittskosten bilden eine zusätzliche Markteintrittsbarriere, die nur relevant wird, wenn ein Monopolist unterhalb des Monopolgleichgewichts (Grenzumsatz = Grenzkosten) produziert (vgl. Endres 2007, S. 430 f.).

Darüber hinaus gilt auch in einem natürlichen Monopol, dass die normalen Anpassungsreaktionen der Marktteilnehmer nicht zu einem hypothetischen Marktgleichgewicht führen, sondern von ihm weg. Aufgrund der mit der Produktionsmenge sinkenden Grenz- und Durchschnittskosten sinkt der Angebotspreis mit zunehmender Menge, weil der Kostenverlauf des Monopolisten dem Marktangebot entspricht. In einem solchen Fall kann von Marktversagen gesprochen werden, denn die Wettbewerbspolitik kann hier keinen funktionierenden Marktmechanismus herstellen. Nur ein Monopolist kann in einem natürlichen Monopol überhaupt einen Gewinn erwirtschaften, weil er durch Preissetzung

1.4 Arten von Marktversagen

über seinen durchschnittlichen Stückkosten agieren kann. Im Wettbewerb liegen in der Konstellation die durchschnittlichen Stückkosten bei jeder Menge über den Grenzkosten. Es würde also wegen der Gleichgewichtsbedingung Grenzkosten = Marktpreis jedes Angebot Verluste erwirtschaften, sodass dort kein Angebot entstehen kann.

> **Aus der Praxis: Herausbildung von Monopolen**
> Die Situation eines natürlichen Monopols mit hohen Fixkosten ist beim Schienenverkehr, der Telekommunikation sowie bei Strom- und Gasnetzen identifizierbar. Die Investitionen in Leitungs- bzw. Schienensysteme verhindern, dass neue Wettbewerber in den Markt eintreten. Die Kosten sinken, je besser die Netze ausgelastet sind, also je größer die produzierte Menge ist. In der Telekommunikation ist dieser Zustand durch technologische Weiterentwicklung zur mobilen Kommunikation überwunden. Im Schienenverkehr ist es lange Zeit versucht worden, das Problem durch ein monopolitisches Staatsunternehmen zu lösen. Inzwischen wird das natürliche Monopol ähnlich wie bei Strom und Gas durch Privatisierung der Anbieter und gleichzeitige Regulierung des Marktes angegangen. In jedem Fall besteht auf diesen Märkten ein wirtschaftspolitischer Handlungsbedarf. Welche Lösung unter welchen Bedingungen geeignet ist, hängt von den technologischen und wettbewerbspolitischen Rahmenbedingungen ab.

Die Wirtschaftspolitik muss nach Instrumenten suchen, die den Marktmechanismus ersetzen oder einen Marktmechanismus simulieren. Theoretisch kann die Wettbewerbspolitik versuchen, die Monopolgewinne abzuschöpfen und umzuverteilen oder sie kann für ein staatliches Angebot sorgen, welches Kosten deckend bereitgestellt wird. Beide Lösungen stoßen in der Praxis an Grenzen. Zum einen ist es nahezu unmöglich, das „richtige" Gleichgewichtsniveau zu finden. Zum anderen fehlen die Anreize zur Kostensenkung und zum technologischen Fortschritt, die von einem funktionierenden Wettbewerb ausgehen. Darüber hinaus entstehen bei Abschöpfung und Umverteilung wohlfahrtsreduzierende zusätzliche Kosten.

▶ **Natürliches Monopol:** Ein **natürliches Monopol** ist ein technologisch verursachter Marktzustand, bei dem aufgrund von mit der Produktionsmenge stetig sinkenden Stückkosten kein Wettbewerb entstehen kann. Kleine Anbieter oder neu eintretende Wettbewerber hätten keine Chance im Markt, weil ihre Kosten immer höher sein würden als die Kosten des Monopolisten bzw. größten Anbieters. Die normalen Anpassungsreaktionen der Marktteilnehmer können ein Marktgleichgewicht unter diesen Bedingungen ebenfalls nicht herstellen.

1.4.3 Externe Effekte und Marktgleichgewicht

Auf einem vollkommenen Markt werden alle entstehenden Kosten nach dem Verursacherprinzip zugeordnet. Der Marktpreis im Gleichgewicht widerspiegelt sowohl die marginale Zahlungsbereitschaft der Konsumenten als auch die Grenzkosten der Produzenten. Der Marktpreis signalisiert die Knappheit in Relation zu vorhandenen Ressourcen und Wertschätzung eines Gutes. Tatsächlich kann es in der Realität aber zu Marktsituationen kommen, in denen nicht alle Kosten den Verursachern angelastet werden. Dabei geht es vor allem um die Opportunitätskosten-Betrachtung. Es entgehen Dritten bzw. der Gesamtheit Nutzen, weil durch die Nichtberücksichtigung dieser Kosten bei den Verursachern eine suboptimale Lösung erzielt wird. Im Fall positiver externer Effekte entgehen dem Verursacher Gewinne, weil die Nutznießer für den positiven Effekt (Nutzen) nicht bezahlen.

Wenn auf einem Markt durch den Konsum oder die Produktion eines Gutes bei unbeteiligten Dritten Kosten oder entgangene Nutzen entstehen, dann versagt der Markt, weil es zu keiner optimalen Allokation kommt. Die bei Dritten verursachten Opportunitätskosten bleiben bei der Entstehung des Marktgleichgewichts unberücksichtigt. Weder Anbieter noch Nachfrager kalkulieren sie in ihre Entscheidungen ein. Im umgedrehten Fall entstehen bei Dritten Nutzeneffekte, für die sie nicht bezahlen müssen. Anbieter und Nachfrager verständigen sich bei einem Gleichgewichtspreis und einer Gleichgewichtsmenge, bei der diese Nutzeneffekte bei unbeteiligten Akteuren unberücksichtigt bleiben. Der Markt versagt in diesem Fall, denn auch diese Allokation wäre nicht optimal.

Diese Effekte werden als externe Effekte bezeichnet. Es entstehen Nutzen mindernde oder Nutzen steigernde Einflüsse durch das Handeln mindestens eines Wirtschaftssubjektes, ohne dass Begünstigte zahlen müssen oder Geschädigte kompensiert werden. Die externen Effekte, die Opportunitätskosten bzw. Nutzenentgang bei Dritten verursachen, werden negative externe Effekte genannt und die externen Effekte, die Nutzen bei Dritten stiften, werden als positiv bezeichnet.

Negative externe Effekte der Produktion verursachen gesellschaftliche Kosten, die sich nicht in den Marktpreisen niederschlagen. Sie müssen aber berücksichtigt werden. Negative externe Effekte sind immer relevant, wenn Produktions- oder Konsumentscheidungen die natürliche Umwelt belasten. Andere Nutzer werden bei der Konsumierung der Natur eingeschränkt. Die Schwierigkeit besteht darin, die Opportunitätskosten zu quantifizieren bzw. den Nutzenverlust zu ermitteln. Theoretisch lassen sich der tatsächliche Gleichgewichtspreis und die Gleichgewichtsmenge, wie in der Abb. 1.11, leicht feststellen. Das gilt auch umgekehrt für positive externe Effekte. In der Realität stellt sich zum einen die Bewertung der gesellschaftlichen Kosten und Nutzen durch externe Effekte schwierig dar. Zum anderen ist vor allem die verursachergerechte Zuordnung problematisch. Verursacher von positiven externen Effekten müssten einen Preis für die Leistung erhalten und Verursacher von negativen externen Effekten müssten die Kosten tragen. Dieser Ausgleich wird Internalisierung der externen Effekte genannt.

1.4 Arten von Marktversagen

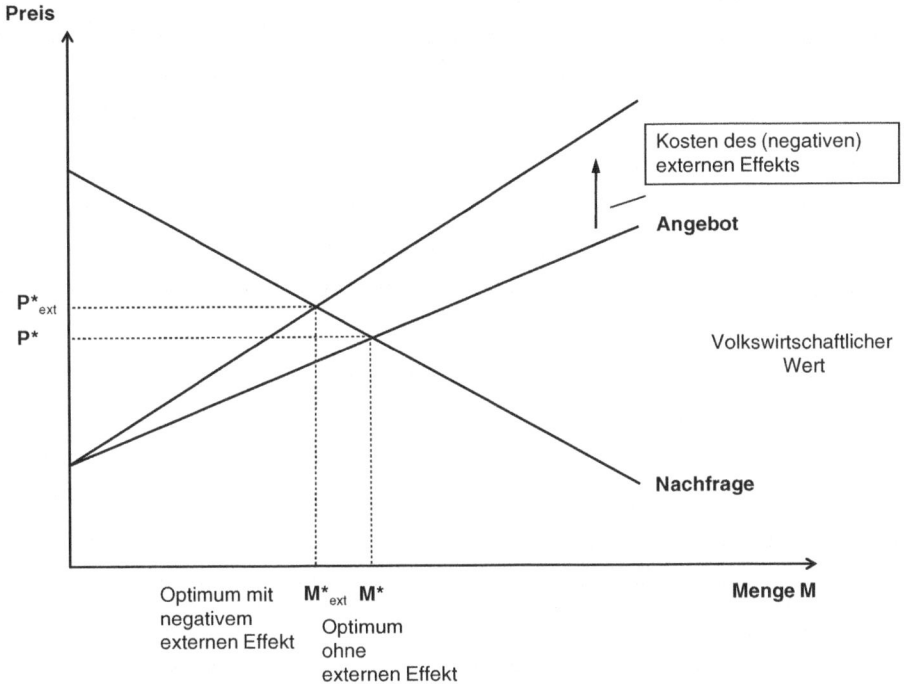

Abb. 1.11 Marktgleichgewicht und Optimum mit negativen externen Effekten

Es gilt auch für die Internalisierung von externen Effekten zunächst zu betrachten, ob es eine Problemlösung ohne Intervention in den Markt geben kann und unter welchen Bedingungen sie denkbar ist. Darüber hinaus stellt sich bei Marktversagen aber immer die Frage nach dem geeigneten wettbewerbspolitischen Instrumentarium. In dem Fall geht es um die Internalisierung der externen Effekte durch staatlichen Eingriff. Der Wirkungsmechanismus des Staatseingriffs ist bei den verschiedenen Instrumenten sehr unterschiedlich und muss daher differenziert analysiert werden.

Getragen von einem Misstrauen gegen staatliche Interventionen entwickelte Ronald Coase[8] eine sogenannte Verhandlungslösung für den Einzelfall. Das Coase-Theorem beschreibt den Handel von (klar definierten) Rechten zur Internalisierung externer Effekte als optimale Beseitigungsstrategie von Marktversagen (first best). Allerdings sind die Voraussetzungen für das Funktionieren sehr eingeschränkt. Neben der vollständigen Information zählen dazu definierte Eigentumsrechte und wenige Beteiligte. Zu viele

---

[8]Ronald Coase ist ein britischer Wirtschaftswissenschaftler, der 1960 in einem Artikel über Verfügungsrechte die Konsequenzen nicht zugewiesener Verfügungsrechte bei externen Effekten aufzeigt. Als optimale Lösung entwickelt er die Verhandlungslösung der Betroffenen bei klar zugewiesenen Verfügungsrechten.

Beteiligte erhöhen die Transaktionskosten bzw. die Kosten der Verhandlungslösung. Die Interessen werden heterogener und der Verhandlungsaufwand steigt mit der Zahl der Beteiligten. Die Zuordnung von Eigentumsrechten bei den Schädigern oder Geschädigten eines negativen externen Effekts ist zwingend, damit beide Parteien überhaupt in Verhandlung treten. Unter diesen Bedingungen wird der Verursacher bereit sein, eine Entschädigung bis zu seinen Grenzkosten zu zahlen und der Geschädigte wird eine Kompensation akzeptieren, die seinem Nutzenentgang entspricht oder höher liegt, wenn der Geschädigte die Eigentumsrechte zugewiesen bekommt.[9] Diese Lösung entspricht dem Marktoptimum, weil sie auf der individuellen Nutzen- bzw. Gewinnmaximierung der Betroffenen basiert. Die Lösung ist wohlfahrtsoptimal.

Wenn der Markt keine Lösung für das Versagen bietet, dann muss der Staat intervenieren. Pigou[10] schlägt vor, die externen Effekte mittels einer Steuer zu internalisieren. Wenn der Markmechanismus bestimmte Auswirkungen der wirtschaftlichen Aktivität der Akteure nicht über den Preis erfasst, muss der Staat ein Substitut für die Berücksichtigung der Kosten externer Effekte erzeugen. Dieses Ziel wird, wie in Abb. 1.12, durch eine Steuer realisiert, die in der Höhe den Kosten der externen Effekte entspricht. Ein konstanter Steuersatz pro Mengeneinheit beim Verursacher führt zur Steigerung der Grenzkosten um den externen Effekt und liefert im Ergebnis ein Marktgleichgewicht (M*; P* in Abb. 1.13) bei einem höheren Preis und geringerer Menge als ohne Intervention (M_1; P_1 in Abb. 1.13). Dieses Gleichgewicht ist aber wohlfahrtsoptimal, weil alle relevanten genutzten Ressourcen in die Preiskalkulation einbezogen sind. Die Steuer kompensiert die Opportunitätskosten des externen Effekts. Die Lösung ist wohlfahrtsoptimal, wenn unterstellt wird, dass es Ziel des Staatshandelns ist, das Gemeinwohl zu maximieren und den externen Effekt zu internalisieren. In der Realität führt Eigennutzmaximierung bei Staatsakteuren ggf. zur Steuermaximierung oder einem der Wiederwahl förderlichen Verhalten.

> **Aus der Praxis: Wirkungen von externen Effekten**
> Externe Effekte sind in der Realität überwiegend negativ. Überall dort wo wirtschaftliche Tätigkeit mit der Nutzung natürlicher Ressourcen, wie Luft, Wasser

---

[9]Eine ebenfalls wohlfahrtsoptimale Lösung durch Verhandlung würde auch entstehen, wenn die Eigentumsrechte dem Schädiger zugewiesen würden und die Geschädigten eine Kompensation für den Verzicht auf das Nutzungsrecht zahlen. Die theoretisch gleichwertige Lösung erscheint aus Gerechtigkeitsüberlegungen jedoch skurril.

[10]Arthur Cecil Pigou war ein britischer Nationalökonom. Anfang des 20. Jahrhunderts stellte er zur Internalisierung negativer externer Effekte ein Steuerkonzept vor. Die Steuer verfolgt kein fiskalpolitisches Ziel (Einnahme), sie soll das Verhalten des Schadensverursachers so lenken, dass eine Paretoverbesserung am Markt entsteht. Die Lenkungssteuer soll die Fehlallokation durch das Marktversagen reduzieren. Im Idealfall liegt der Pigou-Steuersatz dort, wo Grenzschaden und Grenzkosten der Vermeidung des externen Effekts gleich sind.

1.4 Arten von Marktversagen

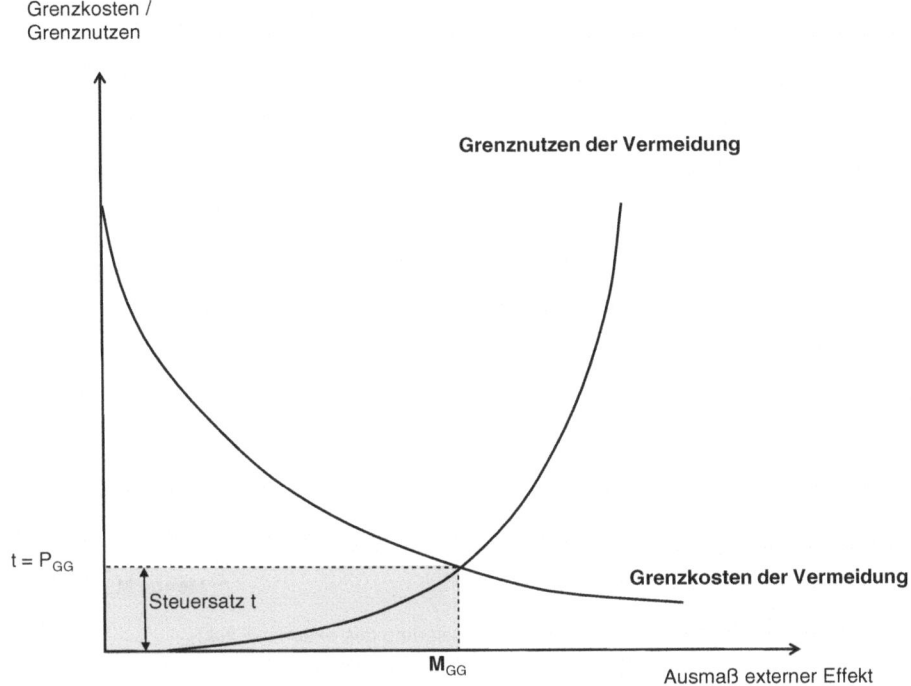

Abb. 1.12 Pigou-Steuer zur Internalisierung negativer externer Effekte

> oder Boden verbunden ist, entstehen bei Dritten Opportunitätskosten durch Luftverschmutzung oder Gewässer- und Bodenverunreinigung. Da Luft und Wasser und teilweise Boden als freie Güter gelten, sind auch keine Eigentumsrechte zugeordnet bzw. zuordenbar. Der Staat muss also diese negativen externen Effekte kompensieren. Diese externen Kosten sollten möglichst wohlfahrtsoptimal internalisiert werden. Die Staatsintervention sollte somit die allokativen Wirkungen der Eingriffe zur Internalisierung der Effekte berücksichtigen.
>
> Positive externe Effekte treten beispielsweise auf, wenn ein Anbieter neue Technologien oder innovative Prozesse entwickelt, die unmittelbar auch Dritten zur Verfügung stehen. Grundlagenforschung, die über wissenschaftliche Publikationen allgemein zugänglich wird, ist ein typischer positiver externer Effekt. Üblicherweise werden die Bienen, die beim Nektar sammeln „aus Versehen" die Pflanzen bestäuben, in der Literatur ebenfalls als Beispiel strapaziert.

Eine unabhängige Institution, die dem umwelt- und wohlfahrtspolitischen Maximierungsziel verpflichtet ist (Umweltzentralbank) wird als Lösung immer wieder diskutiert. Dennoch wäre auch für eine solche Institution die Identifizierung des optimalen

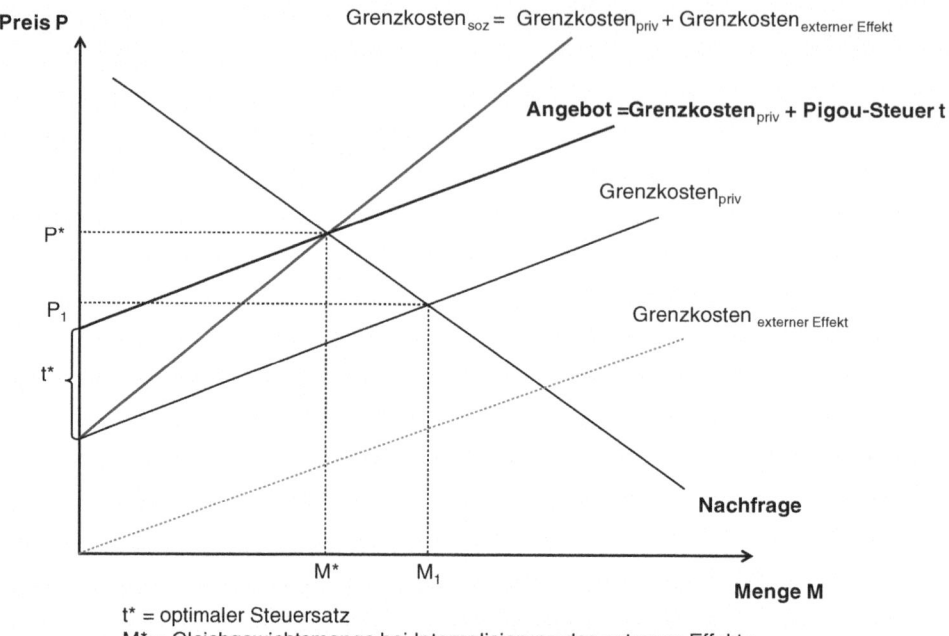

Abb. 1.13 Auswirkung einer Pigou-Steuer auf das Marktgleichgewicht

Steuersatzes nahezu unmöglich. Es würde vollständige Kostentransparenz und die genaue Quantifizierung des Schadens externer Effekte erfordern.

▶ **Externalitäten (externe Effekte)** führen zu Marktversagen, weil die entstehende Marktallokation nicht wohlfahrtsoptimal ist. Externe Effekte müssen internalisiert werden, um eine wohlfahrtsoptimale Ressourcenallokation zu erreichen. Negative externe Effekte sind externe Kosten. Wenn diese Kosten dem Verursacher angelastet werden, sind die Externalitäten kompensiert (internalisiert). Für externen Nutzen müssten die Konsumenten dem Verursacher einen dem Nutzen entsprechenden Preis als Kompensation bezahlen.

1.4.4 Fehlender Marktmechanismus (Öffentliche Güter)

Marktversagen ist in einer weiteren Konstellation anzutreffen. Für einige Güter lässt sich feststellen, dass aufgrund der Eigenschaften bei der Nutzung der Güter kein privater Markt entstehen wird. Der Marktmechanismus funktioniert nur dann, wenn Nutzer, die für den Konsum nicht den Marktpreis bezahlen, vom Konsum ausgeschlossen sind und wenn diese Konsumenten das bezahlte Gut exklusiv nutzen können. Die Güter, für

1.4 Arten von Marktversagen

die diese Eigenschaften der Ausschließbarkeit und der Rivalität zutreffen, werden als private Güter bezeichnet. In Situationen, in denen dies nicht gegeben ist, besteht für private Anbieter kein Anreiz, das Gut herzustellen bzw. eine Leistung zu erbringen, für die es kein (marktgerechtes) Entgelt gibt. Für Konsumenten gibt es wiederum einen Anreiz, am Konsum eines von anderen bezahlten Gutes unentgeltlich zu partizipieren (Trittbrettfahrerphänomen). Die Optimalitätsbedingungen des Marktgleichgewichts sind bei Fehlen beider Kriterien nicht erfüllbar. Sie beruhen darauf, dass jeder Konsument entsprechend seiner marginalen Zahlungsbereitschaft einen gegebenen Marktpreis akzeptiert (oder nicht) und dass ein Produzent im Gleichgewicht einen seinen Grenzkosten entsprechenden Marktpreis erhält. Güter, für die weder Rivalität im Konsum noch das Ausschlusskriterium gelten, werden als öffentliche Güter bezeichnet. Für öffentliche Güter gilt uneingeschränkt, dass nur der Staat für ein Angebot dieser Güter sorgen kann, weil auf private Initiative kein Angebot entstehen kann.

Umstritten sind dagegen alle Arten von Gütern, die eine Mischform zwischen privaten und öffentlichen Gütern darstellen. Eine strenge Interpretation dieser Definition führt dazu, nahezu alle nicht privaten Güter als Mischgüter zu klassifizieren, da es technisch-organisatorisch und ökonomisch möglich ist, für quasi jedes Gut einen Ausschlussmechanismus für den Konsum zu implementieren.

> **Aus der Praxis: Öffentliche Bereitstellung von Gütern**
> Güter, deren Bereitstellung privat nicht erfolgt, die aber für die Gesamtwohlfahrt von wesentlichem Interesse sind, müssen vom Staat bereitgestellt werden. Für Landesverteidigung und innere Sicherheit gelten die Kriterien Ausschluss und Rivalität nicht. Sie würden ohne Staatsintervention nicht angeboten. Obwohl auch hier ein Ausschluss von der Leistung vorstellbar wäre, wenn nicht bezahlt wird (Ausweisung, Vogelfreiheit), gelten beide Güter als öffentlich. Es lassen sich in beiden Fällen nicht nur wohlfahrtsökonomische sondern auch gesellschaftspolitische Gründe für ein Staatsmonopol bei diesen Leistungen ableiten (sonst werden aus Bürgerwehren schnell marodierende und konkurrierende Gangsterbanden).
>
> Die Frage der öffentlichen Bereitstellung von Gütern stellt sich nicht so eindeutig beim Bau von Autobahnen, Tunneln, Brücken und sonstiger Infrastruktur. Hier ist ein Ausschluss relativ leicht möglich und die Leistungserbringung im privatwirtschaftlichen Wettbewerb liefert potenziell Wohlfahrtsgewinne. Ebenso umstritten sind Leistungen wie Bildung und Wissenschaft. In der Regel existieren in den Bereichen ein öffentliches und ein privates Angebot parallel, teilweise sogar im Wettbewerb.

Das Kriterium der Rivalität im Konsum ist dann unproblematisch, wenn wie bei Straßenlaternen, Radioempfang oder Parkanlagen die Nutzung durch andere Konsumenten den Konsum des Einzelnen nicht einschränkt. Lediglich die Übernutzung (Staus, überfüllte

Strände und Parks, Überfischung) durch zu viele Konsumenten stellt eine Nutzeneinschränkung dar, der aber ebenfalls durch Begrenzung begegnet werden kann.

Umstritten ist in der Wirtschaftspolitik die Frage, inwieweit der Staat Mischgüter bzw. quasi öffentliche Güter anbieten soll, auch wenn die Erzeugung eines privatwirtschaftlichen Angebots durch Gestaltung der Rahmenbedingungen (Ausschluss, Rivalität) möglich wäre. Bei öffentlicher Versorgung mit Forschung und Wissenschaft wären Forschungsergebnisse allgemein nutzbar und könnten positive externe Effekte erzeugen. Das gleiche gilt für ein hohes Bildungs- bzw. Qualifikationsniveau. Theoretisch wären diese Effekte aber auch durch privatwirtschaftlichen Wettbewerb erzielbar, bei dem der Staat lediglich die Qualitätssicherung durch regulierende Maßnahmen übernimmt.

▶ **Öffentliche Güter** sind Leistungen, bei denen Konsumenten nicht vom Konsum ausgeschlossen werden können, wenn sie keinen Marktpreis entrichten und bei denen mehr als ein Konsument gleichzeitig die Leistung konsumieren kann (fehlende Rivalität). Durch diese Konstellation entsteht kein privatwirtschaftliches Angebot. Der Marktmechanismus kann hier nicht wirken.

1.4.5 Asymmetrische Information

Ein weiterer Fall des Marktversagens kann bei ungleichmäßig verteilten Informationen auftreten. Der vollkommene Markt schließt aufgrund des Postulats der vollständigen Information diese Möglichkeit aus. Es gehört zu den Unvollkommenheiten des Marktes in der Realität, dass die Informationen nicht vollständig bzw. nicht vollständig verfügbar sind. Aufgrund der Kosten der Informationsbeschaffung gilt auch für den Markt an Informationen, dass im Gleichgewicht die Grenzkosten der Informationsbeschaffung dem Grenznutzen der Information entsprechen. Solange die unvollständigen Informationen gleich verteilt sind, kommt es im Ergebnis lediglich zu Suboptimalitäten am Markt, nicht jedoch zu Marktversagen.

Bei einer asymmetrischen (ungleichen) Verteilung der Information zwischen den Marktteilnehmern kann es dagegen zu Marktversagen kommen, wenn das Kriterium der Homogenität der Güter und Leistungen ebenfalls eingeschränkt wird. Bei Qualitätsunterschieden zwischen Gütern bzw. Leistungen auf einem Markt ist der Produzent bzw. Dienstleister besser über die Produkteigenschaften und Leistungsqualität informiert. Daraus ergibt sich für den Käufer eine Entscheidung unter Unsicherheit, bei der er entweder über bekannte Wahrscheinlichkeitsverteilungen verfügt (Risiko) oder vollkommen uninformiert ist (Ungewissheit). Diese Feststellung hat weitreichende Konsequenzen für die Marktanalyse. Das rationale Verhalten unter Unsicherheit ist abhängig von den individuellen Risikopräferenzen des Entscheidungsträgers. Damit sind die Kaufentscheidung und die Zahlungsbereitschaft von der Risikoneigung des Konsumenten abhängig. Dies verändert die Allokation des Marktes durch einen weiteren wesentlichen Parameter. Auf der anderen Marktseite besteht dagegen ein Anreiz, den vorhandenen

1.4 Arten von Marktversagen

Informationsvorsprung zu nutzen (vgl. vertiefend dazu Endres 2007, S. 814–896). Wohlfahrtsökonomisch bedeutet dies eine Abweichung vom Optimum, weil es wie bei der Marktmacht zu einem Preis beeinflussenden Handlungsspielraum auf einer Marktseite kommt. Die besser Informierten stellen sich auf Kosten der schlechter Informierten besser und dies bei einer Reduktion der Gesamtwohlfahrt gegenüber dem Marktgleichgewicht. Es ist auch eine Marktsituation denkbar, bei der auf beiden Seiten Informationen vorliegen, die der anderen Marktseite nicht bekannt sind. Diese doppelte Informationsasymmetrie ist nicht gleichzusetzen mit symmetrischer, unvollständiger Information. Asymmetrie der Information erzeugt in jedem Fall Marktversagen.

> **Aus der Praxis: Informationsasymmetrien**
> Informationsasymmetrien sind in der Realität sehr oft anzutreffen. In heterogenen Märkten besteht für den Anbieter ein Anreiz, schlechte Qualität als anscheinend gute Qualität zu einem höheren Preis bei eigenen niedrigen Kosten zu verkaufen. Durch den Informationsvorsprung kennt nur der Anbieter die tatsächliche (schlechte) Qualität. Die schwächere (schlechter informierte) Marktseite muss vor der Ausnutzung durch die besser informierte Marktseite geschützt werden.
>
> Die Situation ist typischerweise bei einem Unternehmer anzutreffen, der einen Manager oder einen Angestellten beschäftigen möchte. Er ist schlechter über die Eigenschaften der Kandidaten, wie Qualifikation, Leistungsbereitschaft, Sorgfalt usw. informiert als die Bewerber selbst. Zu dieser asymmetrischen Information kommt ein freier Handlungsspielraum des Mitarbeiters bzw. angestellten Managers nach der Einstellung. Das Verhältnis zwischen Eigentümer (Prinzipal) und Manager (Agent) wird in der Literatur als Prinzipal-Agenten-Beziehung (principal-agent-relationship) bezeichnet. Dem Problem kann durch vertragliche Verpflichtungen im Vorfeld durch Kontrolle und Verhaltensanreize begegnet werden.

Die Konsequenz aus der ungleichen Informationsverteilung sind eine adverse (negative) Selektion und ein moralisches Risiko (moral hazard). Die negative Auslese entsteht durch den Informationsvorsprung eines Anbieters bei Gütern mit unterschiedlicher Qualität (heterogene Güter). Zum einen ist für den Konsumenten nicht erkennbar, ob ein teures Gut wirklich eine entsprechend hohe Qualität hat und ein billiges Gut eine niedrige Qualität. Ein Konsument unter Unsicherheit wird nur bereit sein, einen hohen Preis zu zahlen, wenn er risikofreudig ist. Ein risikoneutraler Nachfrager wird nur bereit sein, den Mittelwert zwischen beiden Preisen zu bezahlen. Wenn die Kosten des Qualitätsanbieters über diesem Preis liegen, wird er aus dem Markt gedrängt werden. Es verlassen die Anbieter mit der höchsten Qualität (und dem höchsten Preis) zuerst den Markt. Es verbleiben im Markt die Anbieter mit den niedrigsten Kosten und einer schlechten Qualität. Sie realisieren den größten Gewinn und wissen aufgrund ihres Informationsvorsprungs um ihre Marktposition. Zum anderen haben Anbieter unter diesen Bedingungen keinen

Anreiz eine hohe Qualität mit hochwertigen (und teuren) Ressourcen zu erzeugen, weil sie erwarten müssen, dass dies von den nicht informierten Konsumenten nicht Wert geschätzt wird. Sie rechnen damit, den gerechtfertigten hohen Marktpreis nicht realisieren zu können.

Das moralische Risiko besteht aufseiten der Anbieter. Sie unterliegen dem Anreiz, schlechte Qualität zu einem überhöhten Preis anzubieten, um Extra-Gewinne zu realisieren. Die Chance sich so zu verhalten, wird als moral hazard bezeichnet. Es ist mit dem Glücksspiel vergleichbar. Wenn das moralische Fehlverhalten (Betrug), schlechte Qualität zu einem hohen Preis zu verkaufen, nicht entdeckt wird, kann der Anbieter hohe Gewinne realisieren. Im Fall der Offenbarung der minderen Qualität am Markt muss er mit Insolvenz oder zumindest Sanktionierung rechnen, was seinen Gewinn gegenüber dem Fall eines fairen Marktpreises verschlechtern wird. Das Verhalten des Anbieters hängt von der Gewichtung der Reputation in seiner individuellen Zielfunktion, von der Wahrscheinlichkeit der Offenlegung, von der Risikoneigung und von der Höhe des zu erwartenden Schadens ab. Der Skandal um gefälschte Abgaswerte bei Volkswagen (und mutmaßlich anderen Autoherstellern) ist dafür ein passendes Beispiel.

▶ **Asymmetrische Information:** Die **asymmetrische Informationsverteilung** beschreibt eine Marktsituation, in der eine Marktseite einen Informationsvorsprung gegenüber der anderen Marktseite genießt. Informationsasymmetrie liefert einen Anreiz, den Informationsvorsprung am Markt zur eigenen Gewinnmaximierung zu nutzen. Ein solches Verhalten erzeugt Marktversagen, denn es kommt dadurch gesamtwirtschaftlich zu Wohlfahrtsverlusten.

Die Marktakteure versuchen, diesem Problem durch Gegenstrategien zu begegnen. Dieses Verhalten entspricht dem Marktmechanismus, aber muss durch eine entsprechende Wettbewerbs- und Rechtsordnung ergänzt werden. Zu den marktüblichen Instrumenten der schwächeren Marktseite gehören vertragliche Kontroll-, Prüfungs-, Rückgaberechte. Zu den ordnungspolitischen Maßnahmen zählen gesetzliche Regeln zum Verbraucherschutz ebenso wie Gewährleistungs- und Garantieansprüche. Die rechtliche Durchsetzbarkeit daraus entstehender Ansprüche ist ein wesentliches Element für deren Funktionsfähigkeit.

1.5 Wohlfahrtsanalyse von Markt und Wettbewerb

Für einen Markt konnte bereits analysiert werden, unter welchen Bedingungen er sich im Gleichgewicht befindet. Gleichzeitig gilt, dass im Gleichgewicht auch die maximale Wohlfahrt erzielt wird, weil die Summe aus Produzentenrente und Konsumentenrente bei jeder Abweichung vom Gleichgewicht kleiner wird. Für die Wohlfahrtsanalyse stellt sich die Frage, ob es auch ein allgemeines Gleichgewicht gibt, bei dem alle Märkte simultan im Gleichgewicht sind.

1.5 Wohlfahrtsanalyse von Markt und Wettbewerb

In der Wohlfahrtsökonomik wird ein Kriterium verwendet, das nach Vilfredo Pareto[11] das Pareto-Optimum genannt wird. Als Pareto-Optimum wird dabei ein Zustand definiert, bei dem kein Wirtschaftssubjekt besser gestellt werden kann (seinen Nutzen steigern kann), ohne dass ein anderes Wirtschaftssubjekt sich schlechter stellt (Nutzeneinbußen hinnehmen muss). Die Summe der Nutzenniveaus der Individuen ergibt die Wohlfahrt (Gesamtnutzenniveau) der Volkswirtschaft. Im Pareto-Optimum ist die Gesamtwohlfahrt maximiert.

Pareto-Optima lassen sich theoretisch über die Edgeworth-Box[12] ermitteln, in der die Haushalte (Unternehmen) durch Tausch zum Wohlfahrtsoptimum gelangen. Das gleiche (pareto-optimale) Wohlfahrtsniveau bedeutet je nach Tauschergebnis ein für mindestens ein Individuum höheres Nutzenniveau gegenüber Autarkie. Für ein gegebenes Wohlfahrtsoptimum sind in einer Volkswirtschaft unendlich viele Einkommensverteilungen denkbar. Damit bleibt die Frage nach der Verteilung des Wohlstandes unbeantwortet. Sie wäre auch nur eindeutig zu klären, wenn es ein repräsentatives Individuum gäbe, welches die gleichen Vorstellungen von Gerechtigkeit und die gleiche Bewertung von Ungleichheit aller Mitglieder der Gesellschaft widerspiegelt. Alternativ müssen unterschiedliche, individuelle Gerechtigkeitsempfindungen und Verteilungspräferenzen der Individuen über Abstimmungsregeln zu einem gesellschaftlichen Konsens geführt werden.

Das Pareto-Optimum ist eine normative Bewertungsregel, die ausdrückt, wann die Individuen durch ihre ökonomischen Aktivitäten den höchsten Nutzen generieren können. Es lassen sich die Bedingungen ableiten, für die eine Gesellschaft die höchste Güter- und Leistungsproduktion sowie einen optimalen Tausch organisieren kann. Für die Produktion wurden die Bedingungen für das Wettbewerbsgleichgewicht bereits hergeleitet. Wenn alle Produktionsfaktoren voll ausgelastet werden, sorgt der vollkommene Wettbewerb für das höchst mögliche Wohlfahrtsniveau der Produktion. Diese Konstellation wird in der Wohlfahrtsökonomik ergänzt durch den optimalen Tausch einer gegebenen Anfangsausstattung mit Gütern.

> **Aus der Praxis: Pareto-Ansatz in der Wohlfahrtsökonomik**
> Der Pareto-Ansatz in der Wohlfahrtsökonomik liefert die Grundlage für wettbewerbspolitisches Handeln und Umverteilungen. Der funktionierende Marktmechanismus sorgt für das höchste Wohlfahrtsniveau, weil er Gewinne und Nutzen der Wirtschaftsakteure maximiert. Der Staat kann im Sinne der Gesamtwohlfahrt

---

[11] Vilfredo Federico Pareto war ein italienischer Nationalökonom und Ingenieur. Er gilt als Begründer der Wohlfahrtsökonomie. Nach ihm sind verschiedene Elemente in der Wohlfahrtsökonomie benannt, u. a. das Pareto-Prinzip, das Pareto-Optimum und die Pareto-Verteilung.

[12] Francis Ysidro Edgeworth war ein irischer Nationalökonom. Er entwickelte zur Veranschaulichung des allgemeinen Gleichgewichts in einer Tauschwirtschaft die grafische Darstellung, die nach ihm als Edgeworth-Box benannt wurde.

durch Markteingriffe keine Wohlfahrtssteigerungen erzielen. Eine Wohlfahrtssteigerung durch den Staat ist nur realisierbar, wenn er bestehende Marktunvollkommenheiten beseitigt bzw. reduziert und bei Marktversagen einen „künstlichen" Markt schafft.

Darüber hinaus kann mit dem Pareto-Kriterium gezeigt werden, dass sich die Individuen durch Tausch in ihrem Wohlfahrtsniveau verbessern können. Dabei sind gesamtwirtschaftlich verschiedene Güter- bzw. Einkommensverteilungen wohlfahrtsoptimal. Eine Umverteilung ohne Transaktionskosten könnte unter diesen Bedingungen wohlfahrtsneutral erfolgen. Allerdings kann daraus noch keine Rechtfertigung von staatlicher Umverteilung aus wohlfahrtsökonomischer Sicht abgeleitet werden, denn dies würde staatlichen Tauschhandel als Marktakteur erfordern und unterstellen, dass er aus Nutzenüberlegungen agiert. Staatsaktivität ist aber überwiegend hoheitlich (Zwang zur Interaktion) und nicht Nutzen gesteuert.

Im Modell zweier Marktakteure mit einer gegebenen Güterausstattung und gegebenen Indifferenzkurven kann das optimale Tauschniveau abgeleitet werden. Die Indifferenzkurven repräsentieren unterschiedliche Güterkombinationen, für die das Individuum den gleichen Nutzen empfindet. Die jeweilige Güterausstattung wird durch den Punkt X in Abb. 1.14 abgebildet.

Es gilt, dass ein Individuum durch Bewegung entlang der Indifferenzkurve das gleiche Nutzenniveau realisiert. Dabei stiften unterschiedliche Güterkombinationen von zwei im Modell betrachteten Gütern den gleichen Nutzen. Durch die Gegenüberstellung der Nutzenniveaus in der Anfangsausstattung in der „Edgeworth-Box" kann gezeigt werden, dass sich mindestens ein Akteur durch Tausch besser stellen kann, ohne dass sich der andere Akteur verschlechtert. Im Modell muss zudem gelten, dass beide Güter das gesamte Produktionsniveau und beide Akteure alle Marktteilnehmer stellvertretend repräsentieren. Die jeweiligen Anfangsausstattungen der beiden Akteure ergeben addiert also das gesamte Produktionsniveau der jeweiligen Güter. Für die Tauschaktionen ist ebenfalls das Pareto-Kriterium anzuwenden. Das höchste Wohlfahrtsniveau wird dann erreicht, wenn sich zwei Indifferenzkurven tangieren, weil dort kein Akteur sich verbessern kann, ohne den Anderen im Nutzenniveau schlechter zu stellen. Alle Kombinationen im hervorgehoben gekennzeichneten Bereich der Abb. 1.14 stellen Güterkombinationen dar, bei denen sich mindestens ein Individuum durch Tausch gegenüber der Ursprungsverteilung besser stellen kann.

Die Wohlfahrtsanalyse nach dem Pareto-Kriterium liefert die Bestätigung dafür, dass ein funktionierender Marktmechanismus das bestmögliche Allokationsergebnis bezüglich des Gewinns bzw. Nutzens der Wirtschaftsakteure erzeugt. Gleichzeitig zeigt die Wohlfahrtsanalyse des Tauschs auch, dass das Optimum durch unterschiedliche Verteilungen erreicht werden kann. Es muss zudem konstatiert werden, dass für den

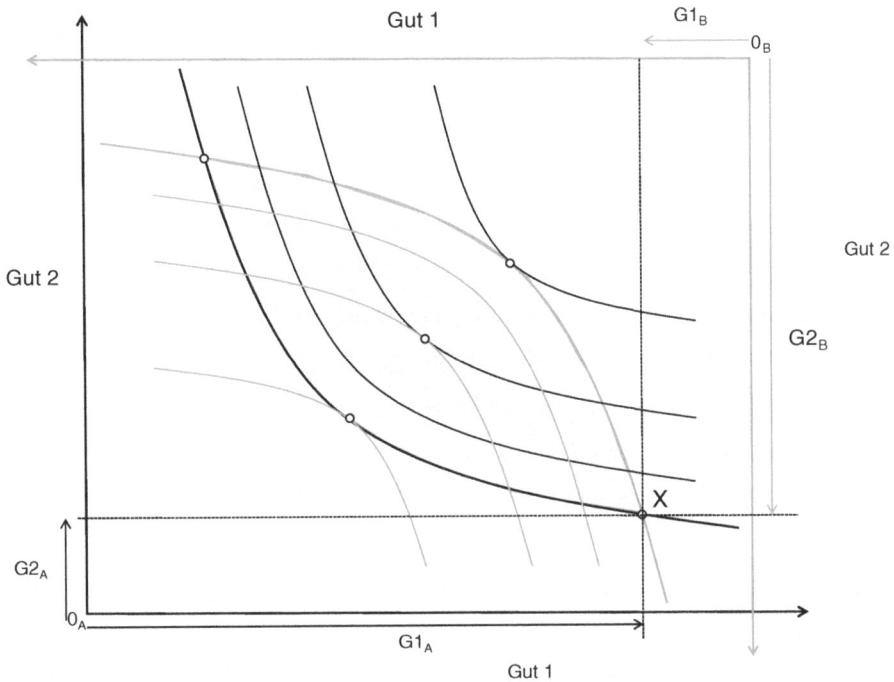

Abb. 1.14 Wohlfahrtsoptimum in der Edgeworth-Box

Markttausch ebenso wie für das Marktgleichgewicht auf Gütermärkten Abweichungen von den Bedingungen des vollkommenen Marktes zu Transaktionskosten und damit Wohlfahrtsverlusten führen. Durch diese Einschränkung ist bereits feststellbar, dass die Wohlfahrtsverluste mit dem Ausmaß an Umverteilung (Tauschaktionen) zunehmen.

▶ **Wohlfahrtsoptimum:** Die Wohlfahrtsanalyse mithilfe des Pareto-Kriteriums liefert eine Antwort darauf, wie unter optimalen Marktbedingungen eine effiziente Allokation der Ressourcen erfolgt. Der Zustand dieser effizienten Ressourcenallokation (Pareto-Optimalität) wird als wohlfahrtsoptimal bezeichnet, weil dort gilt, dass kein Individuum sich besser stellen kann, ohne dass ein anderes Individuum dadurch schlechter gestellt wird.

1.6 Wirkungsanalyse von Eingriffen in den Marktmechanismus

Die Wettbewerbspolitik hat die Aufgabe, den Wettbewerb sicherzustellen und Marktfehler zu korrigieren bzw. zu unterbinden. In den vorangegangenen Kapiteln wurde analysiert, welche Bedingungen für einen vollkommenen Markt erfüllt sein müssen, welche Konsequenzen ein Fehlen verschiedener dieser Bedingungen für die Funktionsfähigkeit von Märkten hat und welche Konstellationen grundsätzlich zu einem Marktversagen führen können. Dabei wurden allgemein Möglichkeiten angesprochen, gegen Fehlentwicklungen auf Märkten tätig zu werden. In diesem Kapitel soll genauer untersucht werden, welche Wirkungen auf die Märkte wiederum von den verschiedenen Instrumenten der Wettbewerbspolitik ausgehen.

> **Aus der Praxis: Ursachen für Fehlallokationen**
> Die Bedingungen des vollkommenen Marktes erklären wie der Marktmechanismus idealtypisch für eine effiziente Ressourcenverteilung sorgt. Dies könnte man mit einem vollkommen gesunden menschlichen Körper vergleichen. Im Idealfall arbeiten beide Organismen perfekt ohne Eingriffe. Wenn man dagegen Fehlfunktionen feststellt, sind eine Analyse der Situation und die korrekte Diagnose der Ursachen entscheidend für den Erfolg eines korrigierenden Eingriffs. In den Abschnitten zuvor sind verschiedene Ursachen analysiert und Therapieoptionen angesprochen worden. Dieses Kapitel behandelt die potenziellen Auswirkungen verschiedener Therapien. Wie in der Medizin wirkt jedes Medikament unterschiedlich und verursacht Nebenwirkungen. Es ist daher wichtig, sich darüber klar zu werden, welche Konsequenzen die verschiedenen Maßnahmen auslösen. Es gilt dabei, die Therapie zu wählen, die effizient die Ursachen der Fehlentwicklung bekämpft und möglichst wenig Nebenwirkungen mit sich bringt. Ein Einsatz wettbewerbspolitischer Instrumente ohne Bezug zur vorliegenden Marktsituation führt dagegen zu weiteren Marktverzerrungen und steigert das Ausmaß einer Fehlallokation. Man kann dies mit dem Einsatz von Breitbandantibiotika bei harmlosen Erkrankungen vergleichen, die zu einer Resistenz von lebensbedrohenden Erregern gegen diese Medikamente führen kann.

Da der Preis der Steuerungsmechanismus des Marktes ist, ist es naheliegend, eine direkte Regulierung des Preises als Instrument der Wettbewerbspolitik einzusetzen. Ein solcher Eingriff ist unmittelbar wirksam und ein sichtbares Signal des Eingriffs. Allerdings ist sofort klar, dass eine administrative Korrektur des Marktpreises die Ursachen der als „falsch" empfundenen Preisbildung des Marktes nicht beeinflusst. Es muss demnach zu Verzerrungen am Markt kommen, die potenziell neue Ungleichgewichte am Markt erzeugen. Ergebnisorientiert sind ebenfalls gesetzliche oder andere hoheitliche Restriktionen, die Mengen limitieren oder einen Markt für bestimmte Güter verhindern sollen (Verbot von Drogen, Kontingentierung von Angeboten durch Lizenzierung bzw. Zulassungsbeschränkung, Nutzungsbegrenzung, Schadstoffregulierung usw.). Dennoch ist auch hier die Frage zu stellen, ob ein solcher Eingriff allokationspolitisch die beste Lösung zur Erreichung eines Regulierungsziels ist und ob das angestrebte Ziel tatsächlich volkswirtschaftlich optimal ist.

Bei den Instrumenten, die indirekt eine Veränderung am Markt bewirken sollen, ist die Wirkungserzielung nicht immer offensichtlich und nicht garantiert, aber sie setzen i. d. R. auf Anpassungsreaktionen der Marktteilnehmer, die indirekt zum gewünschten Ziel führen sollen. Zu diesen Instrumenten zählen die Besteuerung, Abgaben, Subventionen und Transferzahlungen. Bei Erfolg wirken diese Instrumente effizienter als hoheitliche Maßnahmen, sie müssen aber selbst dann nicht die beste Lösung gegen eine Fehlentwicklung am Markt darstellen.

Schlussendlich stehen dem Staat ordnungspolitische Instrumente zur Verfügung, die einen Rahmen für alle Marktaktivitäten derart bilden sollen, dass die Bedingungen eines vollkommenen Marktes in der Realität bestmöglich erfüllt werden. Dazu zählen Transparenz- und Wohlverhaltensregeln, Konfliktlösungsnormen ebenso wie Standards und Handelsusancen. Sie haben teilweise verpflichtenden und teilweise freiwilligen Charakter und sollen auf minimale Transaktionskosten und effiziente Marktprozesse hinwirken. Sie werden wegen ihres teilweise unverbindlichen Charakters kritisiert, sind im Erfolgsfall aber wohlfahrtsoptimal.

1.6.1 Wettbewerbspolitische Wirkung staatlicher Preispolitik

Die Festlegung von staatlichen Mindest- oder Höchstpreisen sollte motiviert sein durch Fehlentwicklungen des Marktes. Nur in dem Fall sind Preisfestsetzungen allokationspolitisch relevant. In der Praxis entstehen Preisregulierungen aufgrund von Gerechtigkeitsempfinden aus sozialpolitischer Erwägung. Diese Art der Preiseingriffe sind verteilungspolitisch motiviert. Markteingriffe aus sozialpolitischen Gründen erfolgen nicht um Marktfehler zu korrigieren. Sie haben aber Allokationswirkungen. Diese Art der Markteingriffe in funktionierende Märkte reduzieren in jedem Fall die Gesamtwohlfahrt, weil Märkte im Gleichgewicht ein wohlfahrtsoptimales Ergebnis bringen. Eine verteilungspolitisch induzierte Preisfestsetzung, wie beispielsweise ein Mindestlohn, wirkt grundsätzlich wie ein Mindestpreis, mit dem man ein Marktungleichgewicht bei einem natürlichen Monopol bekämpft. Sie ist dann aber kein wettbewerbspolitisches Instrument um eine Fehlallokation zu beheben, sondern eine Reallokation aufgrund eines anderen wirtschaftspolitischen Ziels, dem sozialen Gleichgewicht.

> **Aus der Praxis: Staatliche Preispolitik**
> Staatliche Preispolitik ist immer wieder Gegenstand der Diskussion. So gilt auf dem Arbeitsmarkt seit einiger Zeit ein Mindestpreis, der Mindestlohn und auf dem Wohnungsmarkt ist eine Preisobergrenze für Mieterhöhungen, die Mietpreisbremse, eingeführt worden. Beide Preisregulierungen sind nicht allokationspolitisch bedingt, sondern sie sind aus sozialpolitischen Überlegungen implementiert. Der Mindestlohn soll sicherstellen, dass mit dem Entgelt für die Arbeitsleistung

> ein Mindestmaß an Bedürfnisbefriedigung möglich ist, wenn die Marktverteilung dies nicht gewährleistet.
> Im Fall der Mietpreisbremse versucht der Staat, das Grundbedürfnis nach Wohnraum so zu befriedigen, dass der Anteil des Einkommens, der für die Miete ausgegeben werden muss, limitiert wird. Angesichts der Tendenz, dass attraktive Metropolen und in diesen Metropolen attraktive Wohngebiete nur höheren Einkommensschichten zugänglich sind, soll aus Gerechtigkeitsüberlegungen gegen gesteuert werden. Die Mietpreisbremse kann dann als allokationspolitische Maßnahme interpretiert werden, wenn auf dem Wohnungsmarkt eine dauerhafte Marktunvollkommenheit als Ursache der Preissteigerung identifiziert werden kann.

Ein Mindestpreis hat Auswirkungen auf die Wettbewerbssituation, wenn der festgelegte Mindestpreis über dem Marktpreis liegt. Die einzige Situation, in der ein entstehender Marktpreis nicht Kosten deckend wirkt, ist das natürliche Monopol. Dort sinken die Grenzkosten mit der Ausdehnung der Angebotsmenge stetig. Die Gleichgewichtsbedingung Grenzkosten = Preis würde aufgrund der stets höheren Durchschnittskosten einen Verlust des Anbieters erzeugen, wenn er im Wettbewerb steht. Dadurch kann ohne Eingriff kein Markt entstehen. Die Festsetzung eines Mindestpreises in Höhe der durchschnittlichen Stückkosten kann in dem Fall ein Kosten deckendes Angebot gewährleisten. Ein privater Anbieter könnte so vor Verlusten geschützt werden. Allerdings ist dies nur dann notwendig, wenn andere Wettbewerber einen Markteintritt anstreben, um das Monopol zu brechen. Ein „geschützter" Monopolist würde ohnehin als Preissetzer agieren und die gewinnmaximale Menge herstellen. Ein Mindestpreis wäre nutzlos. In dem Fall müsste der Staat einen Höchstpreis festlegen, der zwischen dem Monopolpreis (P^*_{mon}) und dem Preis der bei Markträumung die Durchschnittkosten deckt (zuvor als Mindestpreis diskutiert). Der als Mindestpreis definierte Preis würde beim Anbieter lediglich die Kosten decken (vgl. auch Abb. 1.15). Es gäbe für einen privaten Akteur keinen Anreiz auf dem Markt zu agieren. Der Staat könnte hier den Markt subsituieren, in dem ein staatliches Unternehmen zum Kosten deckenden Preis anbietet, ohne Gewinne oder Verluste zu erwirtschaften. In der Praxis ist es nahezu ausgeschlossen, das richtige Preisniveau zu identifizieren, so dass der Verlauf der Nachfrage nur ungefähr prognostiziert bzw. geschätzt werden kann.

Auf einem Gleichgewichtsmarkt, auf dem der Marktpreis über dem Mindestpreis liegt, hat der Mindestpreis keine Auswirkungen (P_{min1} in Abb. 1.16). Wenn der Marktpreis jedoch durch die Preisfestlegung (P_{min2}) angehoben wird, dann verändern sich die Verhaltensweisen der Marktteilnehmer. Der höhere Marktpreis erzeugt einen Angebotsüberhang, denn es ist nun auch für Anbieter attraktiv zu produzieren, deren Grenzkosten über dem alten Marktpreis, aber unterhalb des Mindestpreises liegen. Die Nachfrage ist dagegen beim höheren Marktpreis geringer als beim niedrigeren Marktpreis.

Der Mindestpreis führt zu einem Angebotsüberhang. Die Anbieter können nicht das gesamte Angebot absetzen. Der Staat muss für den Abbau des Überangebots sorgen, das

1.6 Wirkungsanalyse von Eingriffen in den Marktmechanismus

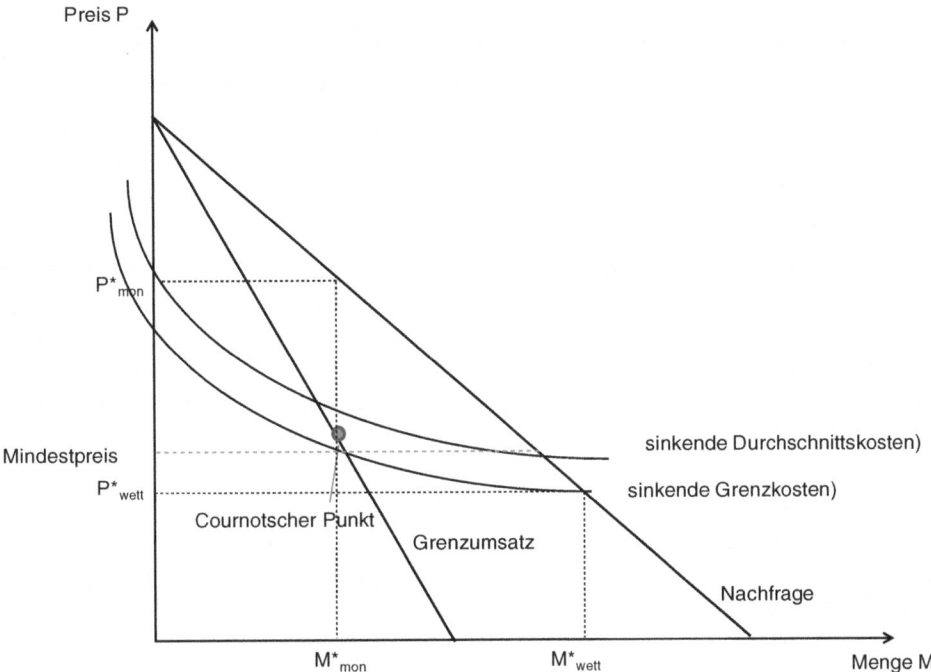

Abb. 1.15 Mindestpreis im natürlichen Monopol

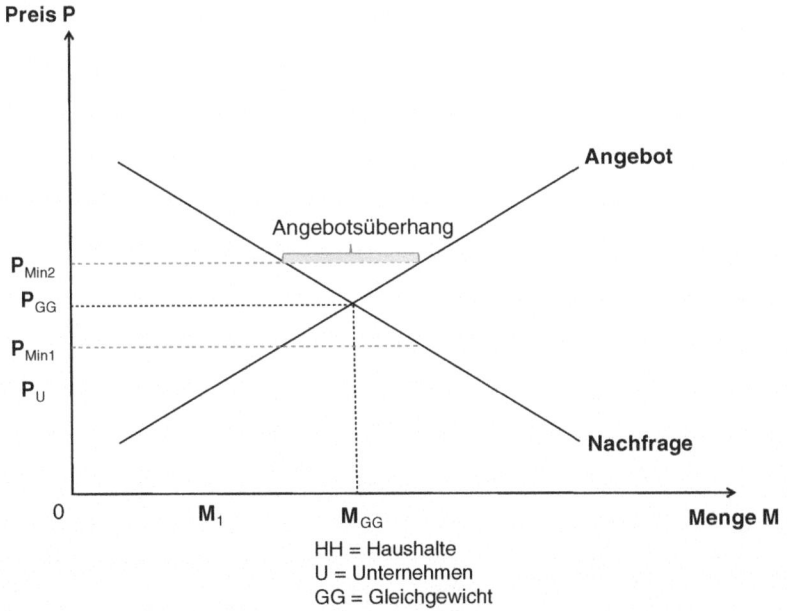

Abb. 1.16 Wirkung eines Mindestpreises auf einem Gleichgewichtsmarkt

durch seinen Eingriff in Form des Mindestpreises entstanden ist. Um den Markt wieder in ein Gleichgewicht zu bringen, muss das Überangebot abgeschöpft oder der Preis gesenkt werden. In der Europäischen Union wurden solche Mindestpreise über viele Jahre im Agrarbereich eingesetzt. Um den Anbietern (Landwirten) ein Mindesteinkommen zu sichern und damit den Erhalt von Bauernhöfen zu gewährleisten, hat die Europäische Union den Bauern Mindestpreise garantiert und gleichzeitig die Überproduktion angekauft. Das war ein typisches Beispiel für einen wettbewerbsverzerrenden Staatseingriff aus sozialpolitischen Motiven. Das Ausscheiden von Anbietern aufgrund zu hoher Kosten auf dem Agrarmarkt wurde durch den Mindestpreis und die gleichzeitige Abschöpfung des Überangebots mithilfe von Steuern verhindert. Allerdings reduziert sich dadurch die Gesamtwohlfahrt auf dem Agrarmarkt und die Umverteilung von Steuermitteln erfordert zusätzlichen Ressourceneinsatz. Wettbewerbspolitisch hat der Eingriff zu Ineffizienz und einem geringeren Wohlfahrtsniveau geführt.

Ein staatlicher Höchstpreis wirkt dagegen wettbewerbspolitisch, wenn er unterhalb des Gleichgewichtspreises festgelegt wird (P_{max2} in Abb. 1.17). In dem Fall wird das Angebot verknappt, weil Wettbewerber aus dem Markt ausscheiden, deren Kosten über dem Höchstpreis, aber unterhalb des Marktpreises liegen. Es entsteht ein Nachfrageüberhang. Der Staat könnte nun in ähnlicher Form durch Subventionierung der Anbieter mit Steuermitteln die Angebotslücke schließen oder selbst für ein zusätzliches Angebot

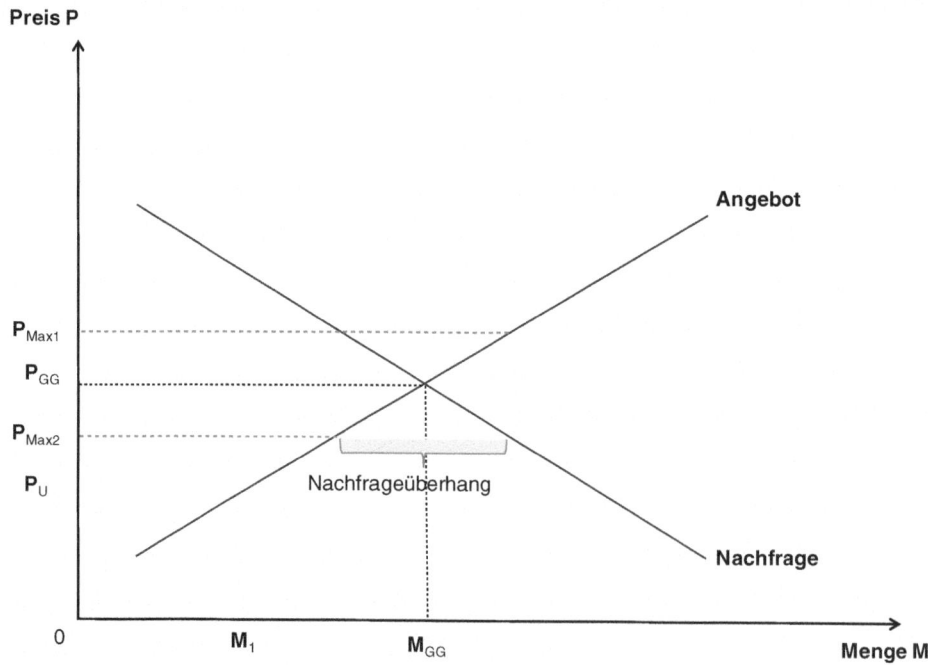

Abb. 1.17 Staatlicher Höchstpreis im Gleichgewichtsmarkt

sorgen. Mit hoher Wahrscheinlichkeit liegen die Kosten eines staatlichen Angebots über dem Höchstpreis, so dass auch in dem Fall Steuergelder für die Marktstabilisierung eingesetzt werden müssten. Wenn der Staat die Angebotslücke beim Höchstpreis nicht schließt oder nicht schließen kann, führt der Nachfrageüberhang zu Ausweichreaktionen der Marktakteure. So muss beispielsweise bei einer Mietpreisbremse (Höchstpreis unter dem Gleichgewichtspreis) damit gerechnet werden, dass Nachfrager mit hoher Zahlungsbereitschaft dem Anbieter Sonderzahlungen anbieten. Die Anbieter ihrerseits werden die Nachfrager segmentieren und die potenziell attraktivsten Mieter wählen (zuverlässig, niedrige Folgekosten, geringe Abnutzung). Insbesondere ist auf diesem Markt die Ausdehnung des Angebots in den bevorzugten Lagen (City, ruhig) weitgehend ausgeschlossen. Allokationspolitisch ist die Maßnahme kontraproduktiv, sie erzeugt oder steigert die Fehlallokation.

Der staatliche Höchstpreis ist dagegen ein sinnvolles wettbewerbspolitisches Instrument, wenn auf der Angebotsseite eine Marktmacht vorliegt. Monopolisten oder Kartelle nutzen die Marktmacht, um durch einen höheren als den Gleichgewichtspreis (Preis = Grenzumsatz) ihren Gewinn zu maximieren. Die Festsetzung eines Höchstpreises auf dem Niveau der Grenzkosten würde hier zum eigentlichen Konkurrenzgleichgewicht führen (vgl. dazu Abb. 1.18). Der Markteingriff würde so zu einer Effizienzsteigerung führen, da er die Rückkehr zum Marktgleichgewicht erzwingt. Die Schwierigkeit der Steuerung liegt darin, den „richtigen" Gleichgewichtspreis zu identifizieren und festzusetzen.

Im Falle einer asymmetrischen Informationsverteilung könnte theoretisch durch einen Höchstpreis die Ausnutzung eines Informationsvorsprungs von Anbietern verhindert werden, wenn diese schlechte Qualität für überhöhte Preise anbieten. Es ist aber

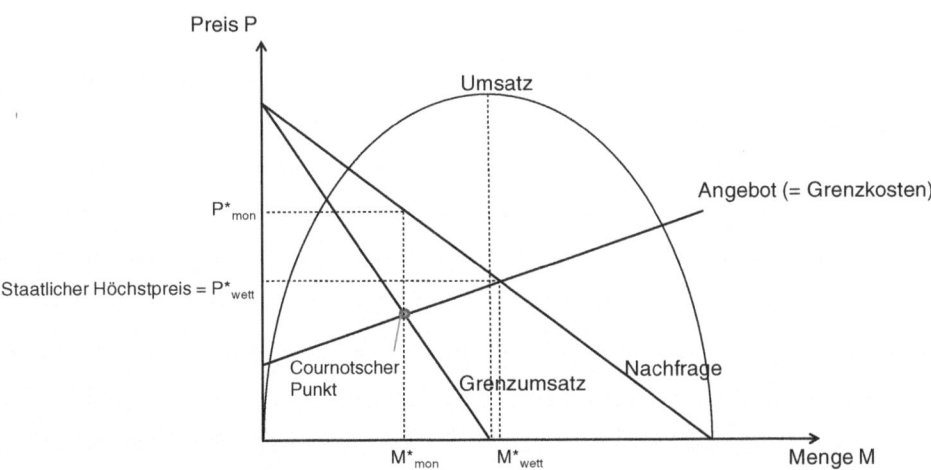

Abb. 1.18 Wirkung eines Höchstpreises im Monopol

unmöglich für den Staat zu erkennen, bei welchem Produzenten ein solches Verhalten vorliegt. Ein Höchstpreis wirkt pauschal auf alle Anbieter und verzerrt dadurch den Wettbewerb.

1.6.2 Wettbewerbseffekte von ordnungspolitischen Regulierungen

Eine Regulierungspolitik wird als administratives wirtschaftspolitisches Instrument bezeichnet. Der Staat greift durch hoheitliche Eingriffe in den Markt ein, indem er Gesetze und Vorschriften festlegt. Diese Art der Wettbewerbspolitik ist immer dann gerechtfertigt, wenn schnelle Ergebnisse erzielt werden müssen. Sie wirkt direkt, weil eine Anpassung unmittelbar erzwungen werden kann und Fehlverhalten sanktioniert wird. Oftmals ist die Wettbewerbspolitik bzw. die Wirtschaftspolitik effizienter, wenn sie durch Anreizinstrumente entsprechende Anpassungsreaktionen zur Wiederherstellung des Marktgleichgewichts erzeugt. Die Anpassung erfolgt dann über einen längeren Zeitraum und wirkt eher mittel- bis langfristig. Regulierungen wirken dagegen sofort. Bei den regulierenden Instrumenten kann man zwei Gruppen unterscheiden. Zum einen können Gesetze und Vorschriften eingesetzt werden, um einen unmittelbaren Zwang im gesamtwirtschaftlichen Interesse zu erzeugen, z. B. Schulpflicht, Verbot von Drogen, Immissionsverbote usw. Zum anderen dienen Gesetze oder Vorschriften als Rahmen, der die Spielregeln für die Akteure definieren soll, z. B. Regeln gegen unlauteren Wettbewerb, sittenwidriges Verhalten, Publikationspflichten, Niederlassungsfreiheit u. a. In letzterem Fall steht der ordnungspolitische Effekt im Mittelpunkt, im ersten Fall haben die Instrumente eher den Charakter einer Intervention.

Ein interventionistischer Einsatz von Gesetzen und Vorschriften soll nachhaltige negative Konsequenzen für die Gesamtwohlfahrt verhindern. Das ist empfehlenswert, wenn Fehlallokationen des Marktes durch Unvollkommenheiten oder Versagen wesentliche Auswirkungen auf viele Individuen haben könnten. Dazu kann es beispielsweise bei negativen externen Effekten durch Umweltschäden kommen. Ein Verbot schädlicher Substanzen bei Nahrungsmitteln, Spielzeugen oder im Bau ist wegen der Gefährdung von Gesundheit und Leben von übergeordnetem Interesse. Gleichzeitig ist davon auszugehen, dass die Berücksichtigung der tatsächlichen Kosten solcher Stoffe auch allokationspolitisch die Nichtverwendung zur Konsequenz hätte. Ein Verwendungsverbot von (gesundheitsschädigenden) Einsatzstoffen führt zu einer Preissteigerung aller Güter, bei denen teurere Einsatzstoffe verwendet werden müssen. Güter, für die keine Substitute zur Verfügung stehen, verschwinden vom Markt. Das Verbot hat das Regulierungsziel erreicht, selbst dann, wenn ein geringer Anteil illegaler Verwendung nicht ausgeschlossen werden kann. Allokationspolitisch ist ein Verbot nicht optimal. Es wäre effizient, den Stoffeinsatz so zu verteuern, dass die Grenzkosten der Substitution dem Grenznutzen der Schadensvermeidung entsprechen. Dies ist mit hoher Wahrscheinlichkeit bei einer verbleibenden Einsatzmenge größer als Null gegeben. Der Wirkungsmechanismus ist vergleichbar mit der Internalisierung externer Effekte durch die Pigou-Steuer (vgl. dazu Abb. 1.12). Das Ziel der vollständigen Eliminierung dieses Stoffeinsatzes würde verfehlt. Die Quantifizierung des Schadens ist bei Umweltschäden oder potenziellen Personengefährdungen schwierig. Die Ermittlung des optimalen Verwendungsniveaus im Sinne des Effizienzkriteriums erscheint damit nur theoretisch möglich. Das Ziel der effizienten Allokation tritt bei solchen Fragestellungen, bei denen Gesundheit und Leben bedroht sind, ohnehin zurück. Zudem verteilt sich der Schaden oft nicht auf alle von der Umweltverschmutzung bzw. Gesundheitsgefährdung betroffenen Individuen, sondern führt bei Einzelnen zu schwerwiegenden Schäden oder dem Tod. Dies reduziert die gesellschaftliche Akzeptanz bzw. politische Durchsetzbarkeit von effizienten Lösungen bei negativen externen Effekten dieser Art.

In diesem Kapitel soll aber zunächst die allokative Wirkung von Regulierungsmaßnahmen betrachtet werden. Die Festsetzung einer Höchstmenge bewirkt das exakte Erreichen eines vorgegebenen regulierungspolitischen Ziels. Eine Unterschreitung der Höchstmenge ist vernachlässigbar, weil die festgesetzte Höchstmenge in dem Fall keine allokationspolitische Wirkung hätte.

Eine Höchstmenge unterhalb der Gleichgewichtsmenge erzeugt auf dem Markt ein niedrigeres Angebot. In einem funktionierenden Markt wäre ein solcher wirtschaftspolitischer Eingriff wohlfahrtstechnisch schädlich und würde zu einer Fehlallokation (Ineffizienz) führen. Die Höchstmenge führt zu einer Angebotslücke beim Gut. Der Preis steigt. Der höhere Preis kommt den Anbietern zugute. Die Produzentenrente sinkt durch die Mengenreduktion um e, steigt aber durch die Preiserhöhung um b. Welcher Effekt überwiegt, ist von der Elastizität von Angebot und Nachfrage abhängig. In jedem Fall sinkt die Summe aus Konsumenten- und Produzentenrente und damit die Gesamtwohlfahrt von a + b + c + d + e auf a + b + d (Vgl. Abb. 1.19).

Eine Höchstmenge kann wirkungsvoll sein, wenn aufgrund vorhandener Marktmacht ein ruinöser Wettbewerb bzw. Preisdumping vorliegen. In dem Fall wird verhindert, dass einzelne Unternehmen ihre Konkurrenz mit einem billigen Überangebot aus dem Markt drängen, um anschließend einen Monopolgewinn generieren zu können. Ein solcher Fall könnte in Abb. 1.19 veranschaulicht werden, in dem eine Marktsituation (M_1; P_1) vorliegt. Die Höchstmenge müsste dann genau bei M_{GG} festgesetzt werden, um eine optimale Allokationswirkung zu erzeugen. Eine weitere wettbewerbspolitische Einsatzmöglichkeit würde sich wiederum bei negativen externen Effekten ergeben. Die Höchstmenge müsste dann so festgelegt werden, dass ein Marktgleichgewicht unter Berücksichtigung der sozialen Kosten entsteht. Die bei den Produzenten anfallende zusätzliche Rente (a in Abb. 1.20) müsste allerdings abgeschöpft werden und den Geschädigten als Kompensation zufließen.

Die Umsetzung der Begrenzung von Produktionsmengen erfolgt durch Kontingentierung bei den Anbietern. Die Begrenzung von schädlichen Substanzen erfolgt durch die Regulierung des Anteils bestimmter Stoffe in Endprodukten, z. B. Nahrungsmittel, Bau, Spielzeug. Zugleich kann die Schadstoffimmission mit Obergrenzen limitiert werden, z. B. Abgaswerte von Fahrzeugen oder Schadstoffausstoß von Kraftwerken. Die

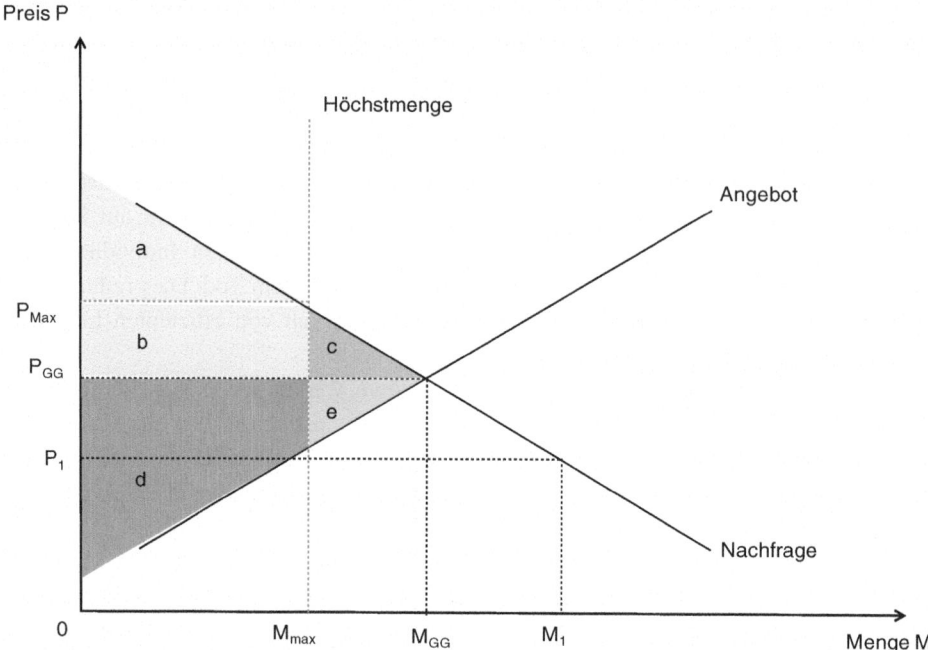

Abb. 1.19 Wirkung von Höchstmengen

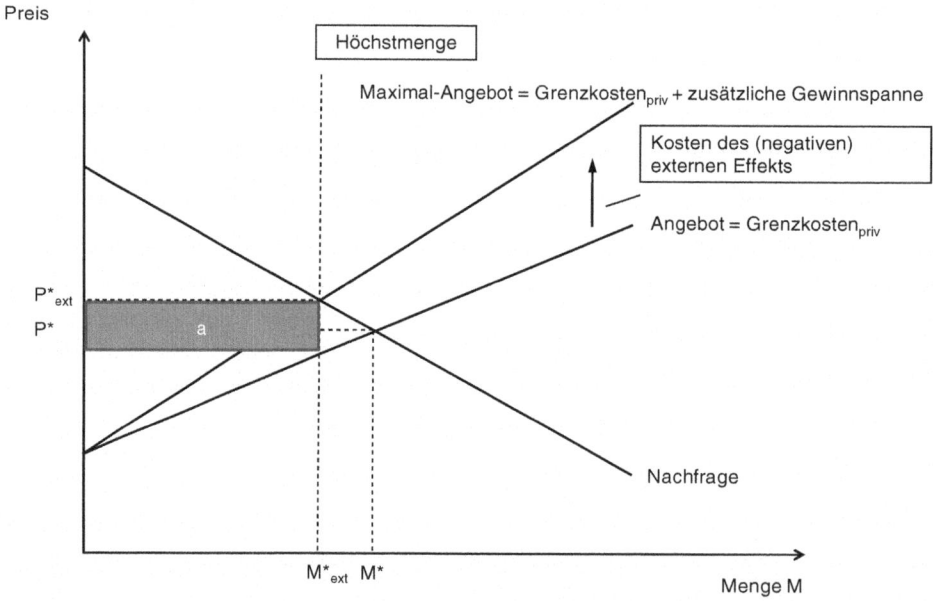

Abb. 1.20 Produktionsbeschränkung bei externen Effekten

Umsetzung erzeugt in jedem Fall eine Fehlallokation, weil aufgrund der verschiedenen Kostenstrukturen der Anbieter die Vermeidung nicht zu Minimalkosten erfolgt. Einen Anbieter kostet die Erreichung der Höchstgrenzen mehr, einen anderen Anbieter kostet die Erfüllung der Sollvorgaben weniger. Die Grenzkosten der Vermeidung sind also unterschiedlich.

> **Aus der Praxis: Mengenregulierung**
> Aus wettbewerbspolitischer Sicht können Höchstmengen diskutiert werden, wenn es um die wirksame Reduktion von Schadstoffen in der Umwelt und die Begrenzung gesundheitsschädigender Substanzen in der Produktion geht. In den Fällen liegen externe Effekte vor und die Höchstmengen wären eine Möglichkeit der Internalisierung. Sie sind ineffizient, aber ein vorgegebenes Ziel kann präzise erreicht werden. Zudem ist ein vorgegebenes Mengenziel in der Umweltpolitik politisch gut durchsetzbar und stößt aufgrund der Signalwirkung potenziell auf hohe gesellschaftliche Akzeptanz.
>
> Vor allem praxisrelevant sind Höchstmengen aber nicht als allokationspolitisches Instrument, sondern als protektionistisches Instrument. So wurden lange Zeit Höchstmengen in Form von Importquoten zum Schutz einheimischer Produzenten eingesetzt. Allokationspolitisch wird dadurch das Wohlfahrtsniveau gesenkt und ausländische Wettbewerber werden diskriminiert. Außerdem sind Höchstmengen ein Instrument, welches Anbieter mit Marktmacht gern einsetzen, um als Kartell einen Monopolgewinn realisieren zu können. Die dauerhaften Versuche einiger Erdöl exportierender Länder, die in der OPEC vereinigt sind, ist ein Fall, in dem ein Kartell versucht, durch die Mengenregulierung den Marktpreis zu steuern. Durch niedrige Förderhöchstmengen wird der Preis „künstlich" erhöht. Durch die „künstliche" Ausdehnung der Mengen wird der Preis so weit gesenkt, dass Wettbewerber mit höheren Kosten wieder aus dem Markt gedrängt werden (2014/2015). Beide Aktivitäten haben erhebliche Auswirkungen auf die Weltwirtschaft, weil der Ölpreis über mehrere Jahre extrem volatil ist.

Ein lenkender Einsatz von Gesetzen und Vorschriften zielt darauf ab, das Verhalten der Marktteilnehmer in einen Rahmen zu setzen und die Marktaktivitäten zu niedrigsten Transaktionskosten abzuwickeln. Rechtssicherheit für Marktpartner gewährleistet, die Vereinbarungen ggf. auch durchzusetzen, und reduziert die Unsicherheit. Die Marktteilnehmer kalkulieren auf diese Weise niedrigere Risikoprämien. Dies erhöht bei den Nachfragern die marginale Zahlungsbereitschaft und reduziert bei den Anbietern die Grenzkosten (siehe auch Abb. 1.21). Die gleiche Wirkung erzielen Maßnahmen zur Steigerung der Markttransparenz. Publikations- und Informationspflichten für Anbieter verursachen auf der Anbieterseite zwar möglicherweise Zusatzkosten. Diese Zusatzkosten sind aber ungleich geringer als die Such- und Informationskosten, die die Nachfrager

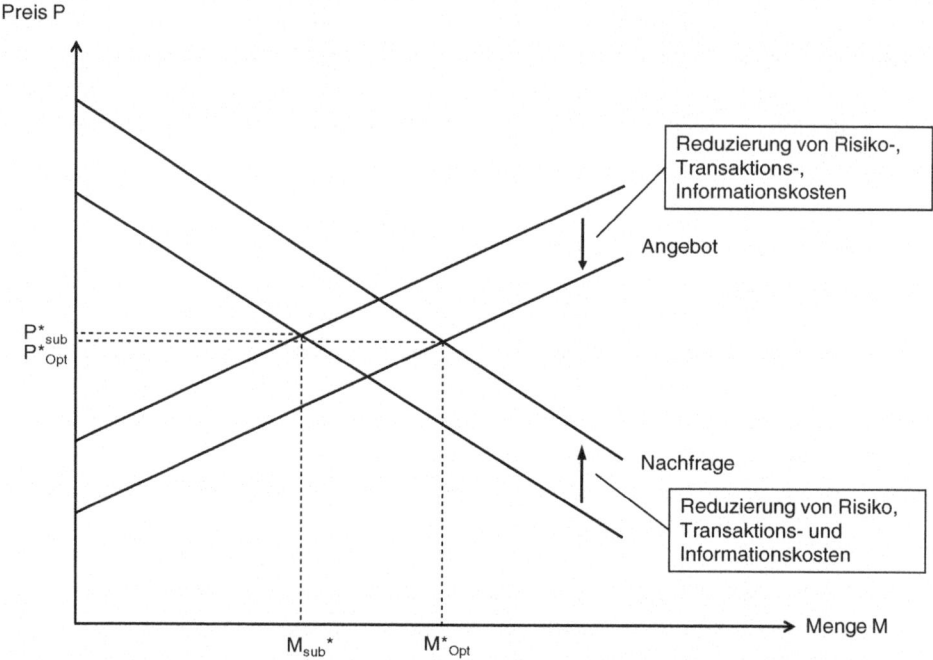

Abb. 1.21 Reduzierung von Transaktionskosten durch Ordnungspolitik

aufbringen müssten, um sich die gleichen Informationen zu beschaffen. Beispiele sind hier Emissionsprospekte bei Anlageprodukten oder branchenübergreifend eine fachliche Qualifikation von Beratern. Die Standardisierung und Normierung, beispielsweise DIN-Normen, wirken ebenfalls ordnungspolitisch Kosten senkend.

Darüber hinaus sind ordnungspolitische Maßnahmen auch dienlich, um asymmetrische Informationen zu bekämpfen und damit wirksam Marktversagen vorzubeugen. Als wesentliches Beispiel für Marktversagen durch Asymmetrien wurde die Qualität der Produkte geschildert. Qualitätssiegel und Prüfzeichen können als freiwillige oder verpflichtende Maßnahmen ebenso als regulierende Wettbewerbspolitik eingesetzt werden wie Gewährleistungs- und Garantierechte. Beides wird in der Praxis sowohl regulierend durch den Staat eingesetzt, z. B. TÜV für Fahrzeuge und technische Geräte, als auch freiwillig von den Unternehmen, um sich vom Wettbewerb abzuheben (wie bei der ISO 9001-Zertifizierung). In der Abb. 1.22 ist veranschaulicht, wie die Senkung der Risikokosten und die Einsparung von Informationskosten bei den Nachfragern zu einer höheren Zahlungsbereitschaft führen. Sie sind nun bereit, die gleiche Menge zu einem höheren Marktpreis nachzufragen bzw. zum gegebenen Marktpreis eine höhere Menge zu kaufen. Es könnte auch argumentiert werden, dass die durch Regulierung erzeugte höhere Markttransparenz dazu führt, dass die Anbieter bereit sind, einen der Qualität der Güter entsprechenden Preis zu akzeptieren. Dies würde das Angebot verbilligen (nicht in der

1.6 Wirkungsanalyse von Eingriffen in den Marktmechanismus

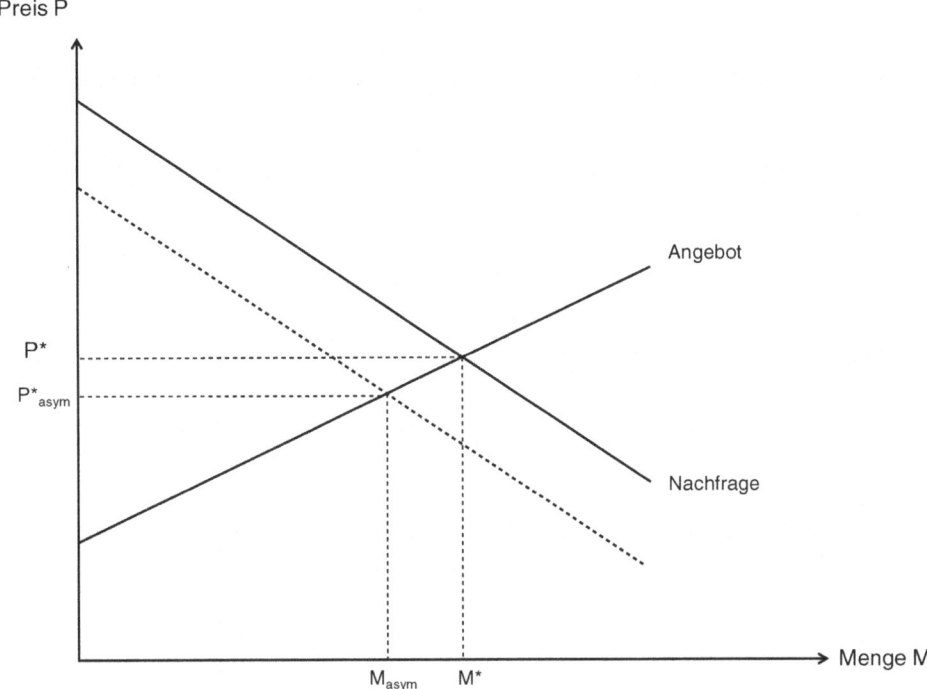

Abb. 1.22 Allokationsverbesserung durch Abbau von Asymmetrien

Abbildung). Die Produzentenrente und die Konsumentenrente steigen infolgedessen. Die Gesamtwohlfahrt erhöht sich damit.

Selbst wenn man berücksichtigt, dass der Abbau von Asymmetrien durch Kennzeichnungspflichten, Zertifizierungen oder Mitteilungspflichten bei den Anbietern zusätzliche Kosten der Regulierung auslöst, ist die Steigerung der Gesamtwohlfahrt zu erwarten. Der Regulierungsaufwand durch die Schaffung von staatlichen oder unabhängigen Kontroll- und Überwachungsinstitutionen müsste auf die Marktteilnehmer umgelegt werden. Der Mehraufwand müsste aus den zusätzlichen Renten bei Konsumenten und Produzenten finanziert werden. Es ist lediglich anzuführen, dass ein hoher Regulierungsaufwand durch Zusatzkosten bei Staat und Marktteilnehmern den wohlfahrtssteigernden Effekt ordnungspolitischer Maßnahmen auch überkompensieren kann.

Aus der Praxis: Regulierungen im Finanzmarkt
Für die Finanzdienstleistungsbranche ist vor einigen Jahren die Bundesanstalt für Finanzdienstleistungsaufsicht (ehemals Bundesämter für Kreditinstitute, Versicherungen und Wertpapiere) gegründet worden. Das Ziel der Aufsicht ist eine Stabilisierung des Finanzsystems und die Sicherung des Wettbewerbs in der Branche.

Wesentliche rechtliche Veränderungen, wie Basel II und Mindestanforderungen an das Risikomanagement (MARisk) haben eine Umsteuerung zur qualitativen Aufsicht beinhaltet. Steuerungsinstrumente zur Gestaltung des Marktes stehen der Behörde dagegen nicht zur Verfügung. Angesichts der weltweiten Finanzkrise 2007 könnte man das Aufsichtsziel als verfehlt betrachten. Es ist dabei aber zu berücksichtigen, dass eine reine Aufsicht nur so gut funktionieren kann, wie es die gesetzlichen Grundlagen zulassen. Der Gestaltungsspielraum der BaFin ist sehr gering. Im Fall der Finanzmarktkrise wurden wichtige Parameter in der Handlungsgrundlage Basel II (vorsätzlich oder fahrlässig) nicht reguliert oder vernachlässigt, sodass weniger die Aufsichtsbehörde als der Gesetzgeber die Verantwortung trägt.

Im Gegensatz dazu kann eine unabhängige Zentralbank, wie die Deutsche Bundesbank, als Regulierungserfolg betrachtet werden. Die Autonomie in Personen, Befugnissen und Instrumenten sowie bei der Operationalisierung des Zielsystems hat sich dort über Jahrzehnte bewährt. Generell haben autonome Zentralbanken wertstabileres Geld „produziert" als vom Staat abhängige Zentralbanken. Die Bundesbank hat mit der DM die wertstabilste Währung nach dem zweiten Weltkrieg erzeugt.

Ein Regulierungsbedarf besteht vor allem in Branchen, in denen der Wettbewerb eingeschränkt ist oder Marktunvollkommenheiten ausgeprägt sind. Dazu gehören die Branchen, in denen früher aufgrund der Situation eines natürlichen Monopols oder eines öffentlichen Gutes ein Staatsmonopol existierte, z. B. Bahn, Post, Telekommunikation. Eine Regulierungsbehörde mit weitreichenden Befugnissen und Instrumenten ist die Bundesnetzagentur. Neben den gerade genannten Bereichen reguliert sie auch den Markt für Gas und Elektrizität. Zu ihren Aufgaben gehören die Überwachung der Einhaltung von Gesetzen, Grenzwerten und Normen ebenso wie die Erteilung und Prüfung von Zertifikaten, Versteigerung von Lizenzen u. v. m.

Zur Umsetzung kann der Staat eine Aufsichtsbehörde installieren, die lediglich Kontroll- und Überwachungsfunktionen übernimmt. Dabei können die zu überwachenden Regelungen als Rahmenvorgaben gestaltet sein, deren Einhaltung zu prüfen (qualitative Aufsicht) ist oder konkrete Normen, Grenzwerte und Auflagen beinhalten (quantitative Aufsicht). Die rechtliche Ausgestaltung ist dann üblicherweise als abhängige Verwaltungsinstitution, z. B. Eisenbahnbundesamt und BaFin, möglich. Dagegen kann eine Regulierungsbehörde auch unabhängig vom Staat etabliert werden und mit einem umfassenden Steuerungsinstrumentarium ausgestattet sein, z. B. Deutsche Bundesbank bzw. EZB oder die Bundesnetzagentur (BNetzA).

1.6.3 Monetäre Instrumente der Allokationspolitik

Der Staat kann zur Beeinflussung von Marktverhalten Steuern und Abgaben erheben. Der Vorteil aus allokationspolitischer Sicht ist, dass die Steuern wie zusätzliche Kosten für jeden Anbieter wirken. Die Anbieter agieren als Mengenanpasser. Steuern oder Abgaben erhöhen die Grenzkosten und verändern die Kalkulation der Anbieter. Anbieter, deren Kosten dadurch über den Marktpreis steigen, scheiden aus dem Wettbewerb aus. Insgesamt steigt der Angebotspreis bei gleicher Menge bzw. sinkt das Angebot zum Marktpreis gegenüber der Situation ohne Steuern (siehe M_t; P_t in Abb. 1.23).

Bei der Internalisierung negativer externer Effekte wirkt eine Steuer in der Höhe des Schadens bei den Verursachern als Kompensation der nicht bezahlten Schäden. Somit bewirkt die Besteuerung eine Berücksichtigung der verursachten Schäden in den Kosten der Anbieter. Die Steuer kann allerdings dies nur erreichen, wenn sowohl das Ausmaß der externen Effekte als auch die individuellen Grenzkostenverläufe der Anbieter bekannt sind. Ansonsten würde der Steuersatz nur zufällig so gewählt werden, dass die externen Effekte internalisiert werden. Ein allokationspolitisch zu niedriger Steuersatz kompensiert die externen Effekte nicht bzw. sorgt nicht für eine notwendige Schadensreduzierung. Ein zu hoher Steuersatz überkompensiert die Schädigung durch die Anbieter und verzerrt den Wettbewerb, weil die Anbieter zu hohe Kosten tragen müssen. Zur Internalisierung der negativen externen Effekte gehört, dass die Geschädigten eine

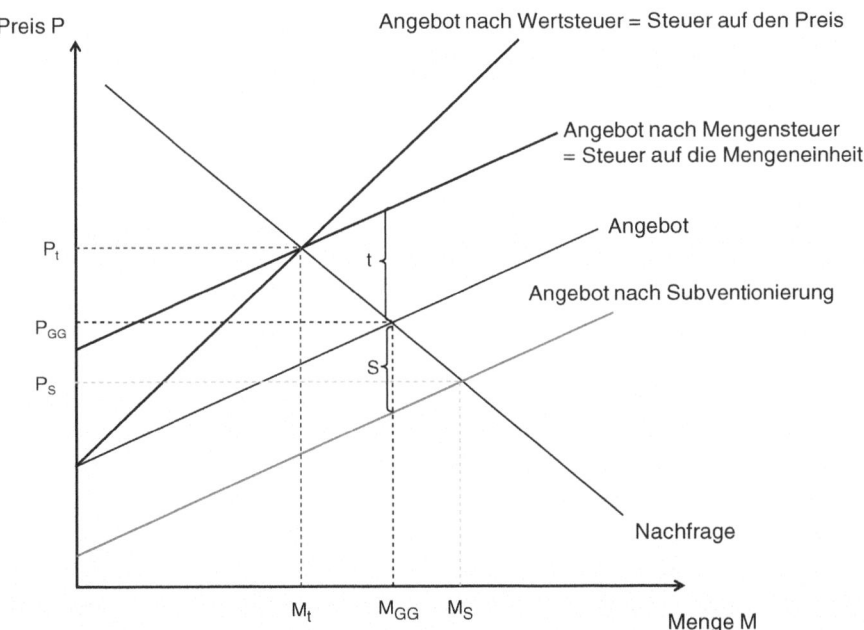

Abb. 1.23 Wirkung einer Steuer bzw. Subvention auf die Menge bzw. den Preis

Kompensation erhalten. Die erhobene Steuer müsste also den Geschädigten zufließen. Dies widerspricht dem Grundprinzip einer Steuer, die ja gerade keiner Zweckbindung unterliegt. Dieses Problem könnte mit einer zweckgebundenen Abgabe für die Verursacher angegangen werden. Die Einnahmen müssten dann für Transferzahlungen an die Opfer oder die Beseitigung der Schäden durch den vereinnahmenden Staat bzw. die vereinnahmende Institution verwendet werden.

Ein weiteres monetäres wettbewerbspolitisches Instrument sind Subventionen. Subventionen sind Transferzahlungen des Staates an Marktteilnehmer, um deren Stellung im Wettbewerb zu verbessern. Auf der Nachfrageseite wird dadurch die Kaufkraft gestärkt. Es können mehr Konsumenten sich ein Gut zum Marktpreis leisten bzw. die Nachfrager können höhere Marktpreise bezahlen. Ein Beispiel wären Mietzuschüsse für Haushalte mit niedrigem Einkommen.

Dadurch wird das Marktvolumen erhöht und der Marktpreis steigt. Das Immobilienangebot wird sich vergrößern. Unter der Annahme eines bestehenden Marktungleichgewichts in Form einer Angebotslücke kann so die verzögerte Marktanpassung beschleunigt werden. Die Subventionen können die Unvollkommenheit des Immobilienmarktes korrigieren. Das Marktgleichgewicht wird schneller wieder erreicht. Wenn die Subventionen hingegen in einem gleichgewichtigen Immobilienmarkt eingesetzt werden, dann führen sie zu einer Wettbewerbsverzerrung. Durch die künstlich gesteigerte Nachfrage werden Ressourcen in den Immobilienmarkt gelenkt, die ohne Subventionierung alternativ (effizienter) verwendet werden könnten. Bei einem bestehenden simultanen Marktgleichgewicht auf allen Märkten, bewirkt eine Subvention daher in jedem Fall eine Fehlallokation, weil im Gleichgewichtszustand die Optimalitätsbedingung erfüllt ist. Jede Abweichung davon erzeugt ein geringeres Gesamtwohlfahrtsniveau.

Im Fall einer Angebotssubvention gilt grundsätzlich die gleiche Argumentation. Der Einsatz von Subventionen erfolgt oft, um regionale oder nationale Wettbewerber zu schützen. Eine solche Wirtschaftspolitik wird als Protektionismus bezeichnet und soll dem Ziel der höheren nationalen Beschäftigung oder des Wirtschaftswachstums dienen. Jede Subvention in einem Gleichgewichtsmarkt erzeugt eine Fehlallokation. Protektionismus führt zu einer suboptimalen Ressourcenallokation, weil der Zuwachs an Konsumentenrente a) und Produzentenrente b) stets kleiner ist als die zu zahlende Subvention (a + b + c in Abb. 1.24). Eine Subventionierung in einem unvollkommenen Markt kann dagegen die Wiedererreichung eines Gleichgewichtszustands befördern. Temporär eingesetzt können Subventionen ein wirkungsvolles wettbewerbspolitisches Instrument sein. Die Unterstützung eines neuen Wettbewerbers zur Überwindung von Markteintrittsbarrieren oder die Subventionierung eines Markteintritts können allokationspolitisch ebenso sinnvoll sein wie die zeitweise finanzielle Unterstützung von Unternehmen nach einem exogenen Schock. Wenn die Unternehmen infolge einer Marktstörung, wie beispielsweise bei einem Naturereignis oder einem Unfall, für daraus entstehende Wettbewerbsnachteile entschädigt werden, ist das Instrument Subvention geeignet. Jedoch gilt auch hier, dass der Nachweis und die Quantifizierung eines Schadens problematisch sind und die Feststellung eines wohlfahrtsoptimalen Subventionsniveaus nahezu unmöglich ist.

1.6 Wirkungsanalyse von Eingriffen in den Marktmechanismus

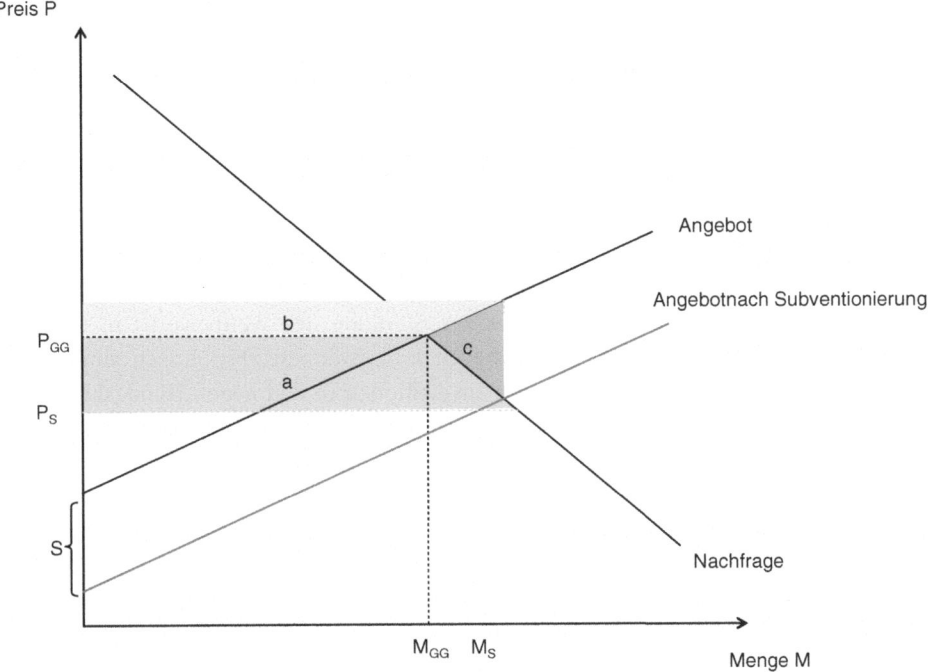

Abb. 1.24 Überschussbelastung einer Subventionierung im Gleichgewicht

Es ist ebenfalls schwierig, die Höhe von Markteintrittsbarrieren richtig zu bemessen, die neuen Wettbewerbern aus allokationspolitischen Erwägungen über Subventionen erstattet werden sollten.

> **Aus der Praxis: Steuern, Abgaben und Subventionen**
> Die Erhebung von Steuern und Abgaben ist die wesentliche Säule der Staatsfinanzierung. Die aus allokationspolitischen Überlegungen erzielten Steuereinnahmen sind allerdings nur ein geringer Teil des Steueraufkommens. Es ist bei einigen Steuern auch schwer zu unterscheiden, ob und inwieweit sie aus finanzpolitischer Sicht zu Einnahmenerzielung generiert werden oder ob ein allokationspolitisches Lenkungsinteresse dahinter steht. Im Sinne der politischen Durchsetzbarkeit und gesellschaftlichen Akzeptanz ist die Betonung des Lenkungscharakters der Mineralöl- oder Tabaksteuer in jedem Fall förderlich. Wettbewerbspolitisch lässt sich argumentieren, dass beide Steuern im Sinne einer Pigou-Steuer negative externe Effekte internalisieren sollen. Tatsächlich jedoch besteht bei beiden Beispielen und auch vergleichbaren Steuern keine begründete Lenkungsabsicht. Es existieren keinerlei Analysen oder Studien zum Schadensausmaß von Mineralöl für die Umwelt und die Gesundheit, die eine seriöse Bewertung des negativen externen

Effekts zulassen. Gleiches gilt ungeachtet zahlreicher medizinischer Studien über die gesundheitlichen Konsequenzen des Tabakkonsums für den Tabakmarkt. Außerdem werden die Einnahmen nicht zweckgebunden erzielt und ein Bezug zur Verwendung ist nicht herstellbar. Dies wäre aber bei einer Lenkungssteuer zur Internalisierung externer Effekte notwendig.

Subventionen belasten zwar den Staatshaushalt, genießen dennoch oft ein hohes Maß an öffentlicher Akzeptanz und sind politisch gut durchsetzbar. Allokationspolitisch sind Subventionen nur dann sinnvoll und wirksam, wenn sie temporär zur Überwindung einer Marktstörung oder zur Stärkung des Wettbewerbs in einem Markt eingesetzt werden. Ein Musterbeispiel für wettbewerbspolitisch sinnvolle Subventionen waren die Zuschüsse für Investitionen in den neuen Bundesländern im Zuge der Wirtschaftstransformation mit der deutschen Wiedervereinigung. Ostdeutsche Unternehmen waren bis dahin weder dem Wettbewerb auf dem Weltmarkt ausgesetzt, noch verfügten sie über den notwendigen Kapitalstock für Investitionen. Eine künstlich erzeugte Kostensenkung durch Transferzahlungen gab den Unternehmen die Möglichkeit, sich anzupassen, zu restrukturieren, in neue Märkte einzutreten und Kosten zu senken. Unternehmen, die nach einer solchen Phase die Wettbewerbsfähigkeit erreicht haben, sind ein allokationspolitischer Erfolg. Ohne Subventionierung wären sie vom Markt verdrängt worden. Mittelfristig konnten durch Subventionen stabilisierte Unternehmen eine bessere Wettbewerbsposition einnehmen und ggf. etablierte, aber ineffizientere Unternehmen im Markt verdrängen. Im Gegensatz dazu sind die Kohlesubventionen in Deutschland ein Beispiel für Subventionen, die über Jahrzehnte den Wettbewerb verzerrt haben und einen Strukturwandel in der Region verhindert haben. Die Wohlfahrtskosten für die Gesamtheit durch die Transferzahlungen selbst und die aufgestauten Fehlallokationen sind kaum zu überschätzen.

Die Verwendung monetärer Instrumente in der Allokationspolitik ist eine weitere Möglichkeit, Marktunvollkommenheiten und Marktversagen durch wirtschaftspolitisches Handeln zu korrigieren. Der Vorteil von Steuern, Abgaben und Subventionen liegt darin, dass das Effizienzkriterium beim Eingriff in den Marktmechanismus berücksichtigt wird. Die Nachteile liegen zum einen in einer möglichen Zielverfehlung, wenn der Steuersatz oder die Subventionshöhe nicht allokationsoptimal festgesetzt werden. Zum anderen ist eine Schwäche dieser Instrumente darin zu finden, dass sie schnell missbraucht werden für eine protektionistische Wirtschaftspolitik und/oder finanzpolitische Interessen. Staatseinnahmen erhöhen den Handlungsspielraum eines Politikers oder Bürokraten. Dies erhöht Macht und Ansehen. Subventionen begünstigen Wählergruppen, ohne dass die Benachteiligten den Effekt der Schädigung direkt bemerken. Entgangene Gewinne werden schließlich nicht so wahrgenommen wie entstandene Verluste. Die politische Durchsetzbarkeit und die öffentliche Akzeptanz von Steuern und Subventionen sind hoch, wenn sie unter dem Vorwand der Allokationsoptimierung eingesetzt werden. Dies gepaart mit der schwer zu ermittelnden optimalen allokationspolitischen Wirkung birgt einen hohen Missbrauchsanreiz der monetären Instrumente.

Literatur

Blankart, Charles B. 2008. *Öffentliche Finanzen in der Demokratie.* 7. vollständig überarbeitete Auflage. München : Vahlen, 2008.
Endres, Alfred. 2007. *Umweltökonomie.* 3. Auflage. Stuttgart : Kohlhammer, 2007.
Endres, Alfred/Martiensen, Jörn. 2007. *Mikroökonomik.* Stuttgart : Kohlhammer, 2007.
Eucken, Walter. 1990. *Grundsätze der Wirtschaftspolitik.* 7. Auflage. Tübingen : Mohr und Siebeck, 1990.
—. 1952. *Grundsätze der Wirtschaftspolitik.* Edith Eucken-Erdsieck/Karl Paul Hensel. Tübingen : Francke, Bern und Mohr, 1952.
Fehl, Ulrich/Oberender, Peter. 2004. *Grundlagen der Mikroökonomie.* 9. Auflage. München : Vahlen, 2004.
Klump, Rainer. 2006. *Wirtschaftspolitik.* München : Pearson Deutschland, 2006.
Musgrave, Richard Abel. 1966. *Finanztheorie.* Tübingen : Mohr (Siebeck), 1966.
Mussel, Gerhard/Pätzold, Jürgen. 1998. *Wirtschaftspolitik.* München : Vahlen, 1998.
Stobbe, Alfred. 2013. *Mikroökonomik.* 2. Berlin, Heidelberg u.a. : Springer-Verlag, 2013.
Varian, Hal R. 2011. *Grundzüge der Mikroökonomik.* 8. München : Oldenbourg, 2011.

Erscheinungsformen der Allokationspolitik

2.1 Wettbewerbspolitik

Im Zentrum der Wohlfahrtsökonomik stehen zwei Hauptsätze: 1) Jedes Wettbewerbsgleichgewicht ist ein Pareto-Optimum; 2) Jedes Pareto-Optimum ist bei geeigneter Ausgangsverteilung als Wettbewerbsgleichgewicht realisierbar. Das Pareto-Optimum sagt aus, dass es in der gegebenen Konstellation nicht möglich ist, jemanden besser zu stellen, ohne einen anderen Marktteilnehmer schlechter zu stellen. Die Wohlfahrtsökonomik versucht daher, den gesellschaftlichen Nutzen für die Marktteilnehmer unter den gegebenen Bedingungen zu maximieren. Die Wettbewerbspolitik hat als Hauptziel den Marktmechanismus funktionsfähig zu erhalten, zum Beispiel dadurch, dass sie die Herausbildung von Kartellen verhindert, die den Wettbewerb einschränken.

Aus Sicht der Wohlfahrtsökonomik lassen sich die wirtschaftspolitischen Ziele von gesellschaftlichen Wertvorstellungen ableiten. Zunächst wird mithilfe des Pareto-Kriteriums der Bereich effizienter Allokationen ermittelt; danach kann mithilfe einer gesellschaftlichen Wohlfahrtsfunktion diejenige Allokation bestimmt werden, die den kollektiven Gleichheitsvorstellungen am ehesten entspricht. Unter normativen Gesichtspunkten lassen sich unterschiedliche Vorstellungen von Gerechtigkeit unterscheiden. Sie reichen von der utilitaristischen Konzeption Benthams[1] bis zum Fairnesskonzept von

---

[1] Jeremy Bentham war ein britischer Jurist und Sozialreformer des frühen 19. Jahrhundert. Er gilt als Vordenker eines modernen Wohlfahrtsstaates und ist der Begründer des klassischen Utilitarismus.

Rawls[2]. Die konkrete Herleitung einer gesellschaftlichen Wohlfahrtsfunktion erfolgt durch kollektive Abstimmungsprozesse. Wie das Condorcet-Paradoxon[3] und Arrows[4] Unmöglichkeitstheorem zeigen, gibt es jedoch kein Wahlverfahren, das unter allen denkbaren Umständen konsistente Ergebnisse garantieren kann. In der Diskussion über das Ziel einer nachhaltigen Wirtschaftsentwicklung überlagern sich die Vorstellungen von einer effizienten Nutzung von Ressourcen unter Vermeidung möglicher Marktfehler mit denen von einer gerechten Verteilung der Ressourcen zwischen Individuen, Ländern und Generationen. Gerade der Aspekt einer generationengerechten Verteilung von Ressourcen gewinnt an Bedeutung, weil diese für die Allokation wesentlich ist, in der Vergangenheit aber oft keine Beachtung fand. Das führt kausal zu einer Verringerung der angebotenen Menge oder zu einer Erhöhung des Preises, da diese Sichtweise der zeitlichen Komponente einen Wert zumisst und somit die Nachhaltigkeit der Allokation eingepreist wird. Dadurch wird nicht nur betrachtet, wie Ressourcen heutzutage verteilt werden sollten, sondern es wird auch der Blick auf zukünftige Generationen gerichtet.

▶ **Soziale Marktwirtschaft:** Nach Artikel 20 des Grundgesetzes ist die Bundesrepublik Deutschland ein sozialer Bundesstaat. Das Sozialstaatsprinzip mit der Formulierung von staatlicher Verantwortung für die soziale Gerechtigkeit bildet somit das Grundgerüst wirtschaftlichen und rechtlichen Handelns. Innerhalb dessen hat der Staat eine Ordnungsaufgabe, indem er Rechtssicherheit schafft und Rahmenbedingungen festsetzt. Dazu gehören ursächlich die persönlichen Freiheitsrechte wie das Recht auf freie wirtschaftliche Betätigung und die Möglichkeit, ein selbstständiges Gewerbe gründen zu können, das Privateigentum an den Produktionsmitteln oder das Recht, Vereinigungen zur Wahrung wirtschaftlicher und sozialer Interessen zu bilden.

Gesellschaftlich verfolgt die Wettbewerbspolitik in der Bundesrepublik Deutschland das Ziel, kleine und mittlere Unternehmen zu schützen, die internationale Wettbewerbsfähigkeit zu erhalten, die Innovationsfähigkeit zu fördern, die Wettbewerbsfreiheit zu

---

[2]John Rawls war ein amerikanischer Philosoph des 20. Jahrhunderts und ist ein Vertreter des egalitären Liberalismus. Eine Kernaussage besteht darin, Gerechtigkeit als Grundausrichtung sozialer Institutionen zu betrachten, ohne die Freiheit des Einzelnen zu verletzen.
[3]Das Condorcet-Paradoxon ist nach Marquis de Condorcet benannt, der als Wissenschaftler internationale Reputation (u. a. in der Mathematik) erlangte und als Liberaler die Französische Revolution unterstützte. Er ist 1794 dem Terror der Jakobinerherrschaft zum Opfer gefallen. Das Paradoxon beschreibt die Möglichkeit eines nicht eindeutigen Abstimmungsergebnisses bei drei Alternativen und paarweisem Vergleich der Alternativen auf kollektiver Ebene.
[4]Kenneth Arrow ist ein amerikanischer Ökonom. Für seine Arbeiten erhielt er den Nobelpreis für Wirtschaftswissenschaften. Sein Theorem sagt aus, dass es keine gesellschaftliche Wohlfahrtsfunktion gibt, die alle von ihm als wichtig definierten Eigenschaften gleichzeitig erfüllt.

ermöglichen, die Chancengleichheit zu gewährleisten sowie die Beschäftigungsentwicklung zu unterstützen – gesellschaftliche Vorstellungen, die sich in den Nationalstaaten und Regionen der Welt unterschiedlich herausgebildet haben. Sie gehen auf die jeweiligen Präferenzen der Bürger zurück und führen daher zu vielfältigen gesetzlichen Bestimmungen in den einzelnen Staaten. Die soziale Marktwirtschaft deutscher Prägung legt im Wesentlichen besonderen Wert auf soziale sowie ökologische Faktoren. Mit der Herausarbeitung dieser Schwerpunkte gibt es keinen Wettbewerb um jeden Preis, sondern einen, der durch gesetzliche Rahmenbedingungen reglementiert ist. Im Grundgesetz, Artikel 20, ist die Wettbewerbskonzeption der Bundesrepublik Deutschland als „sozialer Bundesstaat" mit den Grundwerten und Zielen der Freiheit, dem Wohlstand und der Gerechtigkeit fest verankert. Dadurch werden eine leistungsgerechte Einkommensverteilung, die Konsumentensouveränität, die optimale Faktorallokation, eine Anpassungsflexibilität sowie technischer Fortschritt angestrebt.

2.1.1 Einordnung der Allokationspolitik in die Wirtschaftspolitik

Nur wenn sowohl aufseiten der Anbieter als auch der Nachfrager Wettbewerb herrscht, wenn also kein Anbieter oder Nachfrager dauerhaft den Marktpreis einseitig festlegen kann, kommen die besonderen gesellschaftlichen Wohlfahrtseffekte des Markttausches zum Tragen. Ist dies nicht der Fall, kann immer eine Seite profitieren und sich Vorteile am Markt verschaffen – wodurch die Wohlfahrtseffekte minimiert werden: Marktmacht der einen Seite führt immer zu einem Verlust auf der anderen Seite. Deswegen ist „echter" Wettbewerb so notwendig. Die Koordination von einzelwirtschaftlichen Aktivitäten erfolgt immer über den Markt: Indem der Preis der Markträumung dient, können nur dort Angebot und Nachfrage in ein Gleichgewicht gebracht werden.

Die statische Wettbewerbstheorie führt den Nachweis, dass ein Angebotsmonopol gegenüber der Situation der vollständigen Konkurrenz zu einem höheren Marktpreis, einer geringeren Marktversorgung, einem Monopolgewinn des Anbieters und einem gesellschaftlichen Wohlfahrtsverlust führt. Eine künstliche Verknappung der Menge führt immer zu einer Einschränkung für den Konsumenten. Darüber hinaus werden die Monopolgewinne beim Anbieter nicht für Investitionen und Innovationen genutzt und damit auch nicht vordergründig zur Weiterentwicklung der angeboten Produkte und Dienstleistungen. Die statische Wettbewerbstheorie kann jedoch Entwicklungsverläufe nicht oder nur kaum abbilden.

In der dynamischen Wettbewerbstheorie dienen temporäre Monopole der Förderung von Innovationen, während in der evolutorischen Wettbewerbstheorie der Wettbewerb als Entdeckungsverfahren auf der Suche nach noch ungenutzten Marktchancen fungiert. Das wettbewerbspolitische Leitbild des funktionsfähigen Wettbewerbs leitet aus der Beurteilung von Marktergebnissen und Marktverhalten die notwendigen Eingriffe zur Veränderung der Marktstruktur ab. Die dynamische Betrachtung stellt daher auch Vorteile von temporären Monopolen dar, da daraus Innovationen gerade im technischen Bereich entstehen können: Durch eine kurzzeitige Monopolstellung lohnen sich die Investitionen von Unternehmen in Forschung und Entwicklung, da sie dadurch Monopolgewinne in dem Bereich realisieren können. So lassen sich die Kosten der Weiterentwicklung finanzieren. Auch in Netzmärkten treten regelmäßig Monopole auf, die durch einen ordnungspolitischen Ansatz reguliert werden. Gerade wenn Investitionen getätigt wurden, die gebunden und damit versunken (sunk costs) sind, können Monopole für die wirtschaftliche Entwicklung die einzigen Anbieter sein, die die Kosten tragen und notwendigen Investitionen für die Herstellung des Gutes übernehmen können. Der Gesetzgeber hat dafür bewusst Rahmenbedingungen gesetzt, damit sich auch dort der Wettbewerb entfalten kann. Sind Monopole durch Markt- und Innovationsprozesse erst einmal entstanden, verfolgt der Staat das Ziel zu verhindern, dass diese marktbeherrschende Stellung ausgenutzt werden kann. In der Praxis lässt sich das nur partiell realisieren, da Monopolanbieter oft durch Koppelprodukte ihre Marktstellung ausnutzen. Der Staat hat daher ein Bündel von gesetzlichen Möglichkeiten geschaffen, um den Wettbewerb zu stärken.

> **Aus der Praxis: Herausbildung von Monopolen**
> Die Herausbildung von Monopolen durch Innovationen kann Wohlfahrtsgewinne für die Gesellschaft erzeugen. So hat Microsoft mit seinem Betriebssystem Windows und seinen Investitionen in Forschung und Entwicklung erheblich dazu beigetragen, dass der PC eine schnellere Marktdurchdringung erreichen konnte. Dies war gesellschaftlich förderlich und erzeugte Wirtschaftswachstum. Durch Koppelprodukte versuchte Microsoft jedoch, beispielsweise mit dem Internet Explorer, diese marktbeherrschende Stellung auszunutzen. Die Kartellbehörden verhängten dafür Strafzahlungen und setzten den Rahmen fest, welche Verbindungen von Betriebssystem und weiteren Produkten des Unternehmens zulässig sind.

Die wichtigsten Instrumente der Wettbewerbspolitik sind das Kartellverbot, die Ahndung des Missbrauchs einer marktbeherrschenden Stellung und die Kontrolle von Unternehmenszusammenschlüssen. Durch die Internationalisierung der Märkte haben sich natürlich auch die Spielräume der nationalen Wettbewerbsbehörden verringert. Deswegen gibt es etwa in den europäischen Verträgen Regelungen zum Wettbewerbsrecht. Das Ausnutzen einer beherrschenden Stellung wird auch da gesetzlich eingeschränkt. Damit soll verhindert werden, dass ganze Märkte abgeschottet und sowohl die Mitbewerber wie auch die Konsumenten geschädigt werden. Diese gesetzlichen Regelungen werden beispielsweise in der Bundesrepublik Deutschland durch allgemeine wettbewerbspolitische Spielregeln, durch Maßnahmen zur Förderung der Markttransparenz und zum Schutz neuer Produkte vor zu rascher Nachahmung flankiert. Sie werden ergänzt durch die Internalisierung externer Effekte und die Substitution des Marktes bei Marktversagen. All dies dient dem Ziel, einerseits langfristig Wettbewerb zu ermöglichen und andererseits Investitionen von Unternehmen zu schützen. Ohne diese flankierenden Maßnahmen

2.1 Wettbewerbspolitik

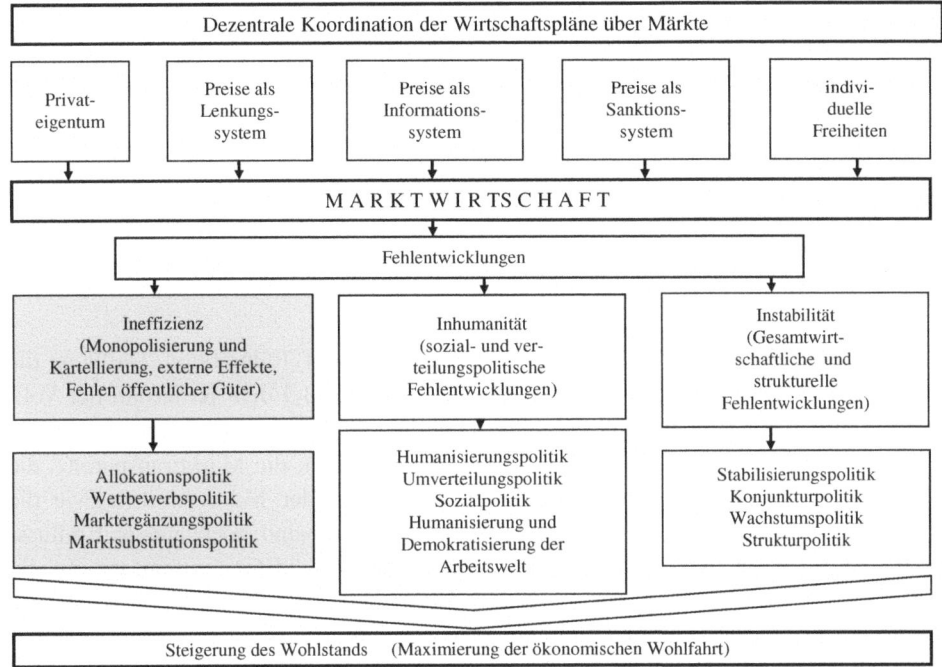

Abb. 2.1 Einordnung der Allokationspolitik in die Wirtschaftspolitik

würden Innovationen gehemmt und die wirtschaftliche Entwicklung eingeschränkt werden. In der Abb. 2.1 wird dies deutlich: Letztendlich dient die Wirtschaftspolitik im Allgemeinen, die Wettbewerbspolitik insbesondere, der Maximierung der ökonomischen Wohlfahrt.

Das Privateigentum, die Preise mit unterschiedlichen Funktionen sowie die individuellen Freiheiten bilden das Gerüst der Marktwirtschaft. Dem Preis kommt dabei eine dreifache Bedeutung zu: Er wirkt als Lenkungs-, Informations- und Sanktionssystem. Die Marktwirtschaft hat dabei eine dienende Funktion, um Wettbewerb zu organisieren, sodass der gesamtwirtschaftliche Wohlstand gesteigert wird. Dabei treten Fehlentwicklungen wie Ineffizienz, Inhumanität und Instabilität auf. Durch staatliche Eingriffe wird versucht, die Ineffizienz einzudämmen. Um der Inhumanität entgegen zu wirken sind gesellschaftliche Prozesse wie eine vernünftige Sozialpolitik sowie die Demokratisierung der Arbeitswelt notwendig. Die Instabilität der Wirtschaft und der Märkte kann durch eine Stabilisierungspolitik abgefedert werden.

> **Aus der Praxis: Rechtsrahmen für den Wettbewerb**
> Der Staat setzt durch Gesetze, die beispielsweise im Deutschen Bundestag und dem Bundesrat verabschiedet werden, den Rahmen für den Wettbewerb. Deswegen

> versuchen Unternehmen durch Lobbyisten und Interessensvertreter Einfluss auf politische Entscheidungen zu nehmen. Die Deutsche Post und die Deutsche Telekom haben durch politische Entscheidungen ihr nationales Monopol verloren. Das Ergebnis ist für die Kunden positiv: Mehr Auswahl, mehr Wettbewerb, bessere technische Innovationen und damit eine höhere Konsumentenrente.

2.1.2 Funktionen des Wettbewerbs

Die Hauptaufgabe des Wettbewerbs ist die Preisbildung auf Teilmärkten. Dafür ist die Vollkommenheit des Marktes von elementarer Bedeutung. Bei dem Kriterium der Vollkommenheit des Marktes spielen viele unterschiedliche Faktoren wie die relative Größe, die Zahl der Marktteilnehmer, die Reaktionsgeschwindigkeit, die Markttransparenz, die Möglichkeiten des Marktzutrittes, der Homogenitätsgrad der Marktanteile sowie die Betriebs- bzw. Haushaltsgröße eine Rolle. Darüber hinaus sind noch andere Einflussgrößen von Relevanz, wie beispielsweise die individuelle und Gesamtmarktmacht. So entscheidet die Zahl der Teilnehmer auf einer Marktseite über deren Einfluss auf den Preis. Aber nicht nur die Zahl der Teilnehmer ist dabei von Bedeutung, sondern auch der Markanteil der jeweiligen Anbieter sowie das Verhältnis zueinander. So entscheidet der Marktanteil über den Einfluss auf den Preis, je größer die Unterschiede in den einzelnen Marktanteilen sind. Je größer der Marktanteil ist, desto mehr Einfluss hat üblicherweise das Unternehmen auf den Preis im Markt. Zudem sind die Güter heterogen und die Unternehmen versuchen, die Heterogenität zu verschärfen, um durch die Abgrenzung ein „Quasi-Monopol" zu realisieren und einen höheren Preis durchzusetzen.

> **Aus der Praxis: Marketing und Produktinnovationen**
> Gutes Marketing und Produktinnovationen geben Unternehmen die Möglichkeit, den Preis setzen zu können und damit höhere Produzentenrenten abzuschöpfen. Apple ist es dabei mit seinem iPhone gelungen, diese Marktstellung zu erreichen. Die Preissetzung für das Smartphone hat dabei nicht nur Auswirkung auf den eigenen Gewinn, sondern auch auf die Konkurrenten um Samsung, LG, HTC etc. Diese Unternehmen müssen bei ihrer eigenen Preisgestaltung den Produktpreis von Apple berücksichtigen, um wettbewerbsfähig zu bleiben.

Den formalen Aufbau des Konzeptes eines wirksamen Wettbewerbs stellen Haucap/Schmidt dar: Die Marktstruktur, das Marktverhalten und das Ergebnis bilden den Rahmen dafür (vgl. Haucap und Schmidt 2013, S. 76). Die wirtschaftlichen, sozialen und rechtlichen Rahmenbedingungen bilden das Gerüst für die Marktstruktur, das Marktverhalten und das Marktergebnis. Die vielfältigen Faktoren, die auf die Marktstruktur Einfluss haben, werden in Abb. 2.2 sichtbar. So beeinflussen die Höhe der Marktschranken,

2.1 Wettbewerbspolitik

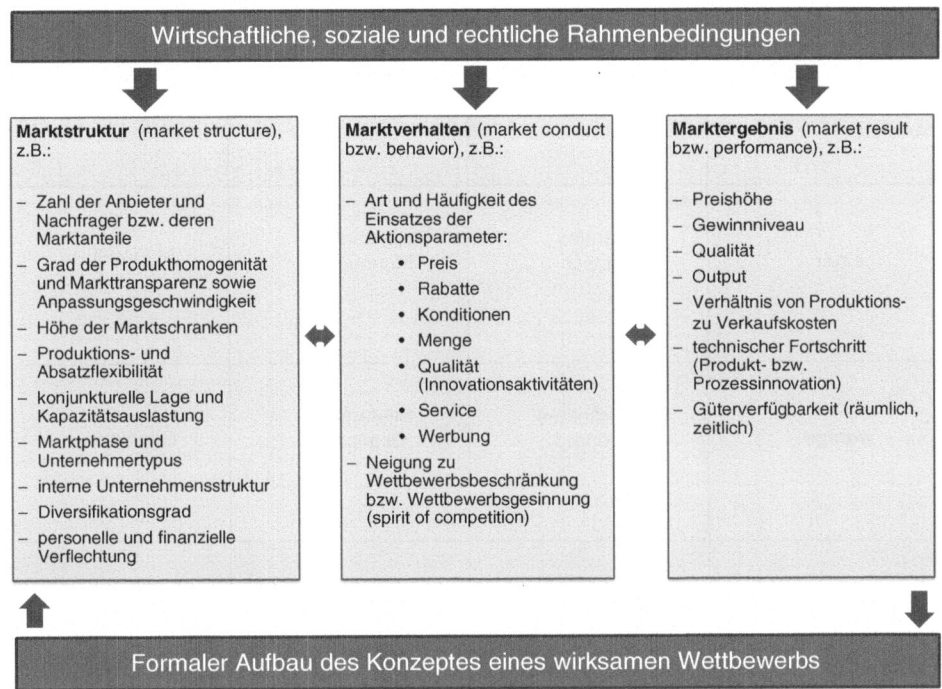

Abb. 2.2 Aufbau des Konzeptes eines wirksamen Wettbewerbs. (In Anlehnung an Haucap und Schmidt 2013, S. 76)

konjunkturelle Entwicklungen und die interne Unternehmensstruktur die Marktstruktur. Jede Veränderung eines einzelnen Faktors führt zu einer Anpassung des Wettbewerbers. Das Marktverhalten der Anbieter und Nachfrager führt dann zu einem Marktergebnis, das sich beispielsweise in der Preishöhe, in der produzierten Menge und der Qualität dieser Güter zeigt. Entscheidend ist dabei für die Allokation, welche Marktseite über welche Einflussmöglichkeiten auf den Wettbewerb verfügt.

Die Marktmacht und die Aufteilung dieser zwischen den Unternehmen hat immer Einfluss auf das Potenzial für die Marktteilnehmer, die Konsumenten- bzw. Produzentenrenten abzuschöpfen. Entsprechend der Marktmacht können die Interessen der jeweils stärkeren Marktseite stärker umgesetzt werden. Dabei beeinflussen starke Produzenten den Preis so, dass die Produzentenrente größer wird. Im Maximalfall handelt es sich um einen Monopolisten, der die Produzentenrente für sich maximiert. Aus Sicht der Konsumenten ist das der ungünstigste Fall. Sie profitieren vom starken Wettbewerb durch eine hohe Konsumentenrente. Die Konsumentenrente steigt immer dann, wenn die Anbieter über geringe Marktmacht verfügen. In der Abb. 2.3 werden die unterschiedlichen Typologien von Marktformen deutlich. Die unterschiedlichen Möglichkeiten zeigen, wie komplex die Wettbewerbspolitik ist. In der Praxis sind jedoch bestimmte Formen selten

Anbieter \ Nachfrager	einer	wenige	viele
einer	Bilaterales Monopol	Beschränktes Monopol	Monopol
wenige	Beschränktes Monopol	Bilaterales Oligopol	Oligopol
viele	Monopson	Oligopson	Polypol

Abb. 2.3 Typologie von Marktformen

anzutreffen und die Abgrenzungen zwischen den Märkten nicht immer klar nachvollziehbar darzustellen.

Theoretisch kann die höhere Produzentenrente auf einem Markt, in dem der Wettbewerb nicht voll funktionsfähig ist, durch eine Steuer abgeschöpft werden. Da die Marktmacht der Anbieter aber zu einer verzerrten Produktion der Menge führt, ist dies gesamtwirtschaftlich betrachtet nicht optimal.

> **Aus der Praxis: Glückspielmonopol**
> In einigen Wirtschaftsbereichen toleriert der Staat das Herausbilden von Monopolen und schöpft die höheren Produzentenrenten dort mit einer eigenen Steuer ab: Exemplarisches gilt für das Glückspielmonopol. Durch rechtliche Bestimmungen wird (werden) einem nationalen oder lokalen Anbieter(n) auf separierten Märkten wie Lotterien, Wetten, Sportwetten und bei Spielbanken ein Monopol zugesichert. Dafür müssen die Anbieter einen Beitrag zur Eindämmung von kriminellen und illegalen Glückspielen sowie für die Bekämpfung der Wett- und Glücksspielsucht leisten.

2.1.3 Marktmacht und Wettbewerbspolitik

Marktmacht beeinflusst die Preissetzung im Wettbewerb. Der Monopolist hat dabei die besten Möglichkeiten, denn er setzt den Preis auf dem Markt. Dabei sind für ihn nur die Marktreaktionen der Nachfrager zu berücksichtigen. Der Monopolist trifft Annahmen über die Nachfragefunktion, die gleich der Preis-Absatz-Funktion ist. So maximiert er die Produzentenrente. Der Monopolist erzielt sein Gewinnmaximum durch Produktion der Menge, bei der die (geplanten) Grenzkosten gleich den (geplanten) Grenzumsätzen sind. Es existiert keine Angebotsfunktion der Nachfrager, der Preis wird entsprechend der (angenommenen) abgesetzten Menge bestimmt. Der Cournot-Punkt liegt immer im elastischen Bereich der Nachfrage. Dort sind die Grenzkosten größer null. Der Grenzumsatz (GU) und die Grenzkosten (GK) sind dann immer kleiner als der Preis. Das führt dazu, dass die angebotene Menge geringer ist als die bei Konkurrenz und der Preis höher ist als im Wettbewerb mit anderen Anbietern. So führt Marktmacht zur Macht über die Preissetzung.

Anders sieht es beim Markt mit Oligopolisten aus. Der jeweilige Anbieter muss bei seiner Preissetzung die Marktreaktionen der anderen Anbieter berücksichtigen. Die anderen Anbieter auf dem Markt werden dem Preissetzungsverhalten eines Oligopolisten folgen, wenn er versucht seinen Gewinn zu steigern. So gibt es auf einem Markt mit Oligopolisten keinen Anreiz, den Preis zu senken, weil dann zwar die angebotene Menge steigt, dafür aber auch die Grenzerlöse sinken. Daraus folgt auch: Andere Anbieter werden dem Preissetzungsverhalten eines Oligopolisten nicht folgen, wenn er seinen Preis erhöht. So fehlt der Anreiz zur Preiserhöhung. Der Oligopolist maximiert daher immer seinen Gewinn als Mengenanpasser. Die Oligopolisten könnten den Gewinn maximieren, wenn sie sich im Preissetzungsverhalten absprechen. Sie verhalten sich dann wie ein Monopol, das durch Preisabsprachen agiert. Der Gesetzgeber hat daher das Kartellverbot eingeführt, um solche Absprachen sanktionieren zu können. Oligopolmärkte ergeben sich häufig aufgrund der Kostenstruktur, wie es auch bei Monopolmärkten der Fall ist. Hier sind oft mindestoptimale Betriebsgrößen notwendig, um kosteneffizient produzieren zu können. Dies führt bei Unternehmen, die neu in einen Markt wollen, dazu, dass die Oligopolisten durch ruinösen Wettbewerb versuchen, Konkurrenzanbieter heraus zu konkurrieren. Daher gibt es Bestimmungen gegen unlauteren Wettbewerb und Dumping-Preise, die nur das Ziel verfolgen, langfristig Konkurrenten zu verhindern. Die Unternehmen versuchen mit diesen Mitteln, ihren Monopolgewinn auf lange Sicht zu sichern – auch auf die Gefahr hin, dabei kurzfristig sogar Verluste einzufahren. Dumping-Preise der Oligopolisten sollen den Konkurrenten deutlich machen, dass es sich nicht lohnt, auf diesem Markt tätig zu werden. Der Gesetzgeber verhindert die Anwendung dieser Strategie, indem er die Form eines solchen Wettbewerbs sanktioniert und die betroffenen Unternehmen durch Strafzahlungen belegt. Dies ist natürlich nur ex post möglich, sodass bis dahin nötige Marktanpassungen zeitlich nach hinten geschoben werden können. In der Praxis sind davon Märkte wie der Kraftfahrzeugbau und die Stahlindustrie besonders betroffen, wo eine gewisse Betriebsgröße mit einer vielschichtigen Wertschöpfungskette für das effiziente Wirtschaften notwendig ist. Dabei können Skalenerträge (economies of scale) durch eine größere Produktion sowie Verbundvorteile (economies of scope) bei der Herstellung zu niedrigen Kostenstrukturen von Oligopolisten führen. Hier sanktioniert der Staat nicht nur Preisabsprachen, sondern er versucht auch über das Verbot von Übernahmen und Fusionen, Zusammenschlüsse zu verhindern, die die Funktionsweise des Marktes einschränken.

> **Aus der Praxis: Wettbewerb zu Dumping-Preisen**
> Wettbewerb zu Dumping-Preisen ist nach geltender Rechtslage verboten. Ziel dieser Regelung ist, ruinösen Wettbewerb zu unterbinden, mit dem Unternehmen durch den Verkauf von Produkten unter Einstandspreisen Konkurrenten aus dem Markt drängen wollen. Wie das Beispiel der Solarzellen von chinesischen Unternehmen zeigt, kann es dabei sehr politisch werden. Europäische Mitbewerber haben geltend gemacht, dass hier kein fairer Wettbewerb stattfinden würde und durch Zölle die einheimischen Produktionsstandorte geschützt werden müssten. Chinesische Unternehmen würden, so der Vorwurf, systematisch und staatlicherseits unterstützt, ihre Produkte unter Einstandspreisen anbieten, um Marktanteile zu gewinnen. Europäische Hersteller seien so nicht wettbewerbsfähig.

Ein Sonderfall tritt bei monopolistischer Konkurrenz auf: Die Anbieter können durch das absatzpolitische Instrumentarium Nachfrager binden und so Präferenzen bezüglich ihres Gutes erzeugen. In einem bestimmten Preisbereich herrscht damit monopolähnlicher Charakter. Dadurch entsteht ein oberer Grenzpreis. Dieser Preiserhöhungsspielraum herrscht nur bis zu einem bestimmten Punkt, dann wirken Präferenzen nicht mehr. Bei der unteren Preisgrenze lässt die Bindung an andere Anbieter nach und die Nachfrage steigt noch mal. Die Nachfragefunktion hat in diesem Fall eine doppelt geknickte Preis-Absatz-Funktion.

> **Aus der Praxis: Unternehmen mit Marktmacht**
> Unternehmen mit enormer Marktmacht können durch Produktverknappung den Preis für ihr Produkt künstlich hochhalten. Dadurch gibt es kaum einen Preisverfall des Produktes. Dem deutschen Unternehmen Vorwerk ist es mit dem Thermomix, einem Küchengerät, gelungen, diesen Status zu erreichen. Die Wartezeiten für das Produkt belaufen sich auf bis zu acht Wochen, Altgeräte werden auch deswegen zu hohen Preisen auf Internetplattformen weiterverkauft. Dies führt dazu, dass der Verkaufspreis konstant hoch gehalten wird. Die künstliche Verknappung maximiert für das Unternehmen die Produzentenrente auf Kosten der Konsumentenrenten.

Die Wettbewerbspolitik kann der Entstehung von Marktmacht vorbeugen, indem die Gründung von Unternehmen befördert wird und die Ansiedlung etablierter Unternehmen an zusätzlichen Standorten vorangetrieben wird. Neben der wettbewerbspolitischen Verbesserung gehen davon positive Beschäftigungs- und Wachstumseffekte aus. Es besteht hier lediglich die Gefahr, dass der Wettbewerb nicht intensiviert, sondern nur verlagert wird. Wenn die wettbewerbspolitischen Maßnahmen nicht zu Nettoinvestitionen, also Erweiterungsinvestitionen führen, dann werden alle wirtschaftspolitischen Ziele verfehlt. Es sind lediglich Wanderungsbewegungen zwischen Standorten zu verzeichnen. Allerdings ist ein solcher Effekt nicht ohne weiteres zu befürchten. Es müssten dazu einerseits die Schließungs- und Neugründungskosten niedriger sein als die Kostenersparnis am neuen Standort. Andererseits wäre der Effekt allokationspolitisch nur nachteilig, wenn diese Schließungs- und Neugründungskosten vom Staat subventioniert würden. Eine Wanderung an für alle Wettbewerber günstigere Standorte aufgrund besserer Rahmenbedingungen und geringeren Transaktionskosten stellt dagegen eine Allokationsverbesserung dar.

> **Aus der Praxis: Staatliche Wirtschaftsförderung**
> Ein Beispiel für staatliche Wirtschaftsförderung ist der Technologiepark Berlin-Adlershof. Der Wissenschafts- und Technologiepark Adlershof erstreckt sich auf 4,2 km² und gilt als eine Berliner Erfolgsgeschichte. Seit der Wiedervereinigung sind hier ca. zwei Milliarden Euro an Fördermitteln und Zuschüssen investiert worden. Die dort entstandenen Arbeitsplätze bei den Unternehmen sowie die Steuereinnahmen haben die staatliche Förderung gerechtfertigt: Adlershof gehört zu den erfolgreichsten Hochtechnologiestandorten Europas und gilt als Musterbeispiel für gelungene Wirtschaftsförderung.

2.1.4 Externe Effekte und Marktergänzungspolitik

Externe Effekte verzerren immer den Wettbewerb. Sie führen zu einer anderen Allokation, als wenn sie komplett berücksichtigt und damit internalisiert werden. Externe Effekte tragen zu Nutzen mindernden oder Nutzen steigernden Einflüssen eines Wirtschaftssubjektes bei, ohne dass Begünstigte zahlen müssen oder Geschädigte kompensiert werden. Negative externe Effekte der Produktion verursachen soziale Kosten, die in der Betrachtung eines Marktes und des Wettbewerbes berücksichtigt werden müssen.

> **Aus der Praxis: Investitionen für Forschung und Entwicklung**
> Unternehmen geben enorme Summen für Forschung und Entwicklung aus, um ihre Produkte weiterzuentwickeln und im Wettbewerb bestehen zu können. Bei Produktinnovationen ist es so, dass durch Patentrechte die Erfindungen und die dafür notwendigen Investitionen geschützt werden. Der Gesetzgeber hat dabei

> das Patentrecht zeitlich befristet, sodass die Innovation durch das Unternehmen unter klaren Rahmenbedingungen wirtschaftlich verwertet werden kann. Gerade im Medizin- und Pharmabereich können Unternehmen enorme Gewinne erzielen, sodass sich die Investitionen in Forschung und Entwicklung lohnen. Schering konnte mit seiner Anti-Baby-Pille, die 1961 auf dem Markt kam, beispielsweise große Gewinne generieren, da das Produkt deutlich zuverlässiger war als Konkurrenzprodukte und weniger Nebenwirkungen zeigte.

Es kommt zu einem Marktversagen, da die Allokation des Marktes bei dem Auftreten externer Effekte verzerrt wird. Das führt dazu, dass das gesamtwirtschaftliche Optimum nicht erreicht wird. In diesem Fall ist ein Staatseingriff notwendig, um das Funktionieren des Marktes sicherzustellen. Dazu können folgende rechtliche Instrumente der Marktregulierung genutzt werden: Gesetzliche Auflagen für die Produktion, soziale und ökologische Standards, Wettbewerbshaftungsrecht für getätigte Markthandlungen, die Preisregulierung sowie Festsetzungen im Verbraucherschutz. Es bestehen unterschiedliche ökonomische Instrumente um das Auftreten von externen Effekten zu regeln: Die Möglichkeit, Märkte durch Lizenzvergabe zu regulieren, die Reduktion von Markteintrittsbarrieren gesetzlich durchzusetzen, Gewerbesteuern einzuführen und damit externe Effekte einzupreisen, Staatsunternehmen im Wettbewerb zu etablieren, Staatsmonopole für einzelne Wirtschaftszweige vorzuschreiben, Subventionen vorzunehmen, Infrastrukturinvestitionen zu tätigen, eine gezielte Ansiedlungspolitik vorzunehmen sowie die Bereitstellung öffentlicher Güter, um Marktversagen einzuschränken. Mit all diesen Maßnahmen wird versucht, die Auswirkungen von externen Effekten zu berücksichtigen. In der Sozialwirtschaft wird das ergänzt durch die Erziehung, einen Verhaltenskodex, Corporate Governance, die Vorbildfunktion von Unternehmen, Selbstverpflichtungen und die Möglichkeiten der Informationspolitik in der Gesellschaft.

> **Aus der Praxis: Marktveränderungen durch externe Effekte**
> Unternehmen können durch externe Effekte von einem Tag auf den anderen auf eine vollkommen neue Marktsituation treffen. So hatte die Fukushima-Katastrophe im Jahr 2011 in Japan direkte Folgen für deutsche Energieunternehmen. Kernkraftbetreiber wurden durch neue gesetzliche Bestimmungen dazu verpflichtet, früher aus dieser Energieform auszusteigen. Sie erlitten dadurch einen erheblichen wirtschaftlichen Schaden. Auf der anderen Seite profitieren Anbieter von nachhaltigen Energieformen davon, dass nun diese Ressourcen stärker nachgefragt wurden. So können externe Effekte auch immer dazu führen, dass einige Unternehmen verlieren und wiederum andere gewinnen.

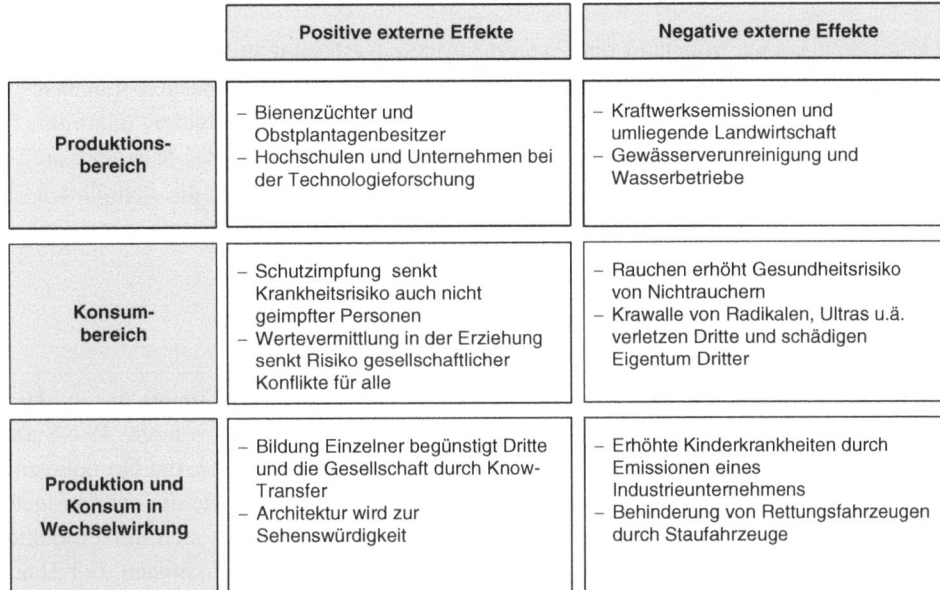

Abb. 2.4 Beispielübersicht externer Effekte. (Quelle: Eigene Darstellung in Anlehnung an Cezanne, Blankart u. a.)

Wissenschaftlich werden dabei zwei Möglichkeiten des Staatseingriffes zum Erreichen des gesamtwirtschaftlichen Optimums unterschieden: Der Staatseingriff durch Internalisierung externer Effekte (First-Best) sowie der Staatseingriff durch administrative Lenkung (Second-Best).

In der Abb. 2.4 wird das Auftreten von externen Effekten in der Praxis dargestellt. Die Grundlagenforschung wird beispielsweise durch den Staat deswegen unterstützt, weil sie für die Unternehmen sonst in vielen Fällen nicht lohnenswert wäre. Die Erfindungen und die daraus resultierenden Patente werden staatlicherseits geschützt. Hier handelt es sich um eine Second-Best-Lösung, da der Staatseingriff nur durch administrative Lenkung erfolgen kann. Hingegen wird bei dem Beispiel der Wasserverschmutzung durch Unternehmen dieses Verhalten sanktioniert und die gesellschaftlichen Kosten werden durch Umweltauflagen internalisiert. Durch Strafzahlungen und rechtliche Bestimmungen wird verhindert, dass die Kosten der Umwelterhaltung durch alle getragen und die Unternehmen aus ihrer Verantwortung herausgenommen werden.

> **Aus der Praxis: Staatliche Regulierungspolitik**
> Der Staat reguliert immer dann Märkte mit externen Effekten, wenn diese gesamtgesellschaftliche Auswirkungen haben. So ist das Rauchen in die öffentliche Beachtung gekommen, da der Konsum in der Öffentlichkeit einerseits zu negativen externen Effekten bei Nicht-Rauchern, aber anderseits auch zu negativen

> Konsequenzen bei Rauchern führt. Um die erhöhten Gesundheitskosten zu internalisieren, wurde eine Tabaksteuer eingeführt und Einschränkungen für das Rauchen in der Öffentlichkeit durchgesetzt. Dadurch wurde das Rauchen objektiv unattraktiver: Auch wenn es sich hier um eine persönliche Entscheidung des Nutzers handelt, reguliert der Gesetzgeber das Rauchen, da die Gesellschaft die kompletten negativen externen Effekte in Folge der erhöhten Gesundheitskosten tragen muss.

2.1.5 Öffentliche Güter und Marktsubstitutionspolitik

Öffentliche Güter werden durch den Markt nicht hergestellt. Das hat damit zu tun, dass diese in einer Wettbewerbswirtschaft so nicht bereitgestellt werden würden. Der Staat springt hier ein, um notwendige Investitionen für die Daseinsvorsorge, die Grundlagenforschung, das Bildungssystem, die innere und äußere Sicherheit sowie die institutionellen Einrichtungen vorzunehmen. Bei öffentlichen Gütern handelt es sich um Produkte und Dienstleistungen, die privat nicht finanzierbar angeboten werden können. Für Haucap/Schmidt handelt es sich bei öffentlichen Gütern um den Extremfall externer Effekte: Niemand kann von dem Konsum ausgeschlossen werden und dadurch ist der Einzelne nicht bereit, einen Preis dafür zu zahlen.[5] Es gibt bei öffentlichen Gütern immer den Free-Rider-Effekt, dass zwar alle einen Nutzen aus ihnen ziehen, aber persönlich sich an der Finanzierung nicht beteiligen möchten. Da es keinen direkten Preis für öffentliche Güter gibt, erfolgt die Finanzierung über Steuern, die der Staat ohne Zweckbindung erhebt und für die Bereitstellung der öffentlichen Güter nutzt.

In einem freien Wettbewerb könnte der Preis für ein öffentliches Gut nur beschränkt und zum Teil gar nicht beziffert werden. Die steuerliche Belastung der privaten Verbraucher führt jedoch auch dazu, dass die Möglichkeiten der Privatseite eingeschränkt werden. So gibt es immer ein Spannungsfeld, welche Leistungen durch den Staat übernommen werden sollten und um die Bereiche, bei denen die öffentliche Hand die Allokation regeln sollte.

> **Aus der Praxis: Daseinsvorsorge in der Bundesrepublik Deutschland**
> Die Daseinsvorsorge hat in der Bundesrepublik einen gesellschaftlich hohen Stellenwert. Deswegen gibt es auch, neben der betrieblichen und der privaten, eine stark ausgebaute gesetzliche Rentenversicherung. Für Rentner, die durch geringe Beitragszahlungen im Erwerbsleben das Existenzminium nicht erreichen würden,

---

[5]Für weitergehende Informationen dazu bietet sich das 2. Kapitel des Buches Wettbewerbspolitik und Kartellrecht von (Haucap und Schmidt 2013) an.

> gibt es eine Grundsicherung im Alter. All dies dient der Daseinsvorsorge und ist auf politische Entscheidungen zurückzuführen.

Bei der inneren und äußeren Sicherheit sowie der Rechtsprechung ist es zumeist unstrittig, dass der Staat diese Güter anbietet. Es handelt sich dabei um geborene öffentliche Güter. Denn alle Konsumenten profitieren von diesen Leistungen, auch wenn sie nur zum Teil davon betroffen sind. Hingegen gibt es auch öffentliche Güter wie die Infrastruktur, die Bildung, die Kultur, die Grundlagenforschung sowie die Gesundheit mit dem Impfschutz, die jeweils teilweise staatlicherseits und privat angeboten werden. Bei Investitionen in die Infrastruktur werden neuerdings immer stärker auch private Unternehmen an den Kosten beteiligt. Im Gegenzug profitieren sie auch von Maut-Gebühren oder ähnlichen Entgelten, die durch die Nutzer zu entrichten sind. So kann es darüber hinaus aber auch staatlich das politische Ziel sein, eine bestimmte Qualität der Infrastruktur zu gewährleisten und durch Eingriff in den Markt bereitzustellen. Hier tritt der Staat zumeist selbst als Investor auf und beteiligt keinen privaten Dritten. In der Bildung konkurrieren staatliche und private Einrichtungen. Dadurch wird auf der einen Seite Wettbewerb ermöglicht und auf der anderen Seite eine Mindestversorgung der Ausbildung sichergestellt. In der Kultur tritt der Staat zumeist über Subventionen auf, um einem größeren Publikum die Teilhabe daran zu ermöglichen. Die Grundlagenforschung wird teilweise durch (halb)staatliche Einrichtungen durchgeführt und finanziell unterstützt. Bei dem Gesundheitssystem handelt es sich um ein Versicherungswesen, das staatlicherseits organisiert wird. Dort herrschen zu meist strenge Regularien vor, da der Wettbewerb auf diesem Markt nur eingeschränkt funktionieren würde und der Staat als politisches Ziel eine Mindest- und Grundversorgung sicherstellen möchte.

> **Aus der Praxis: Investitionen in Verkehrsinfrastruktur**
> Von dem Bau von Straßen und der Mobilität profitieren Unternehmen (Konsumenten zum Teil auch) im Besonderen. Die enormen Kosten dafür könnten sie einzeln jedoch nicht selbst tragen, daher baut der Staat quasi als öffentliches Gut Straßen, um eine Infrastruktur bereitzustellen. Durch Unternehmens- und Einkommenssteuern werden diese wiederum finanziert.

2.2 Instrumente der Allokationspolitik im Vergleich

Es wurde bereits herausgearbeitet, dass nicht alle wettbewerbspolitischen Instrumente für alle wirtschaftspolitischen Situationen geeignet sind. Die Zweckmäßigkeit allokationspolitischer Maßnahmen hängt von der Art der Marktunvollkommenheit bzw. des Marktversagens ab. Ebenso relevant für die Verwendung sind aber auch die verfolgten

Ziele und die Zielprioritäten. Aus allokationspolitischer Sichtweise sind Eingriffe in den Marktmechanismus nur bei Vorliegen von Marktfehlern (Unvollkommenheiten, Versagen) gerechtfertigt. Die Identifikation von Marktfehlern ist aber nicht immer einfach und nicht eindeutig möglich. Außerdem ist in der Realität nicht klar prognostizierbar, ob ein Markt nach einer Störung von selbst wieder ins Gleichgewicht findet oder nicht. Schließlich befinden sich Märkte auch deshalb im Ungleichgewicht, weil ein anderer Staatseingriff (Staatsversagen) eine Fehlallokation erst hervorgerufen hat. Sollte in dem Fall „der Teufel mit dem Beelzebub ausgetrieben" werden?

Eine weitere Schwierigkeit besteht darin, dass die wirtschaftspolitischen Instrumente zur Allokationspolitik auch für andere wirtschaftspolitische Ziele, wie Vollbeschäftigung, Wachstum, außenwirtschaftliches Gleichgewicht oder soziales Gleichgewicht, eingesetzt werden (können). Zum Streitfall wird die Allokationspolitik darüber hinaus, wenn ein funktionierender Marktmechanismus ein Verteilungsergebnis erzeugt, das gesellschaftspolitisch nicht akzeptabel ist. In einer (parlamentarischen) Demokratie erfolgt dann eine Umverteilung durch Mehrheitsbeschluss. Umverteilungsmaßnahmen haben zwangsläufig negative Wirkungen auf die erzielbare Gesamtwohlfahrt. Dennoch sind Umverteilungsmaßnahmen mit negativen Allokationswirkungen als Begleiterscheinung nicht diskutabel, weil humanitäre und soziale Verantwortung schon durch ihre Verankerung in der Verfassung übergeordnete Ziele darstellen. Das Problem und damit der Kern des wirtschaftspolitischen Streits besteht in der Balancefindung zwischen den verschiedenen Zielen. Zwischen Allokations- und Sozialpolitik besteht ein Zielkonflikt, der nicht durch klare Regeln für den Einsatz wettbewerbspolitischer Instrumente gelöst werden kann.

Daher ist es sinnvoll, die zur Verfügung stehenden allokationspolitischen Instrumente zunächst nach geeigneten Kriterien zu sortieren und anschließend im Hinblick auf ihre Eignung zur Erreichung verschiedener Ziele zu bewerten.

2.2.1 Systematisierung der Instrumente der Wettbewerbspolitik

Im Abschn. 1.6 wurden die Instrumente der Allokationspolitik bereits in verschiedene Gruppen untergliedert. Die Systematisierung ist in der Literatur sehr unterschiedlich. So werden die als monetäre Instrumente klassifizierten Maßnahmen oftmals nicht direkt zur Allokationspolitik gezählt, weil sie primär Instrumente der Finanzpolitik, der Wachstums- und Beschäftigungspolitik, der Einkommens- sowie der Sozialpolitik sind. Dessen ungeachtet stehen in diesem Buch ihr Einsatz und ihre Eignung für die Allokationspolitik im Interesse. Als wettbewerbspolitische Instrumente im engeren Sinne werden teilweise nur Maßnahmen subsumiert, die direkt wettbewerbspolitische Spielregeln definieren (Gesetz gegen unlauteren Wettbewerb, Gesetze gegen sittenwidriges Verhalten), den Abbau von Wettbewerbsbeschränkungen verfolgen (Förderung kleiner Unternehmen, Schaffung von Markttransparenz, Kartellpolitik, Fusionskontrolle, institutionelle Aufsichtsbehörden) und Wettbewerbsbeschränkungen zum Gegenstand haben (z. B. Patentschutz, Zulassungsregeln, Lizensierungen) (vgl. Klump 2006, S. 99 f.). Bei der Analyse der Auswirkungen von wettbewerbspolitischen Instrumenten wurde eine Unterscheidung nach preispolitischen Maßnahmen, regulierenden Maßnahmen und monetären Maßnahmen vorgenommen. Eine Systematisierung soll hier nach zwei Kriterien erfolgen. Zum einen kann man die Instrumente danach einteilen, welchen wettbewerbspolitischen Zweck sie erfüllen (in der Abb. 2.5) sollen und zum anderen können sie nach der Art des wirtschaftspolitischen Eingriffs unterschieden werden (in der Abb. 2.6).

Nach dem Zweck des Eingriffs kann man Instrumente zusammenfassen, die einen ordnungspolitischen Rahmen setzen sollen. Sie geben eine Orientierung zum Verhalten auf Märkten. Es sind teilweise verbindliche Regeln, die einzuhalten sind und teilweise Vorgaben, die auf das Freiwilligkeitsprinzip setzen. Bei Letzteren sollen moralische und ethische Wertvorstellungen der Gesellschaft einen Druck der Marktkräfte in Richtung eines gewollten Verhaltens erzeugen. Die unternehmerische Verantwortung der Entscheidungsträger soll gestärkt werden. Dies kann entweder durch die gesellschaftliche und strafrechtliche Sanktionierung von Fehlverhalten erreicht werden und/oder dadurch, dass ein entsprechendes Wohlverhalten von Managern und Eigentümern in deren individuelle Nutzenfunktionen implementiert werden. Der Zweck aller dieser Steuerungsinstrumente ist die Verbesserung des Allokationsergebnisses durch Reduzierung der Marktunvollkommenheiten, der Verhinderung von exogenen Schocks sowie der Stabilisierung der Gleichgewichtskräfte des Marktes.

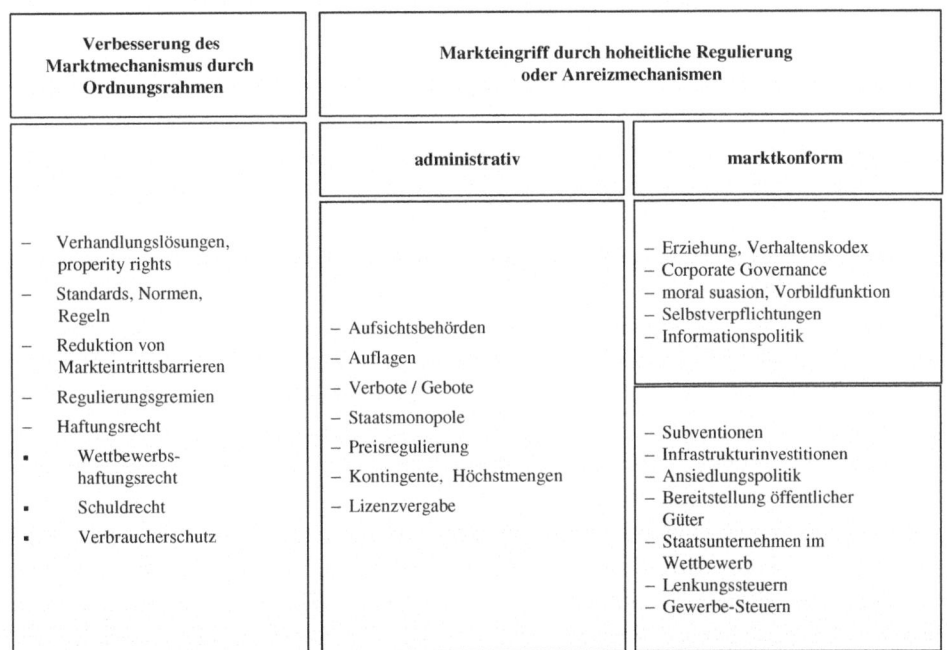

Abb. 2.5 Allokationspolitische Instrumente nach dem Steuerungszweck

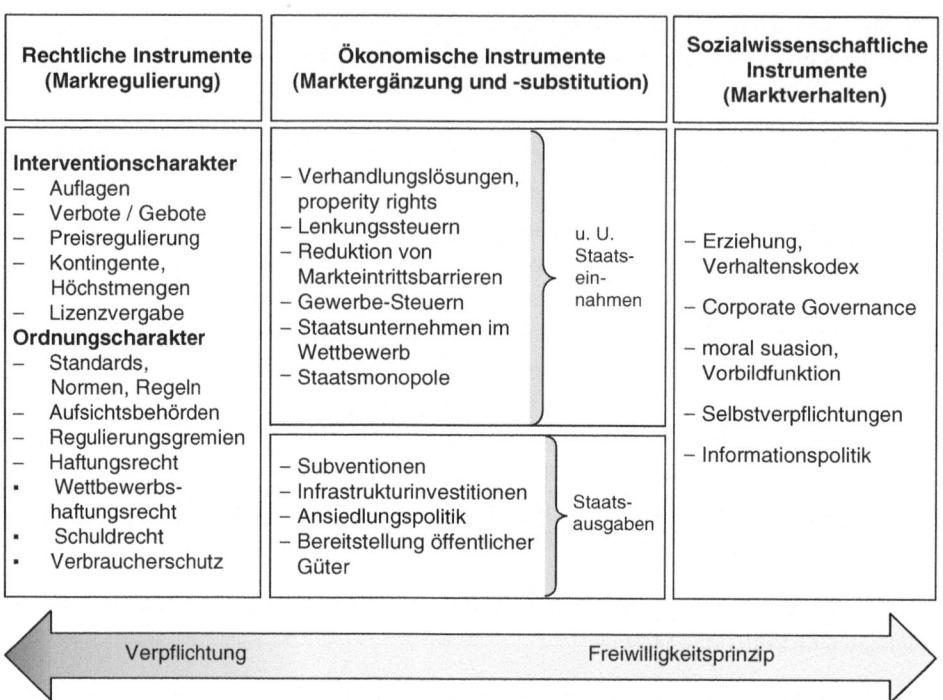

Abb. 2.6 Wettbewerbspolitische Instrumente nach der Art des Eingriffs

Demgegenüber zielen andere wettbewerbspolitische Instrumente auf einen Eingriff in den Markt. Bei den Markteingriffen kann eine weitere Klassifizierung danach vorgenommen werden, ob der Eingriff direkt ein Steuerungsziel vorgibt oder ob der Markteingriff die Erreichung eines Steuerungsziels durch Anpassungsreaktionen der Marktteilnehmer erreichen soll. Der wettbewerbspolitische Eingriff kann als administrativ bezeichnet werden, wenn eine konkrete Zielvorgabe erreicht werden muss und als marktkonform, wenn das Ziel durch Verhaltensänderungen über den Marktmechanismus realisiert werden soll. Da die Verhaltensänderungen nach dem Prinzip der Grenzkosten bzw. Grenznutzen erfolgen, ist das Effizienzprinzip gewährleistet. Die optimale Ressourcenallokation ist gewährleistet, wenn das Steuerungsziel richtig gewählt (Marktgleichgewicht) ist und mit der Anpassung auch umgesetzt wird. Im Gegensatz dazu bewirkt ein administrativer Eingriff die Zielerfüllung, aber die erzwungene Anpassung bedeutet, dass allokationspolitisch suboptimale Lösungen realisiert werden.

Die regulierenden Maßnahmen müssen juristisch durchgesetzt werden. Daher können sie als rechtliche Instrumente klassifiziert werden. Zu den rechtlichen Instrumenten werden alle ordnenden und interventionistischen Maßnahmen mit verbindlichem Charakter zusammengefasst. Zu den sozialwissenschaftlichen Instrumenten zählen alle Maßnahmen, denen das Freiwilligkeitsprinzip zugrunde liegt und die Wohlverhalten nach moralisch-ethischen Wertmaßstäben erzeugen sollen (zur Einteilung siehe auch Abb. 2.6). Die Implementierung solcher Instrumente soll in die Eigennutz orientierten Handlungen der Marktakteure die Kalkulation einbeziehen, durch Beachtung der Regeln Ansehensgewinne zu realisieren und durch die Missachtung Reputationsverluste zu erleiden. Die freiwilligen Verhaltens- und Informationsregeln sind auf die Erreichung einer optimalen Ressourcenallokation ausgerichtet. Im Regelfall sollen positive und negative externe Effekte internalisiert werden.

Unter den ökonomischen Instrumenten sollen hier alle staatlichen Maßnahmen gebündelt werden, die mit Staatseinnahmen oder -ausgaben verbunden und allokationspolitisch motiviert sind. Neben den Steuern, Abgaben, Subventionen und Transferzahlungen sind weitere finanzpolitisch relevante Maßnahmen der Allokationspolitik möglich. So kann der Staat mit öffentlich-rechtlichen Unternehmen im Wettbewerb die Zahl der Marktteilnehmer erhöhen und mit diesen Unternehmen die Wirksamkeit sozialwissenschaftlicher Instrumente befördern, beispielsweise Sparkassen und Versicherungen im Finanzsektor. Des Weiteren fallen die Gründung und Etablierung von staatlichen Monopolunternehmen und die Bereitstellung öffentlicher Güter in diese Kategorie. Beide Instrumente sind in der Wirtschaftspolitik immer wieder umstritten. Dies liegt an der fehlenden Eindeutigkeit natürlicher Monopolsituationen ebenso wie an der mangelnden Klarheit beim Vorliegen öffentlicher Güter. Der Staat kann den Wettbewerb darüber hinaus durch die Bereitstellung einer funktionsfähigen Infrastruktur intensivieren. Dies senkt Markteintritts- und Transaktionskosten. In die gleiche Richtung wirkt eine staatliche Ansiedlungspolitik. Die Vergabe von Verfügungsrechten (property rights) und die Etablierung von Verhandlungen können bei der Internalisierung externer Effekte eingesetzt werden. Für beide Maßnahmen kann der Staat ggf. auch Gelder vereinnahmen (Frequenzvergabe in der Telekommunikation, Gebühren).

2.2.2 Bewertung der allokationspolitischen Instrumente

Zur Beurteilung des wettbewerbspolitischen Instrumentariums sollen drei Kriterien herangezogen werden, die als ausschlaggebend für den Erfolg der Allokationspolitik identifiziert wurden. In erster Linie muss der Erfolg der Allokationspolitik an der Realisation des Effizienzprinzips gemessen werden. Die Allokationspolitik soll die Optimalität des Ressourceneinsatzes bewirken, also muss dies der Maßstab des Handelns in diesem Teil der Wirtschaftspolitik sein. Des Weiteren wurde herausgearbeitet, dass es zwischen einem zu erreichenden Steuerungsziel und der effizienten Umsetzung des Ziels einen Konflikt geben kann. Dies kann in der mangelnden Quantifizierbarkeit einer Fehlallokation ebenso begründet sein wie in der Dringlichkeit der Zielrealisierung. Aus diesem Grund muss die Zielerreichung bei der Beurteilung des Instrumentariums neben dem Effizienzkriterium berücksichtigt werden. Als drittes Bewertungskriterium soll die politische Durchsetzbarkeit bzw. gesellschaftliche Akzeptanz einbezogen werden (siehe zur Bewertung auch Abb. 2.7). Die Begründung liegt darin, dass in einer parlamentarischen

(a) Bewertung der wettbewerbspolitischen Instrumente

Wettbewerbspolitisches Instrument	Allokationsfehler	Zielerreichung	Effizienz	Politische Durchsetzbarkeit
Rechtliche Instrumente				
Auflagen	Marktmacht, unvollständiger Wettbewerb, externe Effekte	◔	◕	●
Verbote / Gebote	Exogene Schocks, unvollständiger Wettbewerb, externe Effekte	◔	○	◔
Preisregulierung	Exogene Schocks, asymmetrische Information, unvollständige Information, Anpassungsreaktion, Inhomogenität	◐	○	●
Kontingente, Höchstmengen	Exogene Schocks, asymmetrische Information, unvollständige Information, Anpassungsreaktion, externe Effekte	◔	◕	◔
Lizenzvergabe	Marktmacht, unvollständiger Wettbewerb, fehlender Marktmechanismus	●	◐ / ●	●
Standards, staatliche Normen, Regeln	Asymmetrische Information, unvollständige Information, Anpassungsreaktion, Inhomogenität, externe Effekte	◔	◕	◔
Marktbasierte Normung		●	●	●
Aufsichtsbehörden	Marktmacht, unvollständiger Wettbewerb, externe Effekte	◔	◐	◐
Regulierungsgremien	Marktmacht, asymmetrische Information, unvollständiger Wettbewerb, externe Effekte	◐	◔	◐
Wettbewerbshaftungsrecht	Marktmacht, asymmetrische Information, unvollständige Information, Anpassungsreaktion, Inhomogenität	◔	◔	◔
Schuldrecht		◔	◔	●
Verbraucherschutz		◔	◐	◔

Abb. 2.7 Bewertung wettbewerbspolitischer Instrumente

Demokratie die Staatsaktivitäten eine politische Mehrheit finden müssen. Aufgrund der Prinzipal-Agenten-Beziehung[6] zwischen Wähler und Politiker kann unterstellt werden, dass ein gesellschaftlich akzeptierter Staatseingriff politisch leichter durchsetzbar ist und dass durch gesellschaftliche Akzeptanz ein gewisser politischer Handlungsdruck erzeugt

---

[6]Wesensmerkmal einer Principal-Agenten-Beziehung sind Informationsasymmetrien zwischen beiden Akteuren. Der Agent (Politiker) hat einen Informationsvorsprung und er hat einen freien Entscheidungsspielraum. Beides setzt einen Anreiz zu Eigennutz orientiertem Handeln. Das Eigeninteresse entspricht dabei nicht den Interessen des Prinzipals (Wähler). Dieser Anreizmechanismus wird auch als Moral-Hazard bezeichnet. Das Verhältnis zwischen Manager und Eigentümer eines Unternehmens wäre ein weiteres Beispiel für eine solche Situation.

2.2 Instrumente der Allokationspolitik im Vergleich

(b) Bewertung der wettbewerbspolitischen Instrumente

Wettbewerbspolitisches Instrument	Allokationsfehler	Zielerreichung	Effizienz	Politische Durchsetzbarkeit
Ökonomische Instrumente				
Verhandlungslösungen, property rights	Externe Effekte	●	◐	◔
Lenkungssteuern	Externe Effekte	◐	◐	◐
Reduktion von Markteintrittsbarrieren	Unvollständiger Wettbewerb, fehlender Marktmechanismus	◐	◐	◔
Gewerbesteuern	Unvollständige Information, Anpassungsreaktion, Inhomogenität	◐	◐	◐
Staatsunternehmen im Wettbewerb	Unvollständiger Wettbewerb, fehlende Flexibilität des Marktgleichgewichts	◐	◐	◐
Staatsmonopole	Natürliches Monopol	●	◔	◐
Subventionen	Unvollständiger Wettbewerb, exogene Schocks, externe Effekte	◐	◐/○	◐
Infrastrukturinvestitionen	Unvollständiger Wettbewerb	●	●	●
Ansiedlungspolitik	Unvollständiger Wettbewerb	◐	◐	◐
Bereitstellung öffentlicher Güter	Fehlender Marktmechanismus, fehlende Stabilitätdes Marktgleichgewichts	●	◐	◐

Abb. 2.7 (Fortsetzung)

(c) Bewertung der wettbewerbspolitischen Instrumente

Wettbewerbspolitisches Instrument	Allokationsfehler	Zielerreichung	Effizienz	Politische Durchsetzbarkeit
Sozialwissenschaftliche Instrumente				
Erziehung, Verhaltenskodex	Asymmetrische Information, unvollständige Information, Anpassungsreaktion, Inhomogenität	◔/●	●	◐
Corporate Governance		◔/◐	●	◔
Moral suasion, Vorbildfunktion		◐/◐	●	◐
Selbstverpflichtungen		◔/◔	●	◐
Informationspolitik		◐/◐	●	◐

Abb. 2.7 (Fortsetzung)

wird. Umgedreht handelt ein rational handelnder Politiker danach, welche Entscheidung seine Chancen der Wiederwahl maximiert. Aus diesem Grund muss nicht immer die wirtschaftspolitisch, speziell allokationspolitisch beste Maßnahme zur Umsetzung kommen. Insbesondere aufgrund der verzögerten Wirksamkeit marktkonformer Instrumente, deren Erfolg möglicherweise erst nach einer Wahl sichtbar ist, neigen Politiker dazu, schnell wirkende Maßnahmen zu implementieren. Sie versprechen eine Signalwirkung mit Autoritäts- und Reputationsgewinnen, während damit verbundene Ineffizienzen nicht sichtbar und so entgangene Wohlfahrtsgewinne (vom Wähler) nicht wahrgenommen werden.

Die Einordnung des wettbewerbspolitischen Instrumentariums zeigt, dass die rechtlichen Instrumente, die zur Festsetzung der Spielregeln dienen sollen, sowohl hinsichtlich der Zielerreichung als auch der Effizienz die besten Ergebnisse erbringen. Sie wirken auf ein entsprechendes Anpassungsverhalten der Marktteilnehmer und sie haben verbindlichen Charakter. Darüber hinaus dienen sie in erster Linie der Reduzierung von Marktunvollkommenheiten und bewirken daher eine Transaktionskostenersparnis. Diese führt immer zu einer Verbesserung des Allokationsergebnisses und damit der Gesamtwohlfahrt. Rechtliche Instrumente mit Interventionscharakter haben dagegen zwar Vorteile bei der Zielerreichung, verbessern aber nicht das Allokationsergebnis. Sie können im Gegenteil sogar eine Verschärfung der Fehlallokation zur Konsequenz haben. Dies wird besonders wahrscheinlich durch die einfache politische Durchsetzbarkeit und die Anfälligkeit, diese Instrumente für andere wirtschaftspolitische bzw. wahltaktische Zwecke einzusetzen.

Die sozialwissenschaftlichen Instrumente setzen durchgängig auf freiwillige Anpassungsreaktionen im Sinne einer Allokationsverbesserung. Die Zielerreichung ist ein großes Manko dieser Instrumente, weil der Markt nicht immer die Berücksichtigung dieser „weichen" Regeln honoriert. Die Nachhaltigkeit dieser Regeln und ihre langfristige Wirksamkeit sollten außer Frage stehen. Da ihre Anwendung jedoch nur eingeschränkt als Nutzen/Gewinn maximierend wahrgenommen wird, können sie nur flankierend eingesetzt werden. Ein Verzicht auf diese Instrumente kommt nicht infrage, weil sie auf jeden Fall effizient wirken, wenn sie erfolgreich eingesetzt werden. Ihr Einsatz erzeugt keine Fehlallokationen als Nebenwirkung.

Unter den ökonomischen Instrumenten sind Infrastrukturinvestitionen und die Bereitstellung öffentlicher Güter die Instrumente mit den besten Ergebnissen in allen Kategorien. Man kann beim Markt für Infrastruktur sogar von positiven externen Effekten ausgehen, die einen Nutzen bei Dritten erzeugen. Die Bereitstellung öffentlicher Güter sorgt für eine Versorgung mit Gütern, die aufgrund von Marktversagen ohne den Staat nicht zustande käme. Problematisch ist hierbei lediglich die eindeutige Identifikation öffentlicher Güter. Bei den meisten, nach den Kriterien der Ausschließbarkeit und Rivalität im Konsum, infrage kommenden Gütern könnte eine Versorgung auch im Konkurrenzprinzip privater und staatlicher Anbieter mit Regulierungsgremien sichergestellt werden. Die Tätigkeit staatlicher Unternehmen in einem Konkurrenzmarkt zur Marktergänzung (Stabilisierung des Gleichgewichts, Verstärkung des Wettbewerbs) ist ebenfalls als zielführend und allokationspolitisch sinnvoll einzuordnen. Verhandlungslösungen überlassen die Behebung von Fehlallokationen gänzlich den Marktkräften. Der Staat muss dazu lediglich eine klare Zuteilung von Eigentums- bzw. Verfügungsrechten treffen. Diese untergeordnete Rolle der Staatsakteure und das notwendige Vertrauen in die Marktkräfte führen allerdings zu einer geringen politischen Durchsetzbarkeit. Den Nachteil der geringeren politischen Durchsetzbarkeit trotz guter Zielerreichung und Effizienzwirkung, teilt das Instrument mit der Lenkungssteuer. Zwar findet eine Lenkungssteuer üblicherweise eine breite grundsätzliche Akzeptanz, wenn das Steuerungsziel eine breite Zustimmung genießt, aber die Erhebung von Steuern stößt generell auf wenig Gegenliebe bei den Steuerzahlern. Die Zielerreichung ist stark von der Elastizität von Angebot und Nachfrage abhängig. Elastische Angebots-/Nachfragereaktionen bewirken eine schnelle und deutliche Zielerreichung, unelastische Reaktionen bewirken hohe Steuereinnahmen. Die Reduktion von Markteintrittsbarrieren und die Ansiedlungspolitik sind Instrumente, die marktkonform die Verbesserung des Wettbewerbs bzw. die Stabilisierung des Marktgleichgewichts bewirken. Sie funktionieren grundsätzlich auch effizient. Eine Einschränkung hinsichtlich der Allokationsverbesserung muss lediglich deshalb konstatiert werden, weil insbesondere die Ansiedlungspolitik durchaus auch Fehllokationen verursachen kann. Beide Instrumente werden in der Realität immer wieder eingesetzt, um sich regionale oder lokale Standortvorteile im Standortwettbewerb zu verschaffen. Dazu zählen Kostenvorteile für Investoren oder die Diskriminierung standortfremder Unternehmen. Dies führt zu Wettbewerbsverzerrungen zwischen verschiedenen Standorten. Die negativen Wohlfahrtswirkungen von Subventionen bzw. Transferzahlungen sind bereits hinreichend erläutert worden. Die politische Durchsetzbarkeit solcher Zahlungen ist sehr hoch, weil Zahlungsversprechen an verschiedene Interessengruppen eine Wiederwahl von Politikern förderlich sind. Eine positive Allokationswirkung geht aber lediglich bei einem temporären Einsatz der Zahlungen zur Kompensation von exogenen Schocks und zur Beschleunigung von Anpassungsreaktionen aus. Nach Erreichung dieses Ziels erzeugen Subventionen und Transfers eine Überschussbelastung und reduzieren so die Gesamtwohlfahrt.

Eine Sonderrolle entfällt auf die Gewerbesteuern. Sie sind als wettbewerbspolitisches Instrument einzuordnen, weil sie prinzipiell eine verursachergerechte Umlage der Kosten von Infrastrukturinvestitionen, Kosten der Ansiedlungspolitik und des Abbaus von Markteintrittsbarrieren ermöglichen. Es besteht allerdings kein direkter Zusammenhang zwischen den Gewerbesteuer-Einnahmen und der hier skizzierten Verwendung.

Die große Bedeutung des Wettbewerbsprinzips für die soziale Marktwirtschaft generiert ein außerordentliches Interesse aller Gruppen der Gesellschaft an der Allokationspolitik. Die Komplexität der Wettbewerbspolitik und die Eigeninteressen der Politik und der Lobbyisten aller Marktteilnehmer legen es nahe, die konsequente Verfolgung der wettbewerbspolitischen Zielstellung einer unabhängigen und eigenverantwortlichen Institution unter politischer Kontrolle anzuvertrauen. Diese Institution könnte, vergleichbar der Zentralbank für die Geldpolitik, dem Ziel der Wettbewerbssicherung als Oberziel verpflichtet sein. Es könnten die weiteren Ziele Vermeidung von Marktversagen,

Reduzierung von Marktunvollkommenheiten unter Berücksichtigung des Effizienzprinzips, definiert werden. Aufgrund des möglichen Zielkonflikts zwischen Effizienz sowie der Schnelligkeit und Genauigkeit der Zielerreichung müssen ggf. flankierende politische Vorgaben bei Einzelzielen verankert werden, beispielsweise konkrete Schadstoffgrenzen, Drogenverbot u. a. Der Einsatz des wettbewerbspolitischen Instrumentariums, die Auswahl allokationspolitischer Zwischenziele und Indikatoren würde dann der Wettbewerbsinstitution obliegen. Zudem würde dies eine Zusammenführung der Kompetenzen in der Allokationspolitik bewirken.

2.3 Umweltökonomie als Allokationspolitik

Im Jahre 1962 erschien in den USA ein zunächst recht unscheinbares Buch, dessen Titel „Silent Spring" eher auf eine romantische Novelle oder einen mittelmäßigen Krimi hinzudeuten schien. In Wahrheit markierte dieses Werk der Biologin Rachel Carson[7] einen Meilenstein, der unsere Vorstellungen von Natur und ihrer Bedeutung, mithin unserer Umwelt und uns selbst, radikal – wenn auch noch nicht deutlich genug – infrage stellte und änderte. Dieses Buch schlug im Sinne des Wortes ein wie eine Bombe, und dies einfach dadurch, dass in eher nüchtern-wissenschaftlicher Sprache Ursachen und Folgen eines Frühlings ohne den Gesang der Vögel beschrieben wurden. Etwas wissenschaftlicher ausgedrückt: Dieses Buch beschäftigte sich mit den Auswirkungen des ungehemmten Pestizid-Einsatzes in der Landwirtschaft. Es wurde erstmals dokumentiert, wie Pflanzenschutzmittel das Erbgut von Organismen schädigen und sie dabei nicht nur Schädlinge scheinbar auszurotten in der Lage seien, sondern vielmehr auch die Nützlinge wie Singvögel, die Mehrzahl der Säugetiere und schließlich auch Menschen, unter anderem durch ihre kanzerogene Wirkung bedrohen und gefährden, in manchen Fällen auch sterilisieren können.

An der ökonomischen Diskussion ging trotz aller aufrüttelnden Wirkungen dieses Buch jedoch noch weitgehend vorbei. Erst zehn Jahre später wurde auch auf diesem Gebiet ein Erdbeben durch ein epochemachendes Werk ausgelöst: Nachdem unter anderem durch den italienischen Industriellen Aurelio Peccei[8] und den damaligen Direktor für Wissenschaft der OECD, einem Schotten namens Alexander King, der zunächst als Vereinigung von ‚Spinnern' und Sonderlingen, später als visionärer Wissenschaftszirkel

---

[7]Rachel Carson war eine amerikanische Biologin und Zoologin des 20. Jahrhunderts. Sie gilt mit diesem Buch als die Begründerin der amerikanischen Umweltbewegung. Mindestens löste sie mit ihrer Kritik des Pestizid-Einsatzes eine fundamentale Debatte über den Umweltschutz aus.

[8]Aurelio Peccei war ein italienischer Ökonom und Unternehmer des 20. Jahrhunderts. Er gilt als Mitbegründer des „Club of Rome".

2.3 Umweltökonomie als Allokationspolitik

geachtete Club of Rome gegründet wurde, konnte 1972 eine erste umfassende Untersuchung vorgestellt werden, die unter der Leitung von Dennis Meadows[9] sich mit den Grenzen des Wachstums beschäftigte (vgl. Meadows et al. 1972). Mithilfe des vor 30 Jahren recht neuen Scenario-Writings und computergestützter Simulationsmodelle wurde das Ziel verfolgt, die in der Wirtschaftswissenschaft bis dahin unwidersprochene quantitative Wachstumsforderung hinsichtlich ihrer zukünftigen Konsequenzen zu untersuchen. Dabei wurde ein unter den Mathematikern längst bekanntes Phänomen offensichtlich: Bei endlichen Ressourcen in der Praxis ist es unmöglich, eine Exponentialfunktion in die Unendlichkeit fortzuschreiben.

Anders ausgedrückt bedeutete dies, dass unser produktiver und konsumtiver Umgang mit natürlichen Ressourcen unmöglich einen zukünftigen, ungebrochenen ökonomischen Wachstumspfad hervorbringen kann. Das eigentlich Dramatische an den Ergebnissen war dabei nicht ein sofortiger Zusammenbruch des ökonomischen Systems, sondern vielmehr ein schleichender Niedergang mit sinkenden, stagnierenden und später rückläufigen Wachstumsraten bei gleichzeitiger Bevölkerungsexplosion, was ganz offensichtlich nicht nur zu wirtschaftlichen, sondern auch gesellschaftlichen Krisenerscheinungen führen müsste. Die Konsequenz unserer westlich geprägten Auffassung über Produktion und Konsum lässt sich zum Beispiel daran ermessen, dass unter der Voraussetzung, alle Menschen würden so leben wie die Nordamerikaner (USA und Kanada) sowie die West- und Mitteleuropäer, die uns heute zur Verfügung stehenden Ressourcen bereits schon längst übernutzt wären. Das bedeutet, wir bräuchten, um diese Ansprüche abdecken zu können, bereits vier bis fünf Erdkugeln nebeneinander.

Nun sind die bis beispielsweise zum Jahr 2000 prognostizierten Ereignisse aus dem Meadows-Bericht in ihrer Dramatik offensichtlich nicht eingetreten. Das mag viele Gründe haben, ist jedoch kein Anlass, die dort beschriebenen Erkenntnisse wieder aufzugeben. Zum einen waren zu dieser Zeit die Möglichkeiten von Simulationsmodellen noch relativ eingeschränkt; die Vielzahl der Variablen war häufig eher durch Spekulation als durch tatsächliche Daten bestimmt. Zum anderen konnten in den letzten drei Jahrzehnten erhebliche Mengen an zusätzlichen Ressourcen neu gefunden werden, was allerdings ihre prinzipielle Endlichkeit nicht aufhebt. Zum dritten – und dies ist vielleicht der entscheidende Punkt – entfalteten unter anderem die Aktivitäten des Club of Rome in den letzten 30 Jahren erhebliche Wirkungen und Umdenkprozesse, sodass zumindest in Teilen der Ökonomie langsam zu einem Ressourcen schonenderen Konzept, zu einem intelligenteren Umgang mit der Natur übergegangen wurde. Schließlich könnte ein weiterer Grund darin liegen, dass die zunächst sehr kritisch betrachteten, ja sogar angefeindeten Vordenker einer ökologischen Wende, durch ihre Arbeiten ein Nachdenken

---

[9]Dennis Meadows ist ein amerikanischer Ökonom und Naturwissenschaftler, der durch die Modellierung zukünftiger Auswirkungen der Ressourcenverschwendung und Umweltverschmutzung weltweit bekannt wurde. Seit vielen Jahren entwickelt er Brettspiele, die nachhaltiges Denken und Wirtschaften simulieren und erlernbar machen sollen.

angestoßen haben, das eben nicht nur technologisch und ökonomisch, sondern durchaus auch gesellschaftlich und politisch mittlerweile seine Auswirkungen zeigt.

Wenn die Umwelt durch wirtschaftliche Aktivität geschädigt wird, dann kann die Allokation nicht optimal sein. Wenn die gemessene Wohlfahrt die Umweltschädigung nicht abbildet, dann muss das verwendete Wohlfahrtsmaß fehlerhaft sein. Die Suboptimalität der Marktwirtschaft wurde bereits herausgearbeitet. Mit der ökonomischen Theorie kann das Phänomen der Umweltschädigung als ein Fall des Marktversagens eingeordnet und erklärt werden. Dementsprechend existieren Ansätze zur Gegensteuerung. Ein Defizit der bisherigen Wirtschaftspolitik ist die Etablierung der systematischen Quantifizierung der Umweltschädigung. Bisher reduziert weder ein verunreinigtes Gewässer noch die Luftverschmutzung oder ein gestorbener Baum die messtechnisch erfasste Wirtschaftsleistung. Korrekturfaktoren des Bruttoinlandsprodukts werden seit langem diskutiert, aber sind bisher nicht umgesetzt.

Die hier angesprochene Nachhaltigkeit einer ökologisch orientierten Ökonomie ist von hoher Relevanz bei der Analyse umweltpolitischer Fragestellungen. Im ökonomischen Denken ist gerade in Zeiten der Wirtschaftskrise noch tief die Idee des Wachstums um jeden Preis verankert, da vermeintlich nur so die Finanzierung der sozialen Sicherungssysteme und die Sicherstellung der Staatseinnahmen gewährleistet werden kann. Darüber hinaus hat die Schaffung von Arbeitsplätzen absolute Priorität. Jegliches Wirtschaftswachstum – und sei es noch so ökologisch problematisch – musste hier letztendlich als Vehikel herhalten.

2.3.1 Nachhaltigkeit und Wohlfahrtsökonomik

Nachhaltigkeit ist ein Begriff, der in der öffentlichen Debatte eine einmalige Entwicklung gemacht hat.[10] Sie beschreibt eine Forderung, welche auf ökonomischen, ökologischen und soziokulturellen Grundlagen beruht und als Begriff verschiedene Interessen und Strömungen kanalisieren soll, um eine Sogwirkung zu entfalten (vgl. Endres 2007, S. 314). Nachhaltigkeit kann auch als Streben nach hohen ökonomischen, ökologischen und soziokulturellen Standards mit der Umwelt als limitierendem Faktor definiert werden (vgl. Rogall 2004, S. 27).

Der Begriff „sustainable development" – im Deutschen etwas unzureichend üblicherweise mit „Nachhaltigkeit" übersetzt – wurde erstmals im sogenannten Brundtland-Bericht[11] formuliert. Es ging dabei im Grunde um ein Konzept, das den Entwicklungsländern helfen sollte, sich dem Stand der Industriestaaten langsam anzunähern, ohne jedoch die gleichen Fehler nochmals zu begehen. Dies schließt auch den Versuch ein, unsere umweltbezogenen

---

[10] Zur sprachlichen Entwicklung siehe beispielsweise (Nutzinger 1995).
[11] Gro Harlem Brundtland, ehemalige norwegische Ministerpräsidentin, Vorsitzende der World Commission on Environment and Development, kurz Brundtland-Kommission.

2.3 Umweltökonomie als Allokationspolitik

Sünden im Zuge der Wachstumsprozesse zu vermeiden. Damit zieht hier zumindest vom Grundsatz her gesehen eine sehr viel deutlicher ökologisch orientierte Variante ökonomischen Vorgehens in die Politik ein.

Zusammengefasst wird dabei unter dieser Nachhaltigkeit folgendes verstanden: 1) Bei erneuerbaren Ressourcen (also beispielsweise Holz) darf die Entnahme zu Produktions- und Konsumzwecken allerhöchstens so groß wie die Regenerationsrate sein. 2) Bei nicht erneuerbaren Ressourcen (beispielsweise Mineralöl) sollte die wertmäßige Entnahme nur so groß sein, wie gleichzeitig und wertmäßig gleich Investitionen in Substitutionsgüter (z. B. Wind- oder Wasserenergie) vorgenommen werden. 3) Die verbleibenden Restimmissionen als Umweltbelastung dürfen maximal so groß sein, wie es der Absorptionsfähigkeit der Umwelt durch natürliche Prozesse entspricht. 4) Das Zeitmaß unserer Wirtschaftsprozesse muss vom menschlichen Denken her auf das Zeitmaß natürlicher Prozesse umgestellt werden. Hier ist letztendlich die Aufforderung zu sehen, die uns von der eher traditionellen Ökonomie so nahe gebrachten Begriffe des schneller, billiger, höher, weiter zu verlassen, mithin unseren gesamten modernen Lebensstil auf eine neue Grundlage zu stellen (vgl. Weltkommission 1987). Diese Forderung lässt sich nicht operationalisieren und zielt eher auf sozialwissenschaftliche Instrumente zur Verhaltenssteuerung mit dem Ziel, ein nachhaltiges Denken (und dann Handeln) zu erzeugen.

> **Aus der Praxis: Nachhaltigkeit in der Umweltpolitik**
> Im Naturpark Westliche Wälder (Naturschutzgebiet westlich von Augsburg) werden pro Jahr ca. 250.000 Festmeter Holz zur Nutzung geschlagen. Gleichzeitig werden durch Aufforstung im jeweils selben Zeitraum ca. 252.000 Festmeter Holz neu hinzugefügt, sodass ein leichter Überschuss von ca. 2000 Festmetern pro Jahr erwirtschaftet wird.
>
> Die zweite Bedingung beinhaltet beispielsweise, dass der Wert der jährlichen Erdölförderung analog in Umweltschutzinvestitionen fließen müsste oder, dass der Wert der jährlichen Kohleförderung durch Produktivitätssteigerung bei der Energieeffizienz kompensiert werden müsste. Die dritte Forderung impliziert, dass Veränderungen in der Zusammensetzung von Boden, Luft, Wasser und Lebewesen nur soweit zulässig sind, als dass diese Umweltmedien dadurch nicht geschädigt werden, dass sie regenrationsfähig bleiben und keine Nutzungseinschränkungen verursacht werden.

Eine Voraussetzung, um die Umweltpolitik bzw. den Umweltschutz als ein wirtschaftspolitisches Ziel zu verankern, ist die Integration des ökologischen Gleichgewichts in die allgemein verwendeten Theoriemodelle der Wirtschaftswissenschaften. Es besteht kein Zweifel, dass die Schädigung des Ökosystems einen Wohlfahrtsverlust erzeugt. Dennoch existieren bisher nur vereinzelte Versuche, diese Wohlfahrtsverluste wohlfahrtsökonomisch zu erklären. Solange die Einbindung der Nachhaltigkeit im Sinne eines

Wirtschaftens unter Wahrung (Erreichung) des ökologischen Gleichgewichts nicht konsequent in volkswirtschaftliche Theoriemodelle implementiert ist, kann die Operationalisierung des wirtschaftspolitischen Ziels ökologisches Gleichgewicht nicht realisiert werden.

Ein geeigneter Ansatz der Implementierung wäre die Erweiterung der verwendeten Modelle der Wirtschaftstheorie (vgl. Endres 2007, S. 314 ff.). Ein Vorschlag dafür ist der Happiness-Ansatz. Dabei werden die Einflüsse relevanter, nicht monetisierbarer Determinanten für die Lebenszufriedenheit geschätzt. Der Einfluss natürlicher Ressourcen auf die Lebenszufriedenheit wäre hier integrierbar als Nachhaltigkeitsfaktor. Eine ähnliche Überlegung zur Operationalisierung der Nachhaltigkeit liefert die Betrachtung der Umwelt als volkswirtschaftliches Vermögen oder Umwelt-Kapitalstock (vgl. Klump 2006, S. 269). In der folgenden Abb. 2.8 sind beide Überlegungen zusammengefasst. Ein nachhaltiges Wohlfahrtsmaximum muss dabei mindestens sicherstellen, dass das Umweltvermögen erhalten bleibt. Im Sinne des Pareto-Kriteriums muss jede Reduzierung des Umweltvermögens als Wohlfahrtsverschlechterung wahrgenommen werden. Es dürfte sich also im Optimum kein Individuum besser stellen, wenn dadurch für andere Wohlfahrtsverluste durch Umweltschädigung entstehen, die diese Verbesserung überkompensieren. Da auch die Wohlfahrt von Gütern und Leistungen bei der klassischen Pareto-Optimalität nicht quantifiziert werden kann, ist die fehlende Messbarkeit des

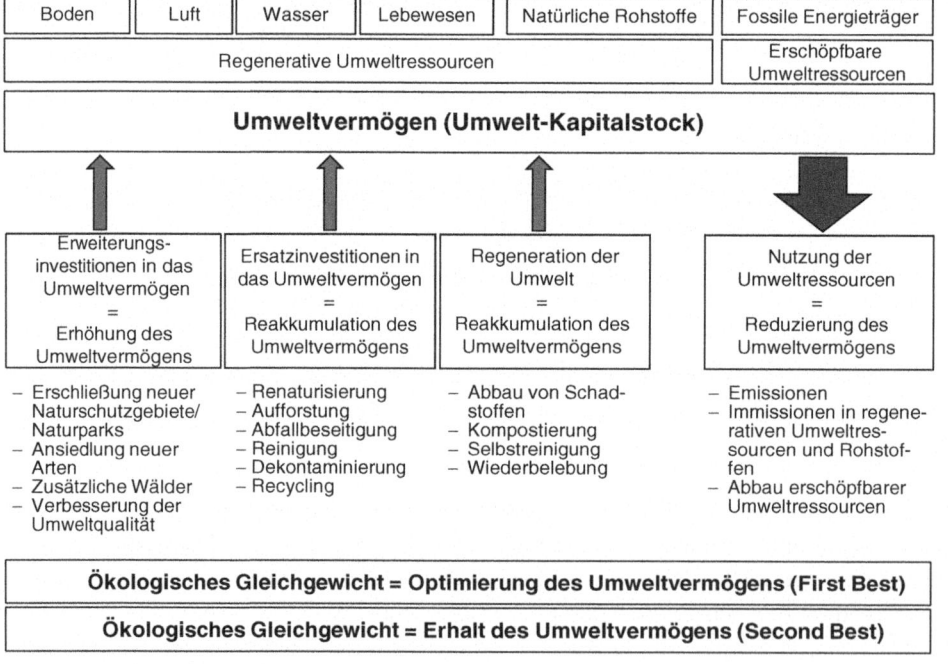

Abb. 2.8 Nachhaltigkeit und Wohlfahrtsmaximum

2.3 Umweltökonomie als Allokationspolitik

Nutzens der Umwelt in diesem Fall unproblematisch. Wenn man dieser Argumentation folgt, wäre es ausgeschlossen, dass ökonomisches Wachstum realisiert wird, welches durch ökologische Wertverluste überkompensiert wird. Ein so definiertes ökologisches Gleichgewicht würde eine „First-Best-Lösung" darstellen. Diese Überlegung ersetzt natürlich nicht die Notwendigkeit, die fehlende Wertschätzung des Umweltvermögens im mehrfachen Wortsinne zu überwinden. Eine „Second Best-Lösung" könnte zumindest so definiert sein, dass der zu einem bestimmten Zeitpunkt festgestellte Wert des Umweltvermögens (bewertete Menge an Umweltressourcen) nicht unterschritten werden darf.

Ergänzend schlägt Endres die Berücksichtigung eines nachhaltigen Ressourcenbestandes als Ziel der Nachhaltigkeitspolitik vor (vgl. Endres 2007, S. 315 f.). Dabei kommt er zu dem Ergebnis, dass die Nachhaltigkeit nur dann zu einem politisch relevanten Ziel wird, wenn der nachhaltige Ressourcenbestand sowohl über dem erreichten Ressourcenbestand bei einem Marktgleichgewicht ohne Internalisierung externer Effekte liegt als auch über dem zu erreichenden Ressourcenbestand bei einem Wohlfahrtsoptimum nach Internalisierung der externen Effekte. Dieses Allokationsziel der Internalisierung externer Effekte berücksichtigt aber nicht die Nachhaltigkeit im Sinne des Erhalts der Regenerationsfähigkeit der Umwelt sowie des Ersatzes erschöpfbarer Ressourcen. Bei Verletzung der Nachhaltigkeit in diesem Sinne dominiert das Nachhaltigkeitsziel das herkömmliche Wohlfahrtsmaximierungsziel. Alle gegenwärtigen empirischen Befunde lassen nur den Schluss zu, dass ein nachhaltiger Ressourcenbestand (Umweltvermögen) selbst bei vollständiger Internalisierung der externen Effekte nicht gegeben scheint. Demzufolge rückt das Nachhaltigkeitsziel über das Allokationsziel des Wohlfahrtsoptimums, welches mit Internalisierung externer Effekte erreicht würde.

Die grundsätzlichen Überlegungen zur Erfassung des Umweltvermögens, zu Tatbeständen, die das Umweltvermögen reduzieren und zu Vorgängen, die das Umweltvermögen erhöhen sind in der Abb. 2.8 zusammengefasst. Das Umweltvermögen wird dabei in die regenerativen Umweltressourcen und die erschöpfbaren Umweltressourcen eingeteilt. Zu den erschöpfbaren Ressourcen gehören die mineralischen Rohstoffe (z. B. Metalle) und fossile Energieträger (Erdöl, Erdgas, Kohle). Man könnte die erschöpfbaren Ressourcen als Bodenschätze zusammenfassen[12]. Zu den regenerativen Umweltressourcen sind neben den Medien Boden, Luft und Wasser auch alle Lebewesen zu erfassen. Die Lebewesen müssen dabei alle Lebensformen, also Pflanzen und Tiere vollständig einschließen. Die natürlichen Rohstoffe, die von Tieren (z. B. Milch, Wolle, Honig) oder Pflanzen (Kautschuk) produziert werden, könnten den Lebewesen mit zugeordnet werden oder als natürliche Rohstoffe den regenerativen Umweltressourcen hinzugefügt werden.

---

[12]Damit wäre dann auch das chemische Element Uran eingeschlossen, das in Mineralien vorkommt, aber als fossiler Energieträger genutzt wird.

In einer anderen Betrachtung könnte durch eine Bewertung aller Umweltschäden und umgedreht aller Umweltverbesserungen die Veränderung des Umweltvermögens erfasst werden (Stromgrößen-Prinzip). Bisher sind alle Versuche der Messung gescheitert. Sowohl die Erhebung eines Umweltinlandsprodukts, eines deutschen Umweltindex (DUX)[13], eines nachhaltigen Volkseinkommens als auch eine Umwelt-Gesamtrechnung sind bisher eingestellt oder in der Umsetzung mangelhaft. Statt eines einzelnen (eindimensionalen) Wohlfahrtsindikators werden derzeit eine Vielzahl von sehr bedingt geeigneten Indikatoren erhoben.[14]

▶ **Nachhaltigkeit** ist das generationsübergreifende Streben nach hohen ökonomischen, ökologischen und soziokulturellen Standards mit der Umwelt als limitierendem Faktor. *„Im Wesentlichen ist dauerhafte Entwicklung ein Wandlungsprozess, in dem die Nutzung von Ressourcen, das Ziel von Investitionen, die Richtung technologischer Entwicklung und institutioneller Wandel miteinander harmonieren und das derzeitige und künftige Potential vergrößern, menschliche Bedürfnisse und Wünsche zu erfüllen"* (Weltkommission 1987, S. 57).

Ein Kernproblem der Umweltökonomie ist die Schwierigkeit, die Konsequenzen heutiger ökonomisch-ökologischer Aktivitäten für zukünftige Generationen abzuschätzen. Sustainable Development bedeutet in diesem Sinne, dass die Wohlfahrt über die Zeit nicht abnehmen darf. Basierend auf der Hartwick-Regel[15] eines intertemporalen Konsumausgleichs kann für die Umweltökonomie die Notwendigkeit abgeleitet werden, die Renten aus genutzten, natürlichen, erschöpfbaren Ressourcen in anthropogenes Kapital zu reinvestieren. Ein allgemeines Kriterium ist daraus noch nicht abgeleitet, aber dieses Grundmodell wurde inzwischen nicht nur durch die Brundtland-Kommission aufgegriffen. Wirtschaftstheoretisch gilt es aufzuarbeiten, warum eine Berücksichtigung zukünftiger Umweltschäden in die Gegenwarts-Handlungen der Marktakteure nicht erfolgt. Nur wenn die Umweltpolitik das Verhalten der Individuen so verändert, dass Zukunftsschäden eingepreist werden, kann die Voraussetzung für nachhaltiges Wirtschaften geschaffen werden. In der Analyse werden generationenübergreifende Effekte mit intertemporalen Betrachtungen untersucht und das Handeln anderer Akteure durch spieltheoretische Überlegungen. Beide Ansätze müssen für die Umweltpolitik neben die Implikationen der allokationspolitischen Analyse treten.

---

[13]Ein kurzzeitig nach 1999 verwendeter Index zur Messung der Belastung von Umweltressourcen mittels Indizierung. Siehe auch Statistisches Bundesamt, DUX.
[14]Vgl. beispielsweise (Bundesamt 2014), Indikatorenbericht nachhaltige Entwicklung (2014).
[15]John M. Hartwick, Ökonom, publizierte 1977 seine Idee eines generationsübergreifenden, gleichen Konsumniveaus als Nachhaltigkeitsregel.

2.3.2 Allokations- und spieltheoretische Erklärung von Umweltschäden

Die Schädigung der Umwelt ist ein typischer Fall für ein Marktversagen, das die mikroökonomische Theorie als negativen externen Effekt klassifiziert. Sollte es zu einem solchen Marktversagen kommen, kann die individuelle Nutzenmaximierung unter Umständen das gesamtwirtschaftlich schlechteste Ergebnis produzieren. Als Nebenbemerkung: Die wirtschaftlichen Klassiker, auf die wir uns heute so gerne berufen, wie zum Beispiel Adam Smith und David Ricardo, wussten das sehr wohl. Sie forderten dann einen starken Staat, wenn die Einzelinteressen durch die Aktivitäten der Marktteilnehmer langfristig und gesamtwirtschaftlich suboptimale Ergebnisse produzierten. Das heißt, dass sie staatliche Eingriffe und Handlungsregelungen (Spielregeln), Vorschriften und teilweise sogar Verstaatlichungen dann forderten, wenn das gesamte Wohlergehen einer Ökonomie Gefahr lief, durch etwa auf Spekulation, Betrug oder auch nur Rücksichtslosigkeit beruhendes Verhalten Einzelner suboptimal zu werden. Allerdings ist in jüngster Vergangenheit zu beobachten, dass diese Forderung der Klassiker, die mit der neoklassischen Mikroökonomie fundiert wurde, von den Wirtschaftsindividuen unterlaufen wird. Zum einen werden die staatlichen Spielregeln vorsätzlich umgangen oder missachtet, zum anderen verzichtet der Staat auf die Durchsetzung notwendiger wettbewerbspolitischer und umweltpolitischer Maßnahmen. Der Abgasskandal um den Automobilkonzern VW ist nur ein Beispiel in einer Kette.

> **Aus der Praxis: Grenzen der Umweltpolitik**
> Die Umweltpolitik ist aus zwei wesentlichen Gründen schwer gestaltbar und durchsetzbar. Ein Raucher ist sich der von ihm verursachten Belästigung bzw. Schädigung der passiven Raucher nicht bewusst und/oder hat keinen Anreiz, die Beeinträchtigung einzustellen. Das Rauchen erhöht sein Nutzenempfinden, die Nutzenreduzierung bei Dritten ist für ihn irrelevant. Gleichzeitig ist eine eigene Schädigung nicht sofort, evtl. sogar überhaupt nicht spürbar. Der Schaden des Rauchens ist nicht sicher und er liegt in der Zukunft. Dieser Anreizmechanismus lässt sich auf die Umweltproblematik im Ganzen übertragen. Es muss also in der Umweltpolitik ein Weg gefunden werden, die Schadenswirkung in die Nutzenfunktion des Rauchers zu integrieren und das Verhalten entsprechend zu beeinflussen. Allgemein heißt dies, umweltpolitische Instrumente so einzusetzen, dass die Marktteilnehmer langfristige Wirkungen zur Grundlage ihrer Entscheidungen machen und die von ihnen verursachten Schäden in ihre Kalkulation aufnehmen.
>
> Verantwortungsbewusstsein und nachhaltiges Wirtschaften sind Begriffe, mit denen internationale Unternehmen gern identifiziert werden wollen. Dies entspricht dem Zeitgeist, kommt daher beim Kunden gut an und gewährleistet bei erfolgreicher Anwendung entsprechenden Erfolg. Leider stellt sich die Erfolgsbilanz einer solchen Unternehmensstrategie nur langfristig ein. So viel Zeit haben moderne Manager nicht, denn sie denken bei ihrem Handeln nicht für ein ganzes

> Berufsleben oder sogar für Generationen, sondern sie denken und handeln in kurzfristigen Vertragslaufzeiten und laufenden Gewinnerwartungen. Zudem werden sie nicht als erfolgreich wahrgenommen, wenn die Konkurrenz schnelle Erfolge erzielt, während das eigene Unternehmen zunächst durch Investitionen in hohe Standards bei Qualität, Umwelt, Personalentwicklung und Kundenservice nur knappe Gewinnmargen realisiert.

Das oben erwähnte Problem des Auseinanderdriftens von individuellen und kollektiven Optimierungsstrategien ist seit dem Einsatz der Spieltheorie in der Ökonomie unter dem Begriff Gefangenen-Dilemma bekannt. Spieltheoretische Ansätze gehen davon aus, dass bei der Wahl der eigenen Strategie die Entscheidungen des anderen Spielers relevant sind, weil deren Entscheidungen die eigenen Ergebnisse beeinflussen. Die Annahme der Maximierung des eigenen Nutzens bleibt dabei erhalten. Das Gefangenen-Dilemma charakterisiert eine Situation, bei der beide Spieler bei rationalem, eigennützigem Handeln kein optimales Ergebnis erzielen (keine Kooperation). Eine Kooperationsstrategie würde das beste Ergebnis für die Spieler erbringen. Wenn nur ein Spieler kooperativ agiert und der andere eigennützig, dann erzielt der Eigennützige das individuell beste Ergebnis. In dem Fall würde er sich sogar besser stellen als bei Kooperation. Diese Situation stellt ein Dilemma dar, weil konsequentes eigennütziges Agieren zu einer Wohlfahrtsminimierung beider Spieler führt. Bemerkenswert ist dabei insbesondere, dass eine Lösung des Dilemmas in der Wiederholung der Spielrunden bzw. der Entscheidungssituation liegen kann. Der rationale Akteur lernt in einer dynamischen Analyse unter bestimmten Bedingungen, dass Kooperation die beste Strategie darstellt (vgl. Endres 2007, S. 219 ff.).

> **Aus der Praxis: Nachhaltigkeitsstrategien**
> Wenn man diesen Ansatz weiter verfolgt, ist es naheliegend als rational handelnder (Eigennutz maximierender) Manager, die Kosten einer solchen Nachhaltigkeitsstrategie zu sparen, aber den Gewinn dennoch zu realisieren. Das beginnt mit zwar zweifelhaften, aber zulässigen Instrumenten. Die Marketingkosten einer Imagekampagne betragen mutmaßlich nur den Bruchteil von Investitionen in tatsächliches Nachhaltigkeitsmanagement, bewirken aber bei geschickter Verwendung einen vergleichbaren betriebswirtschaftlichen Erfolg, weil höhere Marktpreise und größere Umsätze erzielt werden können, wenn man sich erfolgreich die Aura von Ökologie, Werteorientierung und Nachhaltigkeit geben kann. Der Wettbewerb, der unbestritten der Motor für Innovation und Effizienz ist, wirkt dann nicht mehr, wenn das Management sich treibt oder getrieben wird, kurzfristige Gewinne zu maximieren und eine Wertschätzung für potenziell noch höhere Gewinne oder die Beteiligung an drohenden Verlusten in der Zukunft nicht gegeben sind. Dafür gibt es zwei Gründe: zum einen kann der individuelle Karriereplan eines Managers in einem solchen Marktumfeld darauf ausgerichtet sein, sich durch kurzfristige Erfolge für (noch) höhere Aufgaben und noch größere

2.3 Umweltökonomie als Allokationspolitik

		"Fischer's Fritze" (F)			
		Kurzfristige Gewinn-maximierungsstrategie		Nachhaltigkeitsstrategie	
Fischer „Alfred" Durchschnitt" (Ø)	kurzfristige Gewinn-maximierungs-strategie	Ø 8	F 8	Ø 9	F 4
		(4 x 8) + 8 = 40 Fische 'Heringsozean' leergefischt		(4 x 9) + 4 = 40 Fische 'Heringsozean' leergefischt	
	Nachhaltigkeits-strategie	Ø 4	F 24	Ø 4	F 4
		(4 x 4) + 24 = 40 Fische 'Heringsozean' leergefischt		**(4 x 4) + 4 = 20 Fische Fischbestand regeneriert sich**	
Annahmen:	5 Fischer				
	40 Fische im 'Heringsozean'				
Strategie	'Gewinnmaximierung': So viele Fische wie möglich fangen				
Strategie	'Nachhaltigkeit': Nur so viele Fische fangen, dass sich der Bestand regeneriert.				

Abb. 2.9 Gefangenen-Dilemma bei natürlichen Ressourcen

> Gehälter und Boni zu empfehlen, bevor die Risiken bzw. Verluste solchen Handelns schlagend werden. Zum anderen sind auf kurzfristige Rendite orientierte Investoren als temporäre Eigentümer daran interessiert, mit schnellen Erfolgen hohe Dividenden und Marktpreissteigerungen der Geschäftsanteile zu erzielen, um die Unternehmensanteile vor dem Wertverlust weiter zu verkaufen.

Eine Übernutzung natürlicher Ressourcen entspricht der Situation eines Gefangenen-Dilemmas. Die Wettbewerber maximieren ihren Gewinn, wenn sie in der Gegenwart natürliche Ressourcen über das Maß ihrer Regenerationsfähigkeit hinaus ausschöpfen. Ein Wettbewerber, der nachhaltig wirtschaftet, wird in der Gegenwart durch entgangene Gewinne bestraft und kann in der Zukunft aufgrund der gegenwärtigen Übernutzung der Ressourcen durch seine Wettbewerber keinen Gewinn mehr erzielen. Es gibt nur dann einen Anreiz, nachhaltig zu wirtschaften, wenn die Übernutzung der Gegenwart unattraktiv ist. Dies wird eintreten, wenn die kurzfristigen Gewinnmaximierer für die Übernutzung bestraft werden oder in der Zukunft die Konsequenzen ihres heutigen Handelns selbst tragen müssen. Dies kann auch als intertemporale Internalisierung des negativen Effekts bezeichnet werden.

Beispiel

Zur Verdeutlichung des Problems möge folgendes Beispiel (vgl. Abb. 2.9) dienen. Ein gedachtes Meer namens ‚Heringsozean' möge 40 Heringe enthalten, auf die fünf Fischer zwecks Einkommenserzielung Jagd machen. Unsere Fischer in Abb. 2.9 sind repräsentiert durch Fischer's Fritze auf der einen Seite und aus darstellungstechnischen Gründen sind die restlichen vier Fischer zusammengefasst zu einem Vertreter namens Alfred Durchschnitt. Das Spiel besteht nun darin, dass jeder dieser Fischer eine dichotome Auswahl von Strategien hat, d. h. er kann sich unter zwei Alternativen für eine entscheiden. Die erste Alternative basiert auf der mikroökonomischen Theorie der kurzfristigen Gewinnmaximierung: das bedeutet in unserem Fall, jeder der fünf Fischer wird, um seinen Verkaufserlös zu maximieren, so viele Fische wie möglich aus dem Ozean abfischen. Die Konsequenz daraus wird sein, dass der Ozean nach einer Fischperiode leer gefischt ist, die Fischer in der nächsten Saison Insolvenz für ihre Betriebe anmelden müssen, da sie durch Fischen kein Einkommen mehr erzielen können, begründet durch die schlichte Tatsache, dass es keine Fische mehr gibt. Sowohl individuell betriebswirtschaftlich unter langfristigen Aspekten als auch gesamtwirtschaftlich unter ökologischen Aspekten ist das offensichtlich eine suboptimale Lösung. Nebenbei: Auch für die Konsumenten ist diese Variante nicht besonders glücklich – sie haben zwar in der ersten Periode durch den großen Fischreichtum auf der Angebotsseite sich über niedrige Preise freuen können, aber schon ab der zweiten Betrachtungsperiode fällt das Heringsessen für sie buchstäblich aus.

Die zweite der möglichen Strategien besteht darin, ökonomisch und ökologisch nachhaltig zu fischen, das heißt, jeder dieser Fischer kennt in etwa den Gesamtbestand und befischt das Meer nur so lange, bis etwa die Hälfte der Heringe gefangen wurde. Mit anderen Worten: Es wird auf kurzfristige Gewinnmaximierung verzichtet, da ja nur noch die Hälfte des Fanges aus dem ersten Beispiel verkauft werden kann; dafür hat diese Strategie den Vorteil, dass sich die Fischbestände bis zur nächsten Fangperiode reproduzieren können. Da jeder der Fischer offensichtlich die Wahlmöglichkeit zwischen diesen beiden Handlungsalternativen hat, ergibt sich in der Betrachtung der Abb. 2.9 eine Vierfelder-Matrix. Fischer's Fritze kann – wie ersichtlich – ebenso wie Alfred Durchschnitt die Strategie wählen: a) Maximierung des Unternehmensgewinns durch maximale Fangquote oder b) nachhaltiges Abfischen des Meeres zur langfristigen Sicherung der diversen Nahrungsketten und auch zur langfristigen Überlebensstrategie des Unternehmens.

Die Variante, die ein Eigennutz maximierende Fischer wählen würde, ist im Feld links oben abgebildet. Sowohl Alfred Durchschnitt als auch Fischer's Fritze fangen jeweils acht Fische. Da Durchschnitt vier Fischer repräsentiert, bedeutet dies ganz offensichtlich, dass mit 40 Fischen insgesamt das Meer endgültig von Heringen befreit ist. Unsere fünf Fischer werden sich in der nächsten Fangperiode beim Arbeitsamt melden. Die vernünftigste Strategie unter langfristigen ökonomischen und ökologischen Gesichtspunkten ist offensichtlich diejenige im Feld rechts unten; es wird nachhaltiger Fischfang betrieben, jeder der Fischer quotiert seine Fänge auf 50 %, was mithin (5 × 4) 20 Heringe ausmacht; 20 Fische verbleiben somit im Meer und sorgen über ihre Reproduktion für zumindest konstante, wenn nicht gar zunehmende Bestände.

2.3 Umweltökonomie als Allokationspolitik

Das Feld rechts oben wäre in etwa so zu interpretieren: Fischer's Fritze und seine Frau sind glückliche Eltern geworden, d. h., sie fangen jetzt an, sich um die Zukunft ihrer Kinder zu sorgen oder anders formuliert: nachhaltig zu denken. Das bedeutet etwa, dass Fischer's Fritze die natürlichen Ressourcen insofern nicht vollständig ausbeuten will, als sein Sohn oder seine Tochter später ebenfalls den Fischerberuf ergreifen können soll und mit dem familieneigenen Boot auf Fang ausfahren soll. Da er also nachhaltig denkt, wird er seine Fangquote halbieren – sehr zur Freude von Alfred Durchschnitt, denn die vier verbliebenen anderen Fischer können nun ohne nachhaltig zu denken ihren Unternehmensgewinn einfach dadurch steigern, dass sie statt bisher je acht nun die vier von Fischer's Fritze verschonten Heringe unter sich aufteilen und neun Fische pro Kopf anlanden. Ergebnis: Das Meer ist trotz des nachhaltigen Agierens von Fischer's Fritze genauso leer gefischt wie bei der erst genannten Strategie. Es hat also unserem Fischer Fritz, um es etwas salopp zu formulieren, überhaupt nichts gebracht, in eine ökologische Denkrichtung überzugehen; im Gegenteil, er wird für seine Handlungsweise noch dafür bestraft, dass die anderen ihren Gewinn erhöhen können. Das Feld links unten schließlich stellt quasi das Spiegelbild des letztgenannten Beispiels dar: Die vier als Alfred Durchschnitt zusammengefassten Fischer handeln ökologisch und senken deshalb ihre Fangquote wieder auf 50 %. In diesem Fall ist unser Fischer Fritze mit ungeahnten Wachstumschancen gesegnet. Er fährt gewissermaßen Tag und Nacht auf Fang aus und ist in der Lage, nun 24 Heringe anzulanden. Mit anderen Worten: Vier Fischer bezahlen ihre Ökologieorientierung damit, dass letztendlich ein marktbeherrschendes Unternehmen entsteht. Das Gefangenendilemma lautet also: Selbst wenn alle Beteiligten die nachhaltige langfristige Strategie für richtig halten, lohnt es sich nur, auch entsprechend zu handeln, wenn kein ‚Ausreißer' diese Strategie unterläuft. Ist dies der Fall, hat Nachhaltigkeit sowohl individuelle Nachteile zur Folge als auch – wie jeweils an der Zahl der gefangenen Fische erkennbar ist – keinen positiven Effekt, da die Meere nach wie vor leergefischt sind.

Die wünschenswerte ökologisch und ökonomisch verträgliche Strategie im rechten unteren Feld ist entsprechend der zu erwartenden individuellen Aktivitäten leider die unwahrscheinliche; das wahrscheinlichste Ergebnis ist das gesamtwirtschaftlich schlechteste: Zugunsten der kurzfristigen Gewinnmaximierung einiger weniger Gesellschaftsmitglieder ist unser Modellmeer Heringsozean absolut leer gefischt (= biologisch tot) mit den sattsam bekannten Konsequenzen.[16]

Die Markttheorie geht in ihren Varianten der vollkommenen Konkurrenz davon aus, dass über den Preismechanismus Effizienz erreicht würde. Diese ist definiert als bestmögliches Ergebnis bei gegebenen Inputfaktoren oder als geringstmögliche Verwendung von Ressourcen zur Erreichung eines vorher festgelegten Ergebnisniveaus. Effizienz in

---

[16] Wer dieses Beispiel für allzu konstruiert hält, möge sich einfach die in jährlichem Rhythmus stattfindenden Diskussionen und Debatten der Artenschutzkommissionen (z. B. die Endlosdebatte über die Frage des Abschießens von Elefanten oder des Fangens von Walen) zu Gemüte führen.

diesem Sinne bedeutet die optimale Kombination von prinzipiell knappen Inputfaktoren und -gütern. Dabei geht die Theorie davon aus, dass die Kosten des Inputs korrekt im Preis eines Gutes wiedergegeben sind. Genau dies ist bei durch Produktion entstehender Umweltverschmutzung oder der Nutzung natürlicher Ressourcen für die Wertschöpfung nicht gegeben. Die externen Effekte und die Spieltheorie liefern Erklärungsansätze, die eine gezielte wirtschaftspolitische Bekämpfung der Fehlallokation ermöglichen. Mithilfe der Spieltheorie kann die statische Analyse des Marktversagens um eine dynamische Komponente erweitert werden. Es werden sowohl die Handlungen der anderen Marktteilnehmer als auch die Zeit als Parameter berücksichtigt. Dadurch wird die Nachhaltigkeit des ökonomischen Handelns in die Betrachtung einbezogen. Die genaue Analyse ermöglicht eine Erklärung des außerhalb der ökonomischen Theorie bereits etablierten Begriffs des ökologischen Fußabdrucks. Er beschreibt, dass unser derzeitiges (wirtschaftliches) Handeln zu einer sichtbaren und anhaltenden Veränderung der Umwelt bzw. der Erde führt, ähnlich einem hinterlassenen Fußabdruck beim Gehen.

Die Umweltpolitik muss zum Gegenstand haben, das Verhalten der Fischer (Gesellschaft) so zu verändern, dass sich die Nachhaltigkeitsstrategie durchsetzt. Sie kann dabei, wie in der Wettbewerbspolitik, regulativ vorgehen oder marktkonform. Es ist auch hier zu erwarten, dass ein marktkonformes Eingreifen effiziente Ergebnisse hervorbringen wird, aber die Zielerreichung nicht sichergestellt wird. Genauso bewirkt ein administrativer Staatseingriff die Zielerreichung, allerdings unter der Nebenwirkung der Ineffizienz. In der Umweltpolitik stellt sich nun die zusätzliche Frage: Haben wir noch genug Zeit, um eine effiziente Umweltpolitik umzusetzen, deren Ergebnisse sich durch die notwendigen Anpassungsreaktionen der Akteure erst langfristig zeigen?

2.3.3 Aufgaben der Umweltpolitik

In der Markttheorie erfolgt die Preisbildung entlang der Grenzkostenfunktion. Externe Effekte lehren uns hier, dass die privaten Grenzkosten (deutlich) geringer sein können als die sogenannten sozialen (d. h. gesamtwirtschaftlichen) Grenzkosten. Die Differenz zwischen beiden entspricht der Größe des externen Effektes. Da bei der Preisbildung jedoch nur die privaten Grenzkosten eine Rolle spielen, bedeutet dies: Das infrage stehende Produkt ist zu billig und wird in zu großer Menge produziert – denn es stiftet nicht nur den im Preis eingeschlossenen Nutzen, sondern auch einen Umweltschaden.

Aus der Spieltheorie lässt sich ableiten, dass bei endlichen Ressourcen ein kurzfristig orientiertes Verhalten zur Übernutzung der natürlichen Ressourcen führt. Spieltheoretisch bedeutet dies, dass die Strategie der Akteure auf eine Runde oder eine begrenzte Anzahl von Runden ausgelegt ist. Eine Berücksichtigung der Endlichkeit der genutzten Ressourcen erfolgt nur, wenn die negativen Konsequenzen der Übernutzung bereits während der „gespielten" Runden eintreten. Theoretisch verbessert sich die Kooperationswahrscheinlichkeit der Individuen, wenn sie von einem unendlichen Zeithorizont ausgehen und risikoavers agieren. Für risikoneutrale Entscheider ändert sich die

2.3 Umweltökonomie als Allokationspolitik

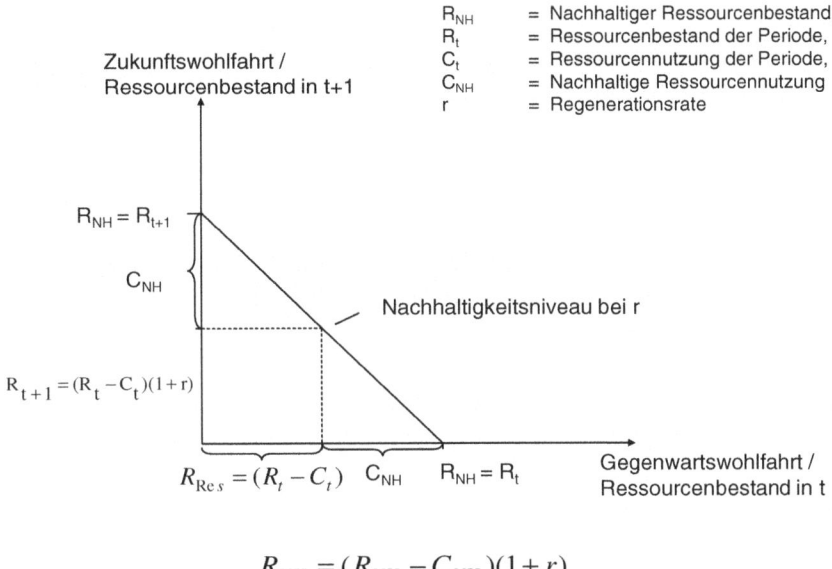

Abb. 2.10 Intertemporale Analyse als mehrperiodige Spielrunden

Kooperationswilligkeit nicht. Diese Erkenntnis liefert zusätzliche Ansatzpunkte für eine Umweltpolitik, z. B. die Beeinflussung von Risikopräferenzen und Zeithorizont der Akteure.

Wenn man sich die Umweltsituation, wie in Abb. 2.10 als ein zwei-periodiges Modell vorstellt, bei dem die Gegenwart die Periode 1 und die Zukunft die Periode 2 abbilden, kann dies gut veranschaulicht werden. In der Gegenwart liegt eine bestimmte Ressourcenausstattung mit regenerativen Umweltressourcen vor. Diese Ressourcenausstattung wird als nachhaltig definiert und soll erhalten bleiben. Sie wird als R_{NH} bezeichnet. Wenn die Ressourcen vollständig in der Gegenwart (t) konsumiert werden (C_t), dann gibt es in der Zukunft (t + 1) keine verfügbaren Ressourcen. Die Ressourcenausstattung soll sich nun mit der Regenrationsrate r wieder erholen. Der nicht konsumierte Teil des natürlichen Ressourcenbestandes (R_{Res}) regeneriert sich also auf (1) $R_{t+1} = R_{Res} * (1 + r)$, wobei gilt: (2) $R_{Res} = R_t - C_t$. Das umweltpolitische Ziel besteht darin, dass R_{t+1} mindestens so groß ist wie R_t. Diese Forderung kann mathematisch formuliert werden durch (4) $R_{t+1} = R_t = R_{NH}$. Bei einer gegebenen Regenerationsrate r gibt es somit ein Konsumniveau C_{NH}, das mit dem Nachhaltigkeitsziel des Ressourcenerhalts vereinbar ist (5) $R_{NH} = (R_{NH} - C_{NH})(1 + r)$. der Ressourcenverbrauch der Gegenwart darf C_{NH} nicht übersteigen, wobei gilt: (6) $C_{NH} = R_{NH} - R_{NH}/(1 + r)$. Ein Unterschreiten des

Ressourcenverbrauchs mit $C_T < C_{NH}$ würde ein Wachstum des natürlichen Ressourcenbestandes ermöglichen.[17] Eine höhere Regenerationsrate r* würde einen höheren Ressourcenverbrauch pro Periode erlauben, der mit Nachhaltigkeit vereinbar wäre und umgekehrt. Im Wettbewerb bestehen allerdings keinerlei Anreize für den Einzelnen, das Nachhaltigkeitsniveau zu sichern oder sogar weniger von der Ressource zu konsumieren als für ihren Erhalt notwendig ist. Zudem gibt es eine Präferenz bezüglich des Gegenwartskonsums, so dass selbst ein Monopolist nur nachhaltig wirtschaften würde, wenn die Regenerationsrate so hoch ist, dass der zusätzliche zukünftige Ressourcenkonsum den Verzicht in der Gegenwart überkompensiert (Diskontierung zukünftigen Konsums, Zeitpräferenz des Wohlstands).

Daraus leiten sich die umweltpolitischen Aufgaben derart ab, dass der Staat bzw. ein unabhängiger Dritter, der dem Ziel des ökologischen Gleichgewichts verpflichtet sein muss, die externen Effekte internalisieren muss. Der Staat muss sicherstellen, dass der nachhaltige Ressourcenbestand über die Zeit erhalten bleibt. Das wäre die statische Betrachtungsebene. Dynamisch müssen die Spielregeln so gestaltet sein, dass die Endlichkeit der Nutzung natürlicher Ressourcen in die Eigennutz orientierten Überlegungen der Individuen einbezogen wird. Streng genommen lässt sich auch die Übernutzung natürlicher Ressourcen als intertemporaler, negativer externer Effekt erklären. Prinzipiell ginge es auch bei diesem Problem um Internalisierungsstrategien und -instrumente. Ein pragmatischer Ansatz zur anreizorientierten Umweltpolitik und Internalisierung externer Effekte wäre es, den Verursacher gleichzeitig zum Geschädigten zu machen.

Aus der Praxis: Kreislauf der Produktion
Ein Unternehmen, das für seine Produktion Frischwasser braucht, handelt üblicherweise in der Form, dass das benötigte Wasser oberhalb des Unternehmens etwa einem Fluss entnommen und unterhalb des Unternehmens – unter Umständen hoch umweltbelastend – wieder in den Fluss eingespeist wird. Ein nachhaltiges Konzept könnte hier etwa darin gesehen werden, dass dieses Unternehmen schlicht gezwungen wird, das benötigte Frischwasser unterhalb des Unternehmens zu entnehmen, in die Produktion einzuspeisen und oberhalb der Firma wieder in den Fluss abzugeben. Unmittelbar ersichtliche Konsequenz ist: Das Unternehmen hat ein geradezu dramatisches Eigeninteresse daran, keine verschmutzten Abwässer zu produzieren. In ähnlicher Weise könnte (nicht bei allen, jedoch sicherlich bei einer großen Anzahl von Produktionsprozessen) die Variante gewählt werden, dass die aus Schornsteinen emittierte Abluft zwangsweise in die Ventilation des

---

[17]Der Vollständigkeit halber ist zu erwähnen, dass auch das Wachstum des natürlichen Ressourcenbestandes begrenzt ist. Die Wachstumsrate wird mit steigendem Ressourcenbestand abnehmen und ist durch das gesamte Ökosystem determiniert. Lebewesen stehen bei der Nutzung der Umweltmedien im Wettbewerb, sodass Wachstum oder Schrumpfung eines Lebewesens Auswirkungen auf andere hat (z. B. Nahrungskette, Verbreitung).

2.3 Umweltökonomie als Allokationspolitik

> Unternehmens eingespeist werden muss. Genau wie oben ist der Effekt offensichtlich: Die Firma hat ein ureigenes Interesse daran, tatsächlich saubere Luft zu produzieren.
>
> In Anwendung des Kreislaufwirtschaftsgesetzes können Hersteller dazu gebracht werden, Produkte nach Gebrauch zurücknehmen zu müssen. Sie haben nun ein vitales Interesse daran, dass die Einzelkomponenten der Produkte stofflich oder energetisch wiederverwendbar sind, und dies ohne Rückstände (vgl. zu diesen Beispielen: U. v. Weizsäcker et al. 1995). Die Zielrichtung der Nachhaltigkeitsansätze läuft auf eine höhere Ressourcen- bzw. Energieproduktivität hinaus.

Der Zusammenhang zwischen der Allokationspolitik und der Umweltpolitik wird an dieser Stelle deutlich. Die Umweltpolitik kann als ein Spezialfall der Allokationspolitik interpretiert werden. Die Schädigung der Umwelt lässt sich mit den typologisierten Fällen des Marktversagens vollständig erklären. Damit ist aber ebenso klar, dass die Umweltschädigung zu negativen Wohlfahrtseffekten führt. Ein Kardinalproblem der Wirtschaftspolitik ist dabei, dass die bisherigen Messkonzepte für (ökonomische) Wohlfahrt diesen Wohlfahrtsverlust durch Umweltschäden nicht einpreisen. Eine Quantifizierung ist in diesem Bereich auch besonders schwer, weil die Schäden zum einen erst über längere Zeiträume sichtbar werden und zum anderen nicht immer eindeutig zuordenbar sind. Als Beispiele seien hier zwei Entwicklungen genannt, die allgemein thematisiert werden, aber nur schwer politisch zu bekämpfen sind. Der Klimawandel ist ein bekanntes Problem, das vielschichtige Ursachen und wechselhafte Ausprägungen hat, dem aber nicht alle negativen Umweltphänomene oder Naturkatastrophen angerechnet werden können. Der Ursachenstreit und der Disput über die tatsächliche Schadenshöhe geben den unterschiedlichen Interessengruppen so viel Ansatzpunkte, dass ein konsequentes umweltpolitisches Handeln blockiert wird. Als zweites Beispiel sei die Gesundheitsschädigung durch verunreinigte Luft oder Wasser erwähnt. Hier lassen sich zwar grundsätzlich die Schädigungen nachweisen und es wäre auch eine Quantifizierung des Gesamtschadens ableitbar, aber im Einzelfall ist die Ursache-Wirkungs-Beziehung schwer nachzuweisen.[18] Die Aufgabe der Umweltpolitik besteht nun nicht nur darin, ein geeignetes Instrumentarium zur Bekämpfung der Fehlallokation durch Umweltschädigungen auszuwählen, sie besteht vor allem darin, den bisherigen und den neu entstehenden Umweltschaden angemessen zu bewerten.

---

[18] Altkanzler Helmut Schmidt ist als starker Raucher fast 100 Jahre alt geworden, während junge Nichtraucher an Lungenkrebs erkranken. Dennoch gibt es einen signifikanten Zusammenhang zwischen dem Rauchen und einer Krebserkrankung, insbesondere der Atemorgane.

2.4 Instrumente der Umweltpolitik

Das Spektrum der wirtschaftspolitischen Instrumente zur Verfolgung des Ziels eines ökologischen Gleichgewichts entspricht dem für die Allokationspolitik. Der Einsatz des Instrumentariums erfolgt aber hier nicht primär zur Optimierung der Allokation zur Wohlfahrtssteigerung, sondern zur Erreichung umweltpolitischer Ziele. Man kann jedoch von einer hohen Komplementarität zwischen dem Allokationsziel und dem Wohlfahrtsziel sprechen. Dies gilt insbesondere bei einer konsequenten Definition jedweder Umweltschädigung als Wohlfahrtsverlust. Dieser entscheidende Schritt ist in der praktischen Wirtschaftspolitik noch zu vollziehen. Dazu gehört u. a. die Einführung eines Abzugsfaktors in die verwendeten Wohlfahrtsmaße, z. B. das Bruttoinlandsprodukt.

Die Analyse der umweltpolitischen Instrumente soll mit einer Systematisierung der zur Verfügung stehenden Möglichkeiten eingeleitet werden. Die Parallelität zur Allokationspolitik wird sowohl durch die einzelnen Instrumente als auch durch deren systematische Einordnung nochmals deutlich.

2.4.1 Systematisierung der umweltpolitischen Instrumente

Das Instrumentarium wird entsprechend seiner Wirkungsweise in eine regulierende Umweltpolitik, eine finanzpolitische Umweltpolitik und eine verhaltenssteuernde Umweltpolitik eingeteilt (sieh dazu Abb. 2.11). Die regulierende Umweltpolitik umfasst alle rechtlichen Instrumente. Aufgrund der oft hohen Priorität, bestimmte Umweltziele strikt und konsequent durchzusetzen, werden dabei vorrangig interventionistische Eingriffe vorgenommen. In der Umweltpolitik sind Auflagen und Grenzwerte die meist genutzten Instrumente. Dessen ungeachtet heißt dies nicht, dass sie auch die geeignetsten Instrumente sind. Die allokationspolitischen Wirkungen der zur Verfügung stehenden Instrumente sind dabei ebenso zu berücksichtigen wie ihr Zielerreichungsgrad. Zu den ökonomischen Instrumenten werden hier alle Maßnahmen zusammengefasst, die Einnahmen oder Ausgaben beim Fiskus verursachen. Der Staat handelt mit diesen Instrumenten wiederum als wirtschaftlicher Akteur auf den Märkten, allerdings mit einer umweltpolitischen Zielstellung. Das Allokationsziel soll aber bei der Umweltpolitik als Sekundärziel stets mit einbezogen sein. Schließlich kann auch in der Umweltpolitik darauf gesetzt werden, ein Umweltbewusstsein zu schaffen und durch Wertevermittlung Verhaltensänderungen im Sinne einer Verbesserung der Umweltsituation zu erzeugen.

Die Verbindlichkeit des umweltpolitischen Instrumentariums ist bei den rechtlichen Maßnahmen am größten und bei den sozialwissenschaftlichen Instrumenten am geringsten. Dafür haben freiwillige Verhaltensanpassungen eine höhere Wirksamkeit und Ausweichreaktionen wie bei Zwangsmaßnahmen sind nicht zu erwarten. Die weichen Instrumente der Umweltpolitik sollen als verhaltenssteuernde Umweltpolitik bezeichnet werden.

2.4 Instrumente der Umweltpolitik

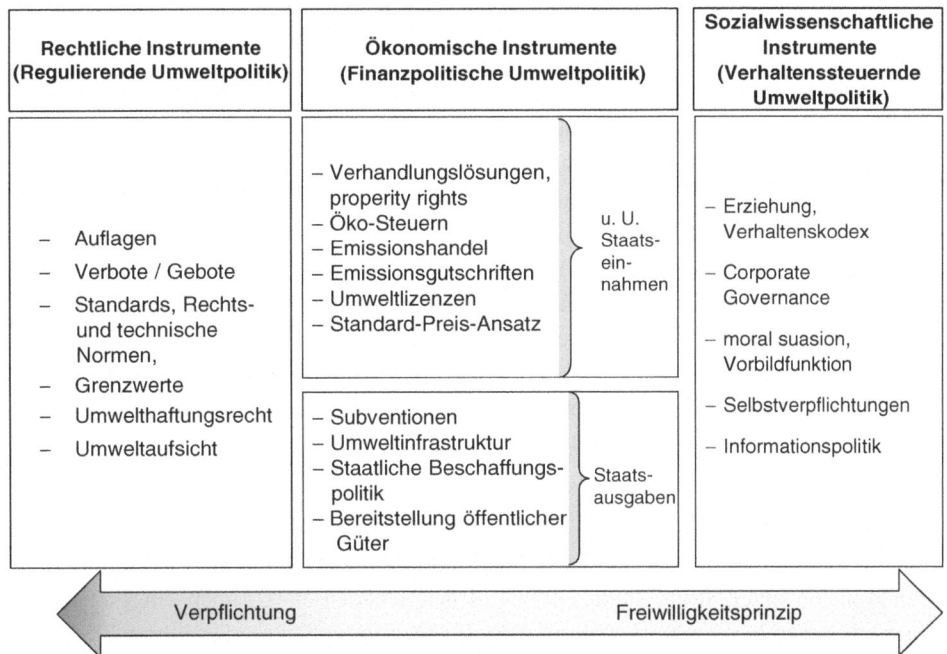

Abb. 2.11 Das Spektrum umweltpolitischer Instrumente

Aus der Praxis: Instrumente der Umweltpolitik

Die Palette der Umweltpolitik muss viele Möglichkeiten zulassen. Bei einer unerwarteten, plötzlich eintretenden Umweltverschmutzung oder neuen Erkenntnissen über Umweltgefahren müssen handlungsschnell sofort wirksame Maßnahmen getroffen werden können. Dafür muss der rechtliche Rahmen gegeben sein. Für eine Schadensbeseitigung bei Unfällen oder Katastrophen müssen Kapazitäten und Befugnisse geregelt sein. Gleichzeitig müssen Instrumente auf eine nachhaltige Wirkung ausgerichtet sein. Dazu sind tendenziell finanzielle Anreize wie Steuern, Subventionen u. a. sinnvoll.

Nicht zu vernachlässigen sind die sozialwissenschaftlichen Maßnahmen. Das Umweltbewusstsein in Deutschland hat sich in den vergangenen Jahrzehnten wesentlich gewandelt. Dies ist durch eine wiederkehrende öffentliche Thematisierung in Medien und Politik gelungen. Eine schrittweise Verhaltensänderung ist beim Konsumverhalten und der gesellschaftlichen Wahrnehmung von Umweltproblemen erkennbar. Das erleichtert wiederum die politische Durchsetzbarkeit umweltpolitischer Maßnahmen und die Akzeptanz höherer umweltpolitischer Ziele.

2.4.2 Rechtliche Instrumente der Umweltpolitik

Bei allen (unternehmerischen) Aktivitäten, bei denen Bau- oder Betriebsgenehmigungen von öffentlichen Stellen eingeholt werden müssen, sind Auflagen und Grenzwerte einfach über das Verwaltungsrecht zu implementieren und durchzusetzen. Flankierend bestehen Institutionen der Umweltaufsicht auf Landes- und Bundesebene. Die Glaubwürdigkeit und Wirksamkeit von allen rechtlichen Instrumenten der Umweltpolitik muss durch ein entsprechendes Umwelthaftungsrecht verstärkt sein. Bei nachweislich umweltschädigenden Stoffen oder Produkten wird im Extremfall ein Verbot angewendet. Neben den interventionistischen Instrumenten sind auch in der Umweltpolitik die Rahmenvorgaben und ordnungspolitische Maßnahmen relevant. Dazu gehören z. B. der Umgang mit Abfallstoffen, Lagerung und Transport von potenziell umweltschädigenden Substanzen sowie Standards bei deren Verwendung.

> **Aus der Praxis: Einschränkungen des Konsums**
> So gilt beispielsweise ein Drogenverbot, das die Herstellung, den Verkauf und den Konsum unter Strafe stellt. Hier wird der Schaden als so hoch eingeschätzt, dass ein generelles Verbot bestimmter Stoffe rechtfertigt, ohne den mutmaßlichen Schaden oder die Kosten zu quantifizieren. Das Gefährdungspotenzial von Suchtstoffen sowie die (kostenintensive) Problematik der Unterscheidung verschiedener Substanzen führen überwiegend zu der Erkenntnis, dass ein pauschales Verbot die Kosten der Durchsetzung minimiert und die abschreckende Wirkung maximiert. Jedoch kann bereits bei diesem Beispiel geltend gemacht werden, dass das Suchtproblem damit nicht beseitigt ist. Durch die Ausweichreaktionen der Marktteilnehmer kommt es zu Folgekosten des Verbots durch Kriminalität, Strafverfolgung, Suchtprävention und Bekämpfung der Schäden durch illegale Nutzung. Zudem sind Grauzonen wie Alkoholkonsum und Medikamentenmissbrauch zu identifizieren. Die Legalisierung weiterer Drogen, deren Suchtwirkung als gering eingestuft wird, wird daher immer wieder diskutiert und in einzelnen Ländern umgesetzt worden. Davon verspricht man sich eine geringere Attraktivität verbotener Substanzen und damit eine Reduktion der angesprochenen Nebenwirkungen des Verbots.

Ein wichtiges Instrument mit hoher Verbindlichkeit, hoher Transparenz und Glaubwürdigkeit sind Grenzwerte und Limitierungen. Sie sind spezielle Ausprägungen der Auflagen. Sie verdeutlichen oftmals die Diskrepanz zwischen hohen umweltpolitischen Zielen, die durch Interessengruppen, wie Umweltverbänden und Bürgerinitiativen vertreten werden und Industrievertretern, die jede umweltpolitische Maßnahme als zusätzliche Kosten und Bedrohung von Arbeitsplätzen interpretieren. Von der Politik festgelegte Grenzwerte werden dabei regelmäßig von den einen als zu wenig ehrgeizig sowie umweltpolitisch anspruchslos kritisiert und von den anderen als wachstumsgefährdend,

2.4 Instrumente der Umweltpolitik

arbeitsplatzbedrohend sowie überambitioniert angeprangert. Tendenziell werden sich in umweltpolitischen Auseinandersetzungen die Industrievertreter durchsetzen, weil sie den höheren Druck ausüben. Interessengruppen sind mit Lobbyismus umso erfolgreicher, je homogener, kleiner (effizienter) sie sind und je höher ihre Grenzkosten liegen. Der Druck der Industrievertreter wird durch die Grenzkosten des Lobbyismus und den Grenznutzen der Vermeidung umweltpolitischer Beschränkungen definiert. Als wesentlicher Verursacher von Umweltschäden haben sie daher potenziell hohe Vermeidungskosten durch die Internalisierungsmaßnahmen dieser externen Effekte. Diese Überlegung ist für die Beurteilung rechtlicher Instrumente der Umweltpolitik hinsichtlich ihrer politischen Durchsetzbarkeit relevant.

2.4.2.1 Auflagen, Verbote und Grenzwerte

Auflagen sind zwar nicht marktorientiert, sie sind jedoch das meist verwendete Instrument der Umweltpolitik (z. B. in der TA Luft und in der TA Großfeuerungsanlagen). Sie sind, da relativ schnell wirkend, zweifellos dort gerechtfertigt, wo akute Gefahr im Verzug ist. Sie haben allerdings auch eine Reihe von Nachteilen. So treffen sie z. B. alle Unternehmen gleich, egal, ob diese hohe oder niedrige marginale Vermeidungs- bzw. Reinigungskosten aufweisen. Damit sind sie nicht kostenminimal. Dies ist in der Abb. 2.12 verdeutlicht. Die Grenzvermeidungskosten von U_1 sind bei einer Reduzierung seiner Emissionen um 50 % höher als die Grenzvermeidungskosten von U_2. Die gesamten Vermeidungskosten könnten reduziert werden, wenn U_2 weniger Emissionen produzieren würde und U_1 dafür mehr emittieren könnte bis beide die gleichen Grenzvermeidungskosten hätten.

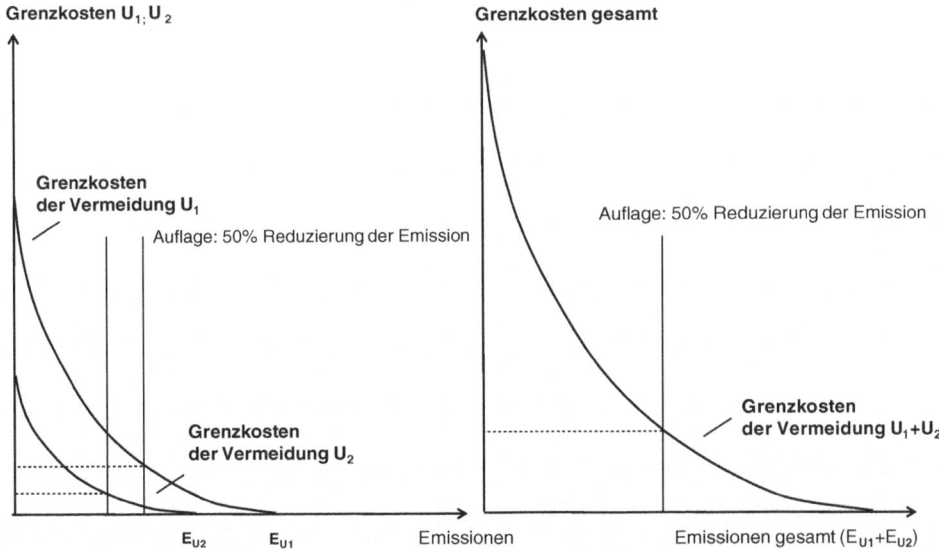

Abb. 2.12 Wirkungsweise von Auflagen

Von Auflagen allein gehen zwar Anreize aus, den gewählten Standard zu erreichen, sonst droht beispielsweise ein Produktionsverbot. Der Anreiz zur Unterschreitung ist jedoch nicht gegeben. Positiv ist allerdings, dass freigestellt ist, mit welcher Technik der Grenzwert erreicht wird. Darüber hinaus besteht auch hier ein Informationsproblem, da der gegebene Stand der Technik zugrunde gelegt werden muss. Was aber wirklich machbar und für Unternehmen wirtschaftlich tragbar ist, kann eine Bürokratie (Umweltbehörde) nur schwer beurteilen, denn die Informationen über Vermeidungstechniken und deren Kosten sind asymmetrisch verteilt. Produzenten bzw. Verursacher von Emissionen sind besser über die tatsächlichen Kosten und technischen Möglichkeiten informiert. Dies müsste bei der Festsetzung der Auflagen einkalkuliert werden.

Auflagen können bei Emissionen, Immissionen und/oder bei der Verwendung von Inputfaktoren ansetzen. Auflagen in dieser Form werden oft als Grenzwerte ausgestaltet, die nicht zu überschreiten/unterschreiten sind. Das Verbot von Emissionen und Einsatzstoffen ist die Extremform einer Auflage, beispielsweise das Verwendungsverbot für Asbest im Bau. Das Schlüsselziel ist eigentlich die Immission in regenerativen Umweltressourcen (Luft, Wasser, Boden, Lebewesen) so zu begrenzen, dass eine dauerhafte Veränderung verhindert wird. Dies kann als Überschreitung der Regenerationsfähigkeit der Umweltmedien bzw. des Ökosystems interpretiert werden. Eine Begrenzung von Immissionen wäre aber auch dann geboten, wenn sich das Ökosystem zwar selbst erholen könnte, aber während der Regenerationszeit die Gefahr von Schäden für andere Umweltmedien oder Lebewesen von den Immissionen ausgehen. Darüber hinaus ist auch der Schutz von Kultur- und Sachgütern vor Umweltschädigungen in die Zielfunktion einzubeziehen. Da bei dem Ziel der Immissionsbegrenzung eine ursachenadäquate Gegensteuerung schwer möglich ist, wird i. d. R. die Emission begrenzt oder die Verwendung von schädlichen Einsatzstoffen eingeschränkt, um die Immissionen damit indirekt zu limitieren, beispielsweise bei Lärmgrenzen in Dezibel, der Pestizid-Verwendung in der Landwirtschaft, die Phosphat-Grenzwerte in Waschmitteln, die CO_2-Emissionen, die Abgas-Grenzwerte und die Wassereinleitungs-Grenzen.

Aus der Praxis: Handlungsmöglichkeiten der Umweltpolitik
Auflagen sind bei dringendem Handlungsbedarf sinnvoll, ungeachtet ihrer fehlenden Effizienz. Die inzwischen empirisch erwiesenen Immissionen von Schadstoffen im Boden und in Lebewesen durch den Einsatz von Pestiziden in der Landwirtschaft zeigen einen dringenden Handlungsbedarf. Angesichts der bereits in Lebewesen zu beobachtenden Schadstoffe und des hohen Ausmaßes bekannter Gesundheitsgefährdungen erscheint der Handlungsbedarf hier sogar so weitreichend, dass die Extremform einer Auflage, das Verbot des Pestizid-Einsatzes, in Erwägung gezogen werden muss.

Zur Bekämpfung des Waldsterbens wurden Höchstgrenzen für den Schwefelgehalt bei Kohle und Heizöl (Input-Faktor) festgelegt sowie Emissionsgrenzen für Schwefeloxide eingeführt. So konnte über einen Zeitraum von Jahrzehnten ein

2.4 Instrumente der Umweltpolitik

> dramatischer Umweltzustand erfolgreich bekämpft werden. Dabei wurden die Auflagen mit ökonomischen Umweltinstrumenten flankiert.
>
> Zur Reinhaltung des Wassers muss sichergestellt sein, dass weder Haushalte noch Unternehmen wahllos Abwasser (und darin enthaltene Schadstoffe) in den Naturkreislauf abgeben dürfen. Das Volumen von Schadstoffen aus der Kanalisation oder Waschmaschinenwasser von Haushalten bedroht dabei die Umwelt mindestens ebenso wie industrielle Wasserverunreinigungen. Es gilt daher grundsätzlich ein Verbot bzw. eine Genehmigungspflicht.

Auflagen können darüber hinaus darauf hinwirken, dass Emissionen oder Immissionen gar nicht erst entstehen. So können Auflagen als Kompensationsmaßnahmen für Umweltschädigungen, beispielsweise die Baumpflanzung für Baumfällung, Flächen-Renaturierung für Flächennutzungserlaubnis ausgestaltet sein. Zur Prävention können Auflagen in notwendigen Schutzmaßnahmen bestehen. Dies wird genutzt bei Vorschriften zum Bodenschutz, wenn überirdisch mit Schadstoffen agiert wird, wie bei Beton-Wannen oder zum Schall- und Dichtschutz von technischen Anlagen.

2.4.2.2 Rechtsnormen und Umweltstandards

In Abgrenzung zu den Auflagen und dem Umwelthaftungsrecht sollen hierunter die Rechtsnormen bzw. alle Maßnahmen gefasst werden, die einen Ordnungsrahmen für die Umweltpolitik liefern. Die Rechtsnormen (oder Regeln) sind die Rechtsgrundlage für die Auflagen und enthalten die Vorgaben für die anzuwendenden Auflagen. Als Standards sollen im Folgenden nicht rechtsverbindliche Handlungsmaßstäbe zum Umweltschutz verstanden werden. Gleichzeitig müssen Verstöße und Konsequenzen aus der Missachtung der Vorschriften und der daraus resultierenden Auflagen geregelt sein. Dies definiert die Haftungsregeln. Zu den wichtigen Rechtsnormen zählen in erster Linie Bundes- und Ländergesetze sowie deren Umsetzungsverordnungen. Von herausragender Bedeutung ist hierbei das Bundes-Immissionsschutzgesetz (BImSchG). Es ist ein Rahmengesetz, das generell den Schutz der regenerativen Umweltressourcen unter Einschluss der Abfallwirtschaft zum Ziel hat. Es ist konkretisiert durch fast 40 Bundes-Immissionsschutzverordnungen (BImSchV). Zu den Durchführungsregeln zählen Verwaltungsvorschriften bzw. -richtlinien, die von höheren Verwaltungsbehörden für niedrigere Verwaltungsinstanzen zur Implementierung von Auflagen erlassen werden. Sie sind Konkretisierungen von Rechtsinhalten aus Rahmengesetzen und definieren einen vorhandenen Handlungsspielraum der Verwaltungsorgane. Zu den Bundesvorschriften im Bereich des Umweltschutzes zählen beispielsweise die „Technischen Anleitungen zur Reinhaltung der Luft" (TA Luft) bzw. zum Schutz gegen Lärm (TA Lärm). Das Ordnungsrecht ist inzwischen sehr umfassend und komplex, wie an den hier beispielhaft genannten Gesetzen und Verordnungen für einzelne Regulierungsbereiche bereits deutlich wird. Daraus ergibt sich neben der Ineffizienz und der fehlenden Anreizwirkung der resultierenden Auflagen der Nachteil der hohen Kosten des Ordnungsrechts. Der notwendige Verwaltungsaufwand auf der einen Seite und der Antrags- und Umsetzungsaufwand auf der anderen Seite verteuern das Instrument zusätzlich.

> **Aus der Praxis: Verbote in der Umweltpolitik**
> Die Abwassereinleitung ist ein komplexer Bereich der Umweltpolitik. Um die willkürliche Verunreinigung des Umweltmediums Wasser zu verhindern, besteht ein generelles Verbot der Einleitung von Stoffen ins Wasser. Daraus leitet sich ab, dass für die (unvermeidbare) Einleitung eine Erlaubnis- oder Genehmigungspflicht besteht. Dazu sind allgemeine Rechtsgrundsätze erforderlich (Gesetze und Verordnungen), die die Abwasserbeseitigung ordnen (z. B. Wasserhaushaltsgesetz, Abwasserverordnungen, Industrieemissionsrichtlinie im Bereich Wasser usw.). In den Durchführungsbestimmungen (Verwaltungsvorschriften) müssen Verfahrensabläufe und Zulassungsbedingungen definiert sein. Da sich daraus ein Ermessensspielraum für die entscheidende Verwaltungsinstitution ergibt, müssen zur Orientierung von Antragstellern (Umweltverschmutzern), Planern (Dienstleister) und Entscheidern (Verwaltung) ein Anforderungsrahmen bzw. Entscheidungskriterien festgelegt sein. Zu den Entscheidungskriterien gehören Auflagen, ggf. als Verbote oder Grenzwerte.
>
> Die Einrichtung von Umweltzonen in Großstädten ist europaweit eine Maßnahme zur Begrenzung von Schadstoffpartikeln (Stickstoffdioxid) in der Luft (Immissionsschutz). Die darin geregelten Grenzwerte für die Luftqualität werden teilweise systematisch als biologische Standards klassifiziert zur Limitierung der Schadstoffbelastung des Menschen. Eine Einordnung als Rechtsnorm mit entsprechend implementierten Auflagen wäre aber zutreffend. Die Auflagen in diesem Fall sind Fahrverbote für Fahrzeuge, die bestimmte Abgasgrenzwerte nicht einhalten. Die Art und Zahl von Fahrzeugen, die davon betroffen sind, variieren je nach Umsetzung des Standards.

Neben den Rechtsnormen gibt es auch im Umweltschutz internationale und nationale Standards. Sie haben keinen rechtsverbindlichen Charakter, aber ihre Einhaltung soll den Unternehmen Vorteile am Markt verschaffen. Die Umweltstandards verfolgen grundsätzlich das Ziel, einen besseren Umgang mit erschöpflichen und regenerierbaren Umweltressourcen sicherzustellen. Dies soll erreicht werden, indem Unternehmen, die die Normen und Standards erfüllen, zertifiziert werden. Der Anreiz für Unternehmen, diese Zertifizierung anzustreben, also die Standards zu erfüllen, liegt darin, dass sich Investitionen in das Zertifikat über neue Kunden und Preiserhöhungsspielraum durch Umsatzsteigerung rentieren. Von der Internationalen Standardisierungsorganisation (ISO) ist dazu der Standard ISO 14001 und von der Europäischen Kommission das Eco-Management und Audit Schemes (EMAS oder kurz: EU-Öko-Audit) eingeführt worden.

> **Aus der Praxis: Akzeptierte Umweltstandards**
> Der Standard ISO 14001 fordert die Einführung bzw. Optimierung von Umweltmanagementsystemen in den Unternehmen. Der Standard EMAS II (2005) beinhaltet die Erfüllung der ISO 14001 als Basis. Idealerweise sollten diese Standards einen Paradigmenwechsel der Umweltpolitik einleiten. Sie sollten eine Abkehr von Auflagen ermöglichen, um die Effizienz zu erhöhen. Dazu wäre es notwendig, dass die Standards einen Anreiz für Unternehmen ausüben, selbstständig nach Chancen bei Ressourceneffizienz, ökologisch ausgerichteten Managementsystemen und technischem Fortschritt bei der Schadensverhütung zu suchen. Auf diese Weise könnten ökologische Ziele effizient erreicht und qualitativ höhere Ziele realisiert werden. Diese Zielstellung ist bei der ISO-Norm verfehlt. Nach EMAS müssen die Unternehmen zusätzlich Indikatoren für eine weitere ökologische Verbesserung und Verankerung nachhaltigen Handelns über die Kernprozesse hinaus nachweisen.
> Die Implementierung von ökologischen Standards in Unternehmen soll durch Führungsinstrumente wie der Sustainability Balanced Scorecard (SBSC) unterstützt werden, bei der es zusätzlich um ökologische Ziele und Kennzahlen in den Perspektiven der Balanced Scorecard geht.

Eine weitere Dimension von Standards sind produktbezogene Umweltstandards. Sie regeln den Umgang mit Gefahrenstoffen und die Verwendung von Einsatzstoffen in Produkten. Zudem sollen sie die Freisetzung von Schadstoffen durch Produkte begrenzen. Umweltstandards, die diesen Anspruch einschließen, sollen ökologische Anforderungen an die Produktion und die gesamte Wertschöpfungskette stellen. Dies sollte flankierend durch eine Kennzeichnungspflicht begleitet sein. Mitunter ist eine Rechtsverbindlichkeit durch internationale Vereinbarungen wünschenswert. Dies gilt insbesondere bei Produkten oder Zulieferteilen aus Ländern, in denen gesundheitsschädigende Einsatzstoffe ebenso zulässig sind, wie gesundheits- und umweltschädigende Produktionsprozesse. Abschließend sollen biologische Standards erwähnt werden. Als solche werden Grenzwerte bezeichnet, die die Begrenzung von Schadstoffkonzentrationen im menschlichen Körper zum Ziel haben. Definitorisch sind dies jedoch Rechtsnormen mit Auflagen.

2.4.2.3 Umwelthaftungsrecht und Umweltaufsicht

Das Umwelthaftungsrecht ist ein wichtiges wirtschaftspolitisches Instrument, um Umweltschäden vorzubeugen bzw. nach Eintritt zu kompensieren. Es soll Verhaltensanreize für die Individuen setzen, eine Umweltschädigung zu vermeiden. Umwelthaftung kann als wichtiges subsidiäres Instrument angesehen werden – allein ist es nicht ausreichend. Zwar ist es geeignet, potenzielle Schädiger zu umweltfreundlicheren Verfahren und Produkten anzureizen, wenn jedoch ein Schaden eintritt, ist die Beweisführung schwierig und die Rechtslage oft nicht klar.[19] Da zudem die Zahl der Betroffenen oft sehr hoch ist, sind lange Rechtstreitigkeiten zu erwarten.

Dabei sind zwei Haftungsregeln relevant. Die Gefährdungshaftung muss gewährleisten, dass verschuldensunabhängig der Verursacher eines Umweltschadens für die Erstattung des Schadens haftbar gemacht wird. Die Verschuldungshaftung muss zum einen die privatrechtliche Haftung regeln, wenn es zu Sach- oder Personenschäden kommt sowie zum anderen das öffentliche Recht sicherstellen, dass eine fahrlässige oder vorsätzliche Schädigung von Umweltmedien konsequent bestraft wird. Den Verwaltungsinstanzen muss die Möglichkeit eingeräumt werden, Zwangsmaßnahmen durchzusetzen, wenn Verursacher ihren Verpflichtungen bezüglich der Schadensbeseitigung bei Umweltressourcen nicht nachkommen. Das Haftungsrecht muss in ökonomischer Hinsicht eine Internalisierung der externen Effekte erzielen. An dieser Zielerreichung muss das umweltpolitische Instrument gemessen werden. Darüber hinaus ist bei der Gefährdungshaftung von Bedeutung, dass eine Anreizwirkung von ihr ausgeht, für umweltgefährliche Produktionsprozesse eine Vorsorge zu betreiben. Um drohende Ersatzansprüche zu minimieren, wird ein Unternehmen das Gefährdungspotenzial reduzieren und für unvermeidbare Risiken eine entsprechende finanzielle Vorsorge treffen, beispielsweise eine Versicherung.

Die Verschuldungshaftung muss sowohl sicherstellen, dass Umweltschäden durch den Verursacher kompensiert werden als auch unterstützen, dass umweltpolitische Ziele erreicht werden. Die flankierende Funktion der Verschuldungshaftung wird bei der genaueren Analyse von Auflagen deutlich. Ein Unternehmen hat die Entscheidung darüber, ob es Umweltauflagen erfüllt. Ein rational handelndes Unternehmen wird diese Entscheidung, eine Auflage zur Abfallbeseitigung oder Reduktion von Emissionen zu erfüllen oder nicht, durch eine Kostenabwägung vornehmen. Ohne eine Verschuldungshaftung besteht kein Anreiz, den Umweltschaden zu vermeiden. Erst durch die Haftungsregeln wird das Unternehmen in eine Kostenabwägung gezwungen. Dies soll durch ein Beispiel erläutert werden:

Beispiel
Wenn ein Unternehmen im Fall der Nichterfüllung von Auflagen mit einer Strafe unterhalb der Kosten der Schadensvermeidung zu rechnen hat, wird das Unternehmen sich für die kostenminimale Lösung, also die Strafzahlung entscheiden. Das Bußgeld für Umweltverstöße muss also zwingend über den Kosten der Schadensvermeidung liegen, damit das Haftungsrecht seinen Zweck erfüllen kann. Diese Bedingung ist notwendig, aber nicht hinreichend für die Schadensvermeidung. Wenn sich die Auflagenerfüllung nicht sicher kontrollieren lässt, ist die Wahrscheinlichkeit <1, dass eine Umweltschädigung entdeckt wird. Dies steigert die Attraktivität der Schädigung unter sonst gleichen Bedingungen.

---

[19]Am 1. Januar 1991 ist in Deutschland das Umwelthaftungsgesetz (mit einer vom Verschulden unabhängigen Gefährdungshaftung) in Kraft getreten.

2.4 Instrumente der Umweltpolitik

In der Abb. 2.13 sind zwei verschiedene Entscheidungssituationen für ein Unternehmen dargestellt. Es sei angenommen, das Management hat die Wahl zwischen einer ökologischen Handlungsweise und einer umweltbelastenden Alternative. Es handelt gewinnmaximierend und risikoneutral. Der risikoneutrale Entscheidungsträger wird nach dem Erwartungswert handeln. Bei einer jeweiligen Eintrittswahrscheinlichkeit von 50 % bzw. p = 0,5 wird sich das risikoneutrale Management bei 20.000 EUR Entsorgungskosten und einem drohenden Bußgeld von 30.000 EUR für die Umweltverschmutzung entscheiden, weil die erwarteten Kosten dieser Handlungsalternative geringer sind. Risikofreudige Manager werden sich daher zwingend ebenfalls dafür entscheiden. Risikoscheue Manager werden möglicherweise die sichere Zahlung von 20.000 EUR für die Entsorgung gegenüber einer drohenden Strafzahlung von 30.000 EUR bevorzugen. Dies hängt von ihrer exakten Risikopräferenz ab. Generell kann abgeleitet werden, dass die Umweltverschmutzung wahrscheinlicher wird, je höher die Kosten der Auflagenerfüllung, je geringer die Sanktion für Fehlverhalten (schwaches Haftungsrecht) und je geringer die Wahrscheinlichkeit der Aufdeckung eines Fehlverhaltens sind. Erschwerend muss unter Berücksichtigung der Zeitpräferenz des Geldes argumentiert werden, dass der rationale Entscheidungsträger die in der Zukunft liegenden Strafzahlungen auf die Gegenwart mit der erwarteten Rendite seiner Wirtschaftsaktivitäten diskontiert. Es müsste also der Barwert der Strafzahlungen den Vermeidungskosten gegenüber gestellt werden. Im zweiten Beispiel oben wäre das Management zwischen der Umweltschädigung und einem Filtereinbau indifferent (Nominalwert-Betrachtung). Bei einer angenommenen Investitionsrendite von 10 % und einem angenommenen Entdeckungszeitpunkt nach 3 Jahren müsste das Bußgeld schon bei $200.000 * (1 + 0,1)^3 = 266.200$ EUR liegen, um Indifferenz zwischen beiden Handlungsoptionen zu erzeugen.

Entscheidungssituation	Szenarien / Handlungsalternativen	Verhaltensverschleierung	Verhaltensaufdeckung	Erwartetes Handlungsergebnis als Kosten in EUR
	Wahrscheinlichkeit p =	0,5	0,5	Erwartungswert μ
Entsorgungsentscheidung	Abfallbeseitigung	20.000 €	20.000 €	20.000 €
	Umweltverschmutzung	0 €	30.000 €	**15.000 €**
Entscheidung Filteranlagen	Filtereinbau	100.000 €	100.000 €	100.000 €
	Emission	0 €	200.000 €	100.000 €
Kosten der Abfallbeseitigung:		20.000 €	Bußgeld Abfall:	30.000 €
Kosten der Emissionsvermeidung:		100.000 €	Bußgeld Emission:	200.000 €

Abb. 2.13 Auswirkung der Verschuldungshaftung in der Umweltpolitik

Allokationspolitisch bleibt festzuhalten, dass das Haftungsrecht mit der Verschuldungshaftung wirksam ist, wenn unterstellt wird, dass eine Auflage tatsächlich die externen Kosten der Umweltverschmutzung internalisiert und die Höhe der Strafzahlung so gewählt ist, dass die Auflagenerfüllung zum kostenminimalen Ergebnis führt (eine Emissionsunterschreitung kann wegen der höheren Vermeidungskosten als irrelevant vernachlässigt werden). Diese Annahmen sind zwar sehr restriktiv, zeigen aber die allokationspolitische Konsequenz der Haftungsregel deutlich auf. Ergänzend bleibt darauf hinzuweisen, dass verhaltenssteuernde Umweltpolitik (sozialwissenschaftliche Instrumente) eine Veränderung der Entscheidungsrelation zugunsten der Umwelt herbeiführen können. Ein Umweltbewusstsein in der Gesellschaft und die gesellschaftliche Sanktionierung einer vorsätzlichen Umweltschädigung würden in dem Modell drohende Umsatzverluste sowie Einkommens- und Reputationsverluste für die Manager implizieren und die Kalkulation der Entscheidungsfindung zugunsten einer ökologischen Handlungsweise verändern.

Die Gefährdungshaftung erbringt auf vollkommen Märkten allokationspolitisch das gleiche Ergebnis wie die Verschuldungshaftung. Sie ist der Verschuldungshaftung allerdings überlegen, weil das Optimum der Internalisierung durch die individuellen Entscheidungen der Verursacher erreicht wird. Es ist keine staatliche Institution erforderlich, die in Kenntnis des optimalen Emissionsniveaus die Auflagen festsetzt. Für die reale Umweltpolitik müssen die Auswirkungen von Marktunvollkommenheiten in die Betrachtung einbezogen werden. Unvollständige Informationen beeinträchtigen das Marktergebnis. Sie können die Nachweisführung von Schäden erschweren. Es ist daher sinnvoll, dass der Betreiber einer Anlage bzw. der Hersteller eines Produkts als die Verursacher eines Schadens gelten und gegeben falls das Gegenteil beweisen müssen. Daher ist die Beweislastumkehr wesentlich für die Durchsetzung von berechtigten Schadensersatzansprüchen. Die hohe Zahl der Betroffenen führt zu dem weiteren Problem, dass die Ansprüche einzelner Geschädigter so gering sein können, dass ein Rechtsstreit unattraktiv erscheint und daher unterbleibt. Ein weiteres Problem ergibt sich aus der Begrenzung der Haftsummen in der angewandten Wirtschaftspolitik. Dadurch können die tatsächlichen Schäden nicht in jedem Fall ersetzt werden. Es kommt gegenüber der optimalen Allokation zu einer Abweichung, wenn der Umweltschaden über der Haftsummengrenze liegt. Schließlich bleibt in der Betrachtung des Grundmodells im vollkommenen Markt unberücksichtigt, dass die Risikopräferenzen der Individuen unterschiedlich ausgeprägt sind. Dies ist entscheidungsrelevant.

Aus der Praxis: Umweltgesetze in der Bundesrepublik Deutschland
Die maßgeblichen Gesetze in Deutschland sind das Umwelthaftungsgesetz (UmweltHG) sowie das Umweltschadensgesetz. Das Umwelthaftungsgesetz soll die Rechtsposition der Geschädigten stärken. Dort ist die Gefährdungshaftung explizit geregelt. Eine entsprechende Liste von Anlagen und Umwelteinwirkungen ist Bestandteil des Gesetzes. Im § 6 des UmweltHG ist die Beweislastumkehr geregelt. Damit ist eine wichtige Erkenntnis der theoretischen Analyse in die Gesetzgebung eingeflossen. Dennoch erfasst das Gesetz längst nicht alle Produktionsprozesse oder Produkte, von denen eine Schädigung der Umweltressourcen

ausgehen kann. Das Umweltschadensgesetz stellt seit 2007 sicher, dass allgemeine Schäden an natürlichen Ressourcen vom Verursacher zu ersetzen sind. In modelltheoretischer Hinsicht entspricht dies der Verpflichtung, jede Minderung des Umweltvermögens durch entsprechende Ersatzinvestitionen zu kompensieren. Dabei regelt das Gesetz ausdrücklich, dass dies nicht durch Geldzahlungen zu erfolgen hat, sondern äquivalente Umweltinvestitionen. Zudem liefert das Gesetz die Grundlage für jeden Bürger, eine Umweltschädigung zu verfolgen und den Schadensersatz einzufordern. Dies gewährleistet einen notwendigen Vermeidungsanreiz und die Durchsetzbarkeit der Verschuldungshaftung. Beide Gesetze sind allokationspolitisch und umweltpolitisch daher ein Schritt in die richtige Richtung.

Ein Beispiel für Umweltschäden aus dem Bereich der Chemie sind die berüchtigten Holzschutzmittel. Viele der vorrangig chlorierten Kohlenwasserstoffe sind heute verboten, beispielsweise Pentachlorphenol (PCP). Sie sind vor 40 Jahren in Unkenntnis ihrer gesundheits- bzw. umweltschädlichen Wirkungen intensiv verwendet worden. Nachdem ihr Einsatz zum Ausschluss der Herstellerhaftung im Bau faktisch vorgeschrieben war, sind die Stoffe seit 1989 verboten. Bis heute wirken die Giftstoffe jedoch auf Umweltmedien (in der Innenraum-Luft, Menschen und Haustiere) sowie in Sachgütern der Haushalte (Möbel, Teppiche, Stoffe). Generell ist die Schadenserhebung von solchen Bioziden unvollständig und die Gefährdungshaftung greift nicht.

Zur Reduzierung des Verwaltungsaufwandes, zur Erhöhung der Effizienz und Verbesserung der Erfolgskontrolle sind Instanzen der Umweltaufsicht einzurichten. Eine zentrale Aufsichtsinstitution existiert bisher in Deutschland nicht. Da in Deutschland einige Aufgaben des Umweltschutzes Bundesangelegenheiten, andere jedoch Ländersache sind, gibt es eine Aufgabenteilung zwischen dem Bundesamt und den Landesämtern. Ihre Aufgaben liegen hauptsächlich in der Forschung zum Umweltschutz, zum Zustand der Umweltressourcen und zur Umweltpolitik. Das Bundesamt ist dem Bundesministerium für Umweltschutz und die Landesämter sind den jeweiligen Landesministerien zugehörig. Aufsichtsähnliche Aufgaben bestehen lediglich im Vollzug einzelner Umweltgesetze (beim Bundesumweltamt beispielsweise das Treibhausgas-Emissionshandelsgesetz) und in der Beratung der Politik in Umweltfragen.

Aus der Praxis: Wahrnehmung der Umweltpolitik
Eine Aufwertung des wirtschaftspolitischen Ziels Umweltschutz bzw. ökologisches Gleichgewicht wäre automatisch mit der Frage einer unabhängigen Aufsichtsbehörde verbunden. Dies würde auch die konsequente Etablierung operationalisierter umweltpolitischer Ziele, Zwischenziele und Indikatoren befördern. Die bereits bestehenden Aufgaben in der Umweltforschung und Datenerhebung wären dann noch wichtiger, weil sie unmittelbar in die Steuerungsziele und Umsetzungsaufgaben einfließen würden.

2.4.3 Ökonomische Instrumente der Umweltpolitik

Unter den ökonomischen Instrumenten sind Steuern/Abgaben und Subventionen besonders populär. Aufgrund der höheren Effizienz der ökonomischen Instrumente sind in den letzten Jahren national wie international zunehmend Lenkungssteuern und Zertifikat-Programme in der angewandten Umweltpolitik genutzt worden. Von der Anwendungslogik ausgehend soll zunächst der Lösungsansatz von Coase als umweltpolitisches Instrument vorgestellt werden, bei dem der Staat lediglich die Aufgabe hat, die Eigentumsrechte an den Umweltressourcen eindeutig zuzuweisen. Bei allen anderen ökonomischen Instrumenten muss der Staat eine aktivere Rolle übernehmen. In der angewandten Umweltpolitik gab es eine Umsteuerung von über Rechtsnormen implementierte Auflagen hin zu ökonomischen Instrumenten. Davon verspricht sich die Politik eine Effizienzverbesserung, aber vor allem eine stärkere Anreizwirkung für die Unternehmen, in moderne und leistungsfähigere Umwelttechnologien zu investieren.

Unter die ökonomischen Instrumente der Umweltpolitik sollen Investitionen in Umweltvermögen und Infrastrukturmaßnahmen zur Verbesserung der Umweltqualität gefasst werden. Die Verfolgung des wirtschaftspolitischen Ziels eines ökologischen Gleichgewichts erfordert vom Staat Investitionen in Nachhaltigkeit. Zudem muss der Staat die Beseitigung von Umweltschäden übernehmen, bei denen das Haftungsrecht nicht greift. Theoretisch können dafür Steuereinnahmen und Abgaben verwendet werden, die aus umweltpolitischer Motivation erhoben werden. In der Praxis ist eine solche Verknüpfung nur schwer umsetzbar.

2.4.3.1 Verhandlungslösung (Coase-Theorem)

Die Allokationswirkungen der Verhandlungslösung von Ronald Coase sind bereits erörtert. Die umweltpolitischen Implikationen müssen noch diskutiert werden. Grundsätzlich ist die Voraussetzung für die Anwendbarkeit der Verhandlungslösung in der Umweltpolitik die Zuordnung von Eigentumsrechten an den Umweltressourcen. Im Theoriefall ist es dabei irrelevant, ob die Nutzungsrechte dem Verursacher (Laissez-Faire-Regel) oder dem Geschädigten (Verursacher-Regel) zugewiesen werden. In jedem Fall werden die Verhandlungspartner sich dort verständigen, wo die marginale Zahlungsbereitschaft der Nicht-Eigentümer für die Nutzungsrechte dem marginalen Nutzen der Eigentümer aus der Nutzung der Umweltrechte entspricht. Wenn die Eigentumsrechte beim Verursacher liegen, dann werden die Geschädigten bereit sein, für die Unterlassung der Schädigung zu bezahlen. Im umgekehrten Fall sind Unternehmen bereit, für die Nutzungsrechte zu bezahlen, wenn die Eigentumsrechte beim Geschädigten liegen. Wenn wir auf die umweltpolitische Zielstellung des Erhalts des Umweltvermögens reflektieren, muss zusätzlich gefordert werden, dass die Zahlungen für Reinvestitionen in das Umweltvermögen verwendet werden. Daraus folgt, dass die Umweltschäden nicht nur entgolten werden, sondern durch eine nutzentechnisch adäquate Umweltverbesserung ausgeglichen werden müssen. Eine Zuordnung der Eigentumsrechte müsste der Staat vornehmen. Dies berührt verteilungspolitische Fragestellungen. Diese Entscheidung lässt sich nach

2.4 Instrumente der Umweltpolitik

Gerechtigkeitsüberlegungen bei der Wahl zwischen einem Industrieunternehmen, z. B. Kraftwerk, und privaten Haushalten, z. B. Grundstückseigentümer, in der umliegenden Natur, anscheinend leicht zugunsten der Haushalte treffen. Im Fall eines produzierendem Entwicklungsland und einem geschädigten Industrieland stellt sich die Gerechtigkeitsfrage der Eigentumszuweisung an den Umweltressourcen schon anders.

> **Aus der Praxis: Umweltwelteinflüsse**
> Die Verhandlungslösung ist in einfachen Nachbarschaftsfällen gut anwendbar. Die Lärmschädigung der Nachbarn durch die untalentierte, Geige spielende Tochter könnte optimal internalisiert werden, wenn die betroffenen Nachbarn (Geschädigte) dem Geigen-Kind (Verursacherin) ein Musikstudium finanzieren. Die gleiche optimale Lösung ergibt sich, wenn der im Garten experimentierende, Chemie interessierte Nachbarsjunge ein Nachbarschafts-Stipendium für sein naturwissenschaftliches Studium erhielte.
> Die Anwendung von Verhandlungen ist schon komplexer und problematischer im Fall des geplanten Ausbaus des Energieleitungsnetzes. Die einzelnen Leitungen reduzieren Umweltvermögen und führen zu Umweltschäden bei betroffenen Anwohnern. Gleichzeitig ist die Grundsatzentscheidung über den Leitungsausbau eine umweltpolitische Maßnahme zur Verbesserung des Umweltvermögens. Die Ressourceneffizienz bei der Nutzung von Umweltressourcen soll dadurch erhöht werden. Tendenziell wird durch moderne Energienetze die Verwendung regenerativer Energien gefördert und der Abbau erschöpfbarer Umweltressourcen verringert. Der Ersatz alter, noch umweltfeindlicherer Stromleitungsnetze verstärkt diesen Effekt. Dennoch werden die Zielkonflikte an diesem Beispiel besonders deutlich, weil Umweltschützer sowohl aufseiten der Befürworter des Netzausbaus als auch bei den Gegnern des Netzausbaus argumentieren.

Die Annahme der Abwesenheit von Transaktionskosten im Grundmodell von Coase erweist sich in der angewandten Umweltpolitik als sehr restriktiv. Sind sehr viele Personen involviert, die an den Verhandlungstisch gebracht werden müssen, so werden die Transaktions- und Verhandlungskosten schnell prohibitiv hoch. Damit wird der Effizienzvorteil der Coase'schen Lösung hinfällig. Zusammenfassend kann gesagt werden, dass die Verhandlungslösung optimal ist, weil sie effizient ist und die angestrebte Zielerreichung sicherstellt. Sie kann jedoch nicht angewendet werden, wenn die Zahl der Betroffenen, der Interessengruppen und die Interessenskonflikte eine Verhandlungsführung zu teuer werden lassen (Transaktionskosten).

> **Aus der Praxis: Kompensationszahlungen in der Umweltpolitik**
> Ein Schädiger erwirbt die Verschmutzungsrechte durch Kompensationszahlungen, indem die Einrichtung eines öffentlichen Schwimmbades im Gegenzug für die

> Genehmigung zur Wasserverschmutzung vereinbart wird. Das Recht auf Wasserverschmutzung (in einem klar zu definierenden Ausmaß) des Flusses wird vom Geschädigten abgekauft. Dabei verhandelt hier die Kommune als Vertreter aller Geschädigten und damit als Quasi-Eigentümer des Flusses.
>
> Ein Geschädigter zahlt an den Schädiger zwecks Unterlassung der Umweltverschmutzung: 1) Deutschland zahlt an Frankreich dafür, dass kein Salz als Abraumprodukt der Elsässer Kalibergwerke in den Rhein geleitet wird. 2) Die Industrieländer zahlen an Entwicklungsländer eine Kompensation für die Unterlassung der Regenwaldrodung.

Die Verhandlungslösung von Coase kann grafisch veranschaulicht werden (Abb. 2.14). Die Geschädigten empfinden jede Vermeidung der Umweltbelastung als Nutzen. Dabei steigt der Grenznutzen der Vermeidung mit jeder weiteren Einheit der Umweltschädigung, beispielsweise bei jeder weiteren Emission. Die Umweltbelastungen sind auch als nach rechts ansteigende Grenzkosten interpretierbar, d. h. die Zunahme der Emissionen E führt zu dieser Exponentialfunktion. Die fallende Funktion dokumentiert die Grenzvermeidungskosten, die ein Umweltverschmutzer (Schädiger) tragen müsste, wenn die Emissionen sukzessive rückgängig gemacht würden. Der Anstieg begründet sich aus der Tatsache heraus, dass eine etwa 50 %ige Reduktion der Umweltbelastung deutlich

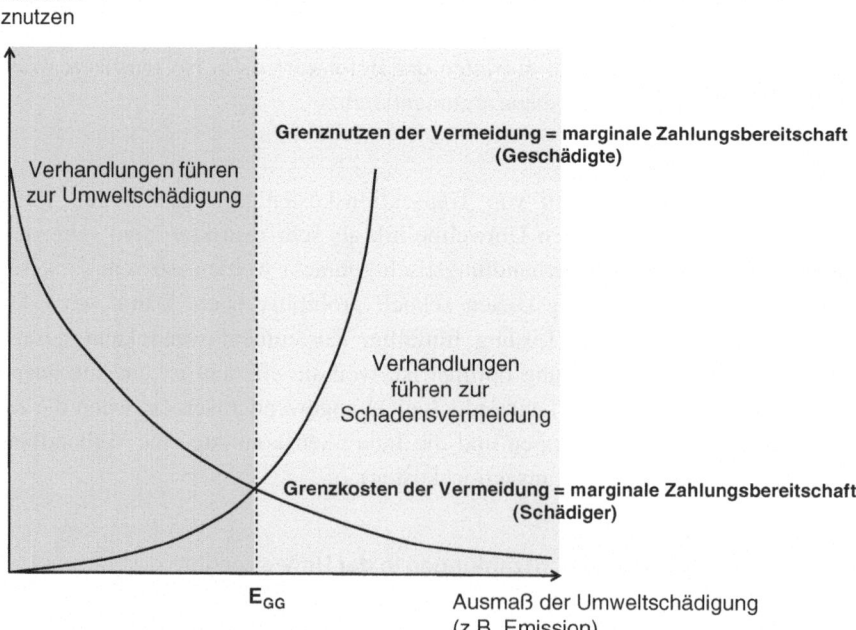

Abb. 2.14 Coase-Theorem

überproportional teurer ist, als es etwa einer 10 %igen Reduktion entsprechen würde. Die Umweltverschmutzung muss nun verhandelt werden. Der Schnittpunkt der beiden Kurven (E_{GG}) stellt gewissermaßen ein effizientes Maß an Umweltverschmutzung dar. Im Bereich links von E_{GG} sind die Grenzvermeidungskosten höher als der Grenznutzen der Vermeidung (bzw. Grenzkosten der Belastung). Wenn die Eigentumsrechte beim Schädiger liegen, wird der Geschädigte nicht bereit sein, eine Zahlung anzubieten, die die Grenzvermeidungskosten abdeckt. Es kommt zur Umweltschädigung ohne Kompensation (Laissez-Faire-Regel). Wenn dagegen der Geschädigte der Eigentümer der Nutzungsrechte ist, dann wird der Schädiger eine Kompensationszahlung für die Schädigung anbieten, die über den Grenzkosten der Belastung liegen. Es kommt auch hier zur Umweltverschmutzung, allerdings mit einer Kompensationszahlung an den Geschädigten (Verursacher-Regel). Erst im Punkt E_{GG} entsprechen die Grenznutzen der Vermeidung den Grenzkosten der Vermeidung. Bei einem höheren Schädigungsniveau (Emissionsniveau im Bereich rechts von E_{GG}) wären die Zahlungsforderungen der Geschädigten bei der Verursacher-Regel höher als die Kosten der Vermeidung. Der Verursacher (Schädiger) trägt daher lieber die Kosten der Vermeidung. Es kommt zu keiner Umweltschädigung über das Maß E_{GG} hinaus. Dieses Verhandlungsergebnis ist unabhängig von der Zuteilung der Nutzungsrechte an der Umweltressource, denn auch bei der Laissez-Faire-Regel wird genau das Schädigungsniveau E_{GG} realisiert. Bei jeder höheren Umweltbelastung wäre der Geschädigte bereit, mindestens die Vermeidungskosten zu erstatten, um die Belastung zu verhindern. Die Verhandlungen führen also unter jeder Eigentums-Regel zur optimalen Umweltbelastung E_{GG}. Die Lösung ist effizient, weil die Grenznutzen der Vermeidung den Grenzkosten der Vermeidung entsprechen. Dieser Ansatz läuft nur auf Zielerreichung und ökonomische Effizienz hinaus und berücksichtigt keinerlei Verteilungs- oder Gerechtigkeitsfragen. Diese sind bei einer Zuweisung der Eigentumsrechte an der Umweltressource jedoch zu berücksichtigen.

Diese Effizienz-Überlegungen der Internalisierung liegen dem Vorhaben der EU-Kommission zugrunde, das Umweltproblem über einen Lizenzhandel, wie er z. B. im Protokoll von Kyoto vorgesehen ist, zu steuern.

2.4.3.2 Pigou-Steuer

Die Marktpreisverzerrung durch externe Effekte kann im Sinne einer marktgerechten Lösung auch durch die Konstruktion von Schattenpreisen erfolgen, die alle Kosten einschließlich der Umweltkosten einbeziehen. Pigou hat gezeigt, dass diese Internationalisierung durch das Auferlegen einer Steuer gewährleistet werden kann, die in ihrem Ausmaß der Bewertung des Gutes intakte Umwelt durch die Gesellschaft entsprechen sollte und somit soziale und private Grenzkosten in Einklang bringt. Die Steuer soll dabei nicht primär der Finanzierungsfunktion für den Staatshaushalt entsprechen, sondern zur Verhaltensänderung beitragen. Sie kann als Strafsteuer für Umweltverbrauch verstanden und damit durch verbesserte Technologie prinzipiell verringert oder vermieden werden. Es soll eine Lenkungsfunktion hin zu umweltverträglicherem Verhalten ausgeübt werden. Die Wirkungsweise kann wiederum grafisch in Abb. 2.15 veranschaulicht werden.

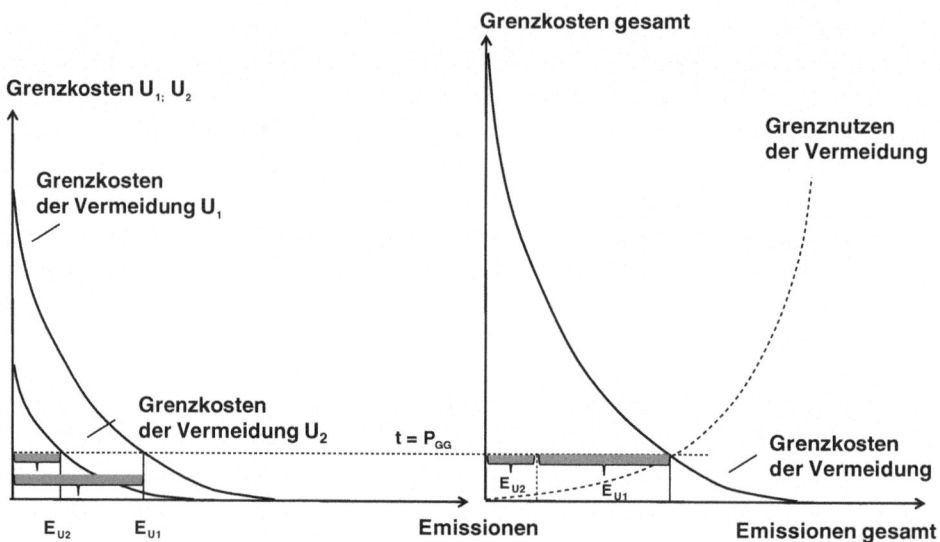

Abb. 2.15 Ökologische Steuer nach Pigou

Der Grundgedanke des Steueransatzes ist wiederum nicht die Umweltbelastung zu unterbinden, sondern durch den nun korrekten, also volkswirtschaftlichen Produktpreis, auf ein effizientes Maß zu reduzieren. Da unter Wettbewerbsbedingungen kein Unternehmen seine betriebswirtschaftliche Grenzkostenfunktion freiwillig nach oben verschieben und damit sein Produkt künstlich verteuern würde, muss hier der Staat korrigierend eingreifen. Dies geschieht durch Erheben einer Pigou-Steuer[20] in Höhe von t, wobei das Steueraufkommen genau dem Wert des an dieser Stelle entstehenden Umweltschadens entsprechen soll und auch zu dessen Beseitigung verwendet werden sollte. Die unmittelbare Konsequenz daraus ist, dass sich eine Pigou-Steuer quasi selbst beseitigt, wenn die gewünschte Verhaltensänderung (= kein Umweltschaden mehr) erreicht ist (vgl. Abb. 2.15). Eine weitere Konsequenz dieses Instruments ist, dass man der Steuerzahlung dann entgehen kann, wenn man sich umweltgerecht verhält, da die Bemessungsgrundlage verschwindet. Ein gravierendes Problem des Ansatzes besteht darin, dass die Grenzvermeidungskosten kaum exakt erfassbar sind. Der Staat bzw. die Steuer festlegende Institution kennen die Grenzvermeidungskosten der Unternehmen nicht und sie kennen vor allem nicht den Grenznutzenverlauf bei den Geschädigten. Eine Quantifizierung des Umweltschadens wäre aufgrund der fehlenden Kenntnisse über die Zahlungsbereitschaft der Geschädigten nur sehr vage möglich. Die Öko-Steuer hat die gleichen methodischen Schwächen, die bei der Analyse des Marktversagens bereits herausgearbeitet wurden.

Das umweltpolitische Ergebnis der Öko-Steuer ist eine effiziente Internalisierung des Schadens, wenn die Steuer die sozialen Kosten der Umweltbelastung kompensiert.

---

[20]Wir nennen diese Variante heute Öko-Steuer.

Die Umweltverschmutzung verschwindet nicht völlig, sondern es wird nur weniger zu höherem Preis produziert. Der Nutzen, den das produzierte Gut ja stiftet, bewirkt keine völlige Produktionseinstellung (z. B. Benzin). Erreicht wird ein effizientes Maß der Produktion. Die Überwälzung der Steuer auf die Nachfrager ist ein Verteilungs- und kein Allokationsproblem.

2.4.3.3 Emissionssteuer im Standard-Preis-Ansatz

Die theoretisch elegante, jedoch mit praktischen Problemen behaftete Lösung der Pigou-Steuer versucht der Standard-Preis-Ansatz nach Baumol und Oates[21] pragmatisch zu verbessern. Es wird über die Politik ein maximaler Verschmutzungsgrad festgelegt. Der politische Prozess zur Ermittlung des akzeptierten Schadensniveaus ist dabei eine Frage des politischen Systems. Die Festlegung kann durch eine parlamentarische Mehrheit oder durch Volksabstimmung definiert werden. Das politische Abstimmungsverfahren sollte dabei auf dem aktuellen Stand der Wissenschaft bzgl. der Umweltschädigung und vorhandenen empirischen Daten dazu basieren. Die Steuerbehörde wird daraufhin ermächtigt, eine Emissionssteuer – wieder mit Lenkungsfunktion – zu erheben, die den Produktpreis so beeinflusst, dass genau dieser Standard erreicht wird. Der Steuersatz t pro Emissionseinheit garantiert die Einhaltung des Standards. Die Unternehmen passen sich individuell an: Solche mit geringen Vermeidungskosten werden Reinhaltemaßnahmen durchführen und die Steuer vermeiden, solche mit relativ hohen Kosten werden lieber die im Vergleich günstigere Steuer tragen. Offensichtlich ist auch hier, trotz marktkonformer Lösung, ein Informationsproblem vorhanden, denn die Grenzkosten der Vermeidung sind der Steuerbehörde nicht a priori bekannt, sondern müssen durch ein Trial-and-Error-Verfahren gesucht werden. Dabei ist auch die Mithilfe der Unternehmen erforderlich, die die Kosten ihrer technologischen Reduktionsmöglichkeiten einschätzen müssen. Umwelttechnischer Fortschritt im Vorfeld (durch bloßes Androhen einer Steuer) würde dabei eine Anreizwirkung ausüben, moderne Umwelttechnologien einzusetzen, um Steuern zu sparen. Die dadurch ausgelöste Reduzierung der Vermeidungskosten ermöglicht bei Beibehaltung des umweltpolitischen Ziels bei einer niedrigeren Steuer. Alternativ könnte das umweltpolitische Ziel bei gleicher Steuer übertroffen werden.

> **Aus der Praxis: Wirkungen von Umweltsteuern**
>
> Die Mineralölsteuer bzw. Energiesteuer wird gern als Beispiel für eine ökologische Besteuerung herangezogen. Sie ist in ihrer Zielsetzung und Ausgestaltung aber weder eine Pigou-Steuer noch ein Standard-Preis-Ansatz. In der praktischen Wirtschaftspolitik ist zudem nicht unterscheidbar zwischen der Zielsetzung einer Öko-Steuer und der Zielsetzung der Staatseinnahmen-Erzielung. Explizit war die deutsche Mineralölsteuer nach offiziellem Sprachgebrauch als

---

[21]William J. Baumol und Wallace E. Oates sind US-amerikanische Ökonomen, die 1971 aus Kritik an dem Ansatz der Pigou-Steuer das Konzept des Standard-Preis-Ansatzes entwickelten.

> Finanzierungsbeitrag der Nutzer von Verkehrsinfrastruktur zum Bau und Erhalt von Straßen, Brücken, Tunneln u. a. konzipiert. Die Umgestaltung zur Energiesteuer wurde von der Politik als ökologische Steuerreform bezeichnet. Tatsächlich kann argumentiert werden, dass die Energiesteuer auch eine umweltpolitische Wirkung entfaltet.
>
> Da die Energiesteuer aber weder eine Emission noch eine Immission von Schadstoffen besteuert, kann sie nicht als ökologische Steuer interpretiert werden. Sie leistet dennoch einen Beitrag zur Verbesserung der Umweltqualität. Es wird von dem weitgehend gültigen Grundsatz ausgegangen, dass energieintensive Produktion und Konsumtion immer auch umweltschädigend sind. Da die Energiesteuer den Energieverbrauch verteuert, kann abgeleitet werden, dass die Verteuerung der Energienutzung einen Anreiz zur Energieeinsparung und damit zur Verbesserung der Umweltqualität bzw. zur Schonung natürlicher Ressourcen setzt. Im Ergebnis trägt die Energiesteuer zu einer Schadstoffreduktion bei, sie ist aber in Konstruktion und Zielsetzung keine Ökosteuer.

Die Innovation dieses Ansatzes liegt darin, dass weder die Notwendigkeit besteht imaginäre Grenznutzen und Grenzkosten der Vermeidung zu ermitteln, noch die Pareto-Optimalität als Zielstellung verfolgt wird. Vielmehr wird ein vorgegebenes umweltpolitisches Ziel als Standard oder Grenzwert vorgegeben und durch die Abgabe kostenminimal realisiert. Gegenüber der Auflage besteht eine Allokationsverbesserung aufgrund der kostenminimalen Umsetzung. Gegenüber der Pigou-Steuer wird mit dieser Lösung eine reale Umsetzung möglich, denn Emissionen und Immissionen lassen sich üblicherweise gut messen und in Standards übertragen.

2.4.3.4 Subventionen

Ein grundsätzlich entgegengesetzter umweltpolitischer Steuerungsansatz besteht im Einsatz von Subventionen. Allokationspolitisch bewirken Subventionen einen Wohlfahrtsverlust (zur theoretischen Herleitung vgl. Abb. 1.24). Sie setzen auch nicht am Verursacherprinzip an und streben keine Internalisierung der negativen externen Effekte an. Dementsprechend bewirken sie nicht nur keine Reduzierung der Marktunvollkommenheit, sondern verschlimmern die Fehlentwicklungen im Marktmechanismus und verzerren den Wettbewerb. Steuern versuchen wenigstens, am Verursacherprinzip anzusetzen; Subventionen orientieren sich am Gemeinlastprinzip. Dennoch kann der Einsatz von Subventionen für einen begrenzten Zeitraum volkswirtschaftlich sinnvoll sein. Eine positive Allokationswirkung kann unter bestimmten Bedingungen die Nachteile überkompensieren. Theoretisch kann argumentiert werden, dass Subventionen Verbesserungen der Umweltqualität beschleunigen bzw. befördern, wenn positive externe Effekte durch Subventionierung gehoben werden und/oder Markteintrittsbarrieren gesenkt werden. Eine Subventionierung der Forschung in Umwelttechnologien sowie eine Verbesserung

2.4 Instrumente der Umweltpolitik

der Wettbewerbsfähigkeit regenerativer Technologien und Prozesse durch Zuschüsse können zeitlich befristet sogar allokativ eine Verbesserung darstellen. Sie können darüber hinaus sinnvoll sein bei der Bewältigung von bestimmten Altlasten, bei der Bewahrung historischer Stadtkerne etc. Sie würden hier zum Erhalt des Umweltvermögens beitragen. Marktgerecht sind sie indes nicht.

> **Aus der Praxis: Erneuerbare-Energien-Gesetz (EEG)**
> Die Stromerzeugung aus erneuerbaren Energien wurde über viele Jahre subventioniert. Dies erfolgte sowohl aus ökologischen Gründen als auch aus wettbewerbspolitischen Motiven. Mit dem Erneuerbare-Energien-Gesetz (EEG) wurde eine zusätzliche Zahlung an Produzenten von Strom aus regenerativen Energien beschlossen. Obwohl der Staat daraus keine Steuermittel vereinnahmt und auch keine Steuermittel für die Auszahlungen verwendet werden, entspricht die Konstruktion einer Subventionierung erneuerbarer Energien. Die Energienetzbetreiber zahlen einen Kompensationsbetrag an die Stromproduzenten und legen die zusätzlichen Kosten auf die Energieverbraucher in den Strompreisen um. Technisch funktioniert die Umlage wie eine Ökoabgabe, die zur Subventionierung von ökologischen Strom verausgabt wird. Durch die Delegierung der Verwaltungsaufwendungen der Umlageerhebung und Umverteilung auf die Netzbetreiber bleibt die Fiskalpolitik unberührt.
>
> Wettbewerbspolitisch beabsichtigt der Gesetzgeber eine Privilegierung des Stroms aus erneuerbaren Energien. Der Anteil des so erzeugten Stroms soll erhöht werden. Zur Beschleunigung der Marktanteilssteigerung dieser Produzenten wird die Produktion durch garantiert hohe Verkaufspreise attraktiver. Gleichzeitig wird Ökostrom dadurch auch bei höheren Grenzkosten wettbewerbsfähig. Die Wettbewerbspolitik führt also zu einer Marktverzerrung zugunsten der Anbieter regenerativen Stroms. Diese Marktverzerrung ist umweltpolitisch beabsichtigt. So werden Umweltschäden durch den Verbrauch fossiler Energieträger sowie damit verbundene Emissionen vermieden. Die EEG-Umlage wirkt hier als Internalisierung der negativen externen Effekte der Nutzung fossiler Energieträger. Statt (oder zusätzlich zu) der Besteuerung fossiler Energieträger werden die sozialen Kosten der Nutzung internalisiert.
>
> Eine weitere Subventionierung zielt auf die Erhöhung der Energieeffizienz von Prozessen und Anlagen. Private Haushalte und Kleinunternehmen werden durch direkte Zuschüsse des Staates gefördert. Gewerbliche und industrielle Anlagen werden durch zinsgünstige Förderdarlehen sowie Tilgungszuschüsse unterstützt. In den 90er Jahren wurden die zu dieser Zeit ineffizienten und in der Herstellung aufwendigen Windkraftanlagen ebenfalls durch Subventionen gefördert. Die Zielstellung entsprach der des EEG.

2.4.3.5 Umweltzertifikate

Ein weiteres ökonomisches Instrument der Umweltpolitik sind Zertifikate. Dabei handelt es sich um handelbare Rechte auf Umweltinanspruchnahme. Die Idee der Umweltzertifikate funktioniert im Sinne einer Börse. Der Ausgangspunkt sind klar definierte Verfügungsrechte beim Staat. Für eine ausgewählte Region und festgelegte Schadstoffe werden marktgängige Emissionsrechte ausgegeben. Das Instrument erweist sich in mehrfacher Hinsicht als flexibel einsetzbar. Das Niveau der Emissionen wird durch die Wirtschaftspolitik vorgegeben (Emissionsstandard). Das Emissionsniveau kann je nach Steuerungsziel an den bisherigen Emissionen orientiert sein oder eine Reduzierung gegenüber dem Status quo beinhalten. Die Umweltzertifikate können den bisherigen Emittenten kostenlos oder durch Versteigerung zugeteilt werden. Bei einer Versteigerung wiederum kann die Zahl der Bieter auf die potenziellen Umweltnutzer beschränkt sein oder eine freie Versteigerung stattfinden, bei der auch Umweltverbände oder Haushalte teilnehmen können. Aus diesen Varianten ergeben sich sowohl bei der Primärverteilung als auch durch den Handel (Sekundärverteilung) unterschiedliche Resultate und Verhaltensweisen.

Im Gegensatz zu Auflagen und Steuerlösungen ist eine Anpassung der Emissionsgrenze bei der Zertifikatlösung einfach umzusetzen. Die Zahl der umlaufenden, gültigen Umweltzertifikate kann durch zeitliche Befristung reguliert werden. Der Staat kann aber die Emissionsmenge durch Intervention im Sekundarmarkt ebenfalls leicht beeinflussen. Zugleich stellt der Marktpreis für den Zertifikathandel einen sehr guten Indikator für die Entwicklung der Vermeidungskosten der Umweltverschmutzung dar. Ein fallender Marktpreis zeigt die Reduzierung der Vermeidungskosten bzw. die Weiterentwicklung der Vermeidungstechnik bei den Unternehmen. Ein steigender Zertifikatpreis indiziert eine Verknappung der Emissionsrechte aufgrund von Produktionswachstum. Beide Effekte wirken entgegen, sodass der Zertifikatpreis auch bei Wirtschaftswachstum stabil bleiben kann, wenn die Vermeidungstechnologie verbessert wird. Das Instrument wirkt effizient, weil die Emittenten mit den niedrigsten Vermeidungskosten ihre Umweltrechte verkaufen und damit die Vermeidung zumindest teilweise finanzieren. Die Unternehmen mit den höchsten Vermeidungskosten werden dagegen zusätzliche Zertifikate erwerben, weil dies ggf. kostengünstiger ist als die Vermeidung. Insbesondere kann dies problematisch sein, wenn veraltete Anlagen in einer (wettbewerbsschwachen) Region gebündelt auftreten. Die Region leidet dann unter erheblicher oder gar zunehmender Schadstoffkonzentration (oft in Kombination mit Verlust an Wettbewerbsfähigkeit und Arbeitsplatzbedrohung). Es wird zudem kritisiert, dass durch die Möglichkeit, zusätzliche Verschmutzungsrechte zu kaufen, kein hinreichender Anreiz zur Modernisierung veralteter, umweltfeindlicher Technologien besteht. Diese Anreizwirkung kann jedoch durch Entwertung der Emissionsrechte oder durch staatlichen Ankauf handelbarer Rechte erzeugt werden.

Die Vergabe der Emissionsrechte kann kostenlos oder durch Versteigerung erfolgen. Unter der Annahme, dass der Staat adäquat zu den anderen umweltpolitischen Instrumenten das optimale Emissionsniveau ermittelt, wird die Höhe der zu verteilenden Umweltzertifikate als gegeben betrachtet und nicht weiter thematisiert. Die kostenlose Vergabe sorgt dann für eine Internalisierung der externen Effekte. Die Umweltschädigung, für die es keine Zertifikate gibt, muss unterbleiben. Unternehmen mit hohen Vermeidungskosten werden versuchen auf dem Markt für Umweltzertifikate zusätzliche Emissionsrechte zu erwerben oder sie müssen die Emissionen durch Produktionsreduktion drosseln. Der Marktpreis für die Zertifikate wird sich bei den Grenzkosten der Vermeidung einstellen. Umweltfreundliche Unternehmen verkaufen Rechte solange der Marktpreis über ihren Vermeidungskosten liegt und umweltfeindliche Unternehmen kaufen solange Rechte bis der Marktpreis unter ihren Grenzkosten liegt. Das politisch angestrebte Emissionsniveau wird durch die Zahl der Zertifikate sichergestellt und die Effizienz durch den freien Handel der Wertrechte. Eine zusätzliche Kostenbelastung der emittierenden Unternehmen unterbleibt. Die Lösung ist allokationspolitisch optimal. Durch die kostenlose Zuteilung werden die Eigentumsrechte an der Umweltnutzung bis zum zulässigen Verschmutzungsgrad an die Unternehmen übertragen. Die Geschädigten der Umweltverschmutzung müssten dann zumindest die Chance haben, am Sekundärmarkt Umweltzertifikate zu erwerben. Wenn die marginale Zahlungsbereitschaft der Geschädigten den Marktpreis für die Zertifikate überschreitet, kann argumentiert werden, dass gegenüber dem Optimum zu viele Emissionen durch den Staat zugelassen wurden. Dieser Fall, dass Nicht-Emittenten Zertifikate kaufen, kann nur eintreten, wenn der Staat bei der Ausgabe der Zertifikate eine allokationspolitisch zu hohe Emissionsmenge festgelegt hat.[22]

Die Alternative zur kostenlosen Verteilung der Umweltzertifikate wäre eine Versteigerung der Rechte. Die allokative Wirkung wäre prinzipiell gleich. Die Emittenten mit den höchsten Vermeidungskosten werden den höchsten Preis für die Zertifikate bieten. Jeder Bieter wird sich an seinen Grenzkosten der Vermeidung orientieren. Das Emissionsziel wird auf diese Weise effizient realisiert. Der Staat kann (sollte) die erzielten Einnahmen in Umweltschutz bzw. Umweltinfrastruktur investieren, um der Reduzierung des Umweltvermögens, das durch die zugelassenen Emissionen erzeugt wird, entgegenzuwirken. Der Umweltschaden wird quasi mit dem Auktionserlös bewertet. Eine Kompensation des Umweltschadens durch entsprechende investive Verwendung dieses Betrages würde den ökologischen Fußabdruck theoretisch neutralisieren.

> **Aus der Praxis: Handel mit Emissionsrechten**
> Die grundlegende Idee dieses Emissions Trading wurde Anfang der 90er-Jahre erstmals in den USA umgesetzt. Zwei Programme sind dabei besonders bekannt geworden: Einmal das nationale amerikanische Zertifizierungssystem für Schwefeldioxid (SO2) unter dem Namen Acid Rain Program (1990) und das im Bundesstaat Kalifornien angewendete RECLAIM-Programm (Regional Clean Air Incentives Market 1993), das ebenfalls zum Ziel hatte, die ökologischen Folgen des sauren Regens abzumildern bzw. die Emissionen in die Umwelt zu verhindern.

---

[22]Umweltorganisationen oder einzelne Umweltaktivisten könnten zwar Zertifikate aufkaufen und verfallen lassen, aber Einzelne können den Markt nicht beeinflussen und Organisationen müssen ihre knappen Mittel im Interesse der Spender einsetzen.

Beide Programme gelten als große Erfolge der Umweltpolitik, insbesondere der Zertifikatlösungen. Dennoch traten zu Beginn die typischen Anwendungsprobleme auf: Die Emissionsziele wurden zunächst verfehlt (aufgrund zu niedriger Strafen für Verstöße) und eine regionale Konzentration der Emissionen (Hotspots) war zu verzeichnen. Das Acid Rain Program wurde unter dem Dach der Environmental Protection Ageny (EPA) durchgeführt und das regionale RECLAIM-Programm wurde durch die EPA evaluiert. Es waren die weltweit ersten Cap & Trade-Programme zur Reduzierung der Umweltbelastung. Die Erfahrungen und Anpassungsmaßnahmen sind für alle Folgeprogramme wesentlich. Das Acid-Rain-Programm hat zu einer Reduzierung der Schwefeloxide und Stickstoffoxide in der Luft geführt, die über die ursprünglichen Ziele hinausgehen. Dabei sind nur ca. ein Viertel der prognostizierten Kosten der Reduktion entstanden. Gegenwärtig kann jedermann die Zertifikate handeln. Das Acid Rain-Program findet seit 2011 seine Fortsetzung in der Cross-State Air Pollution Rule (CSAPR), die die Emissionen von Schwefeldioxid und Stickstoffoxiden fossiler Kraftwerke limitiert. Damit ist eine Reduzierung der Belastung um über 50 % bzw. fast 75 % beabsichtigt.

Das EU-Emissionshandelssystem (ETS) ist seit seiner Einführung ein Eckpfeiler der Umweltpolitik bei der Erreichung der Emissionsziele bis 2030. Bis dahin sollen die Emissionen in der EU um fast 50 % gegenüber 2005 reduziert werden. Das Programm erfasst über 12.000 große Industrieanlagen. Das reformierte Zertifikatprogramm sieht einen Stabilisierungsmechanismus (Interventionsmechanismus) vor, um ggf. einen Zertifikatüberschuss vom Markt zu nehmen oder bei Knappheit diese Zertifikate dem Markt wieder zur Verfügung zu stellen. Damit soll ein ähnlicher Preisverfall wie infolge der Finanzkrise verhindert werden und ein Modernisierungsanreiz erhalten bleiben. Letzterer soll durch zurückgehaltene Zertifikate für energieeffiziente Innovationen und Modernisierungsmaßnahmen verstärkt werden.

Wie erfolgreich Emissionshandel mittlerweile tatsächlich sein kann, zeigen zudem die Beispiele großer Mineralölfirmen, die innerbetrieblich diese Art der Zertifikatslösungen längst anwenden. Da die einzelnen Betriebsabteilungen als Profitcenter geführt werden, können sich ökologisch ausgerichtete Abteilungen durch den internen Verkauf nicht benötigter Zertifikate gegenüber anderen Betriebsabteilungen deutliche Vorteile erwirtschaften. Insgesamt wird durch diesen Anreizmechanismus sowohl die Ökonomie als auch die Ökologie positiv beeinflusst. Ermutigt durch diese Erfolge ist der Emissionshandel bereits als eines der zentralen Instrumente im Kyoto-Protokoll und wieder im Pariser Klimaabkommen festgeschrieben worden.

Eine unschöne Ausprägung der Umweltzertifikate ist der kontrollierte Emissionshandel. Der kontrollierte Emissionshandel stellt ein Etappenziel bei der Abkehr von einer Auflagenpolitik hin zu einer Zertifikatpolitik dar. Im Zuge eines solchen Handelsmodells besteht für Unternehmen, die eine Übererfüllung der Auflagen realisieren (können), die

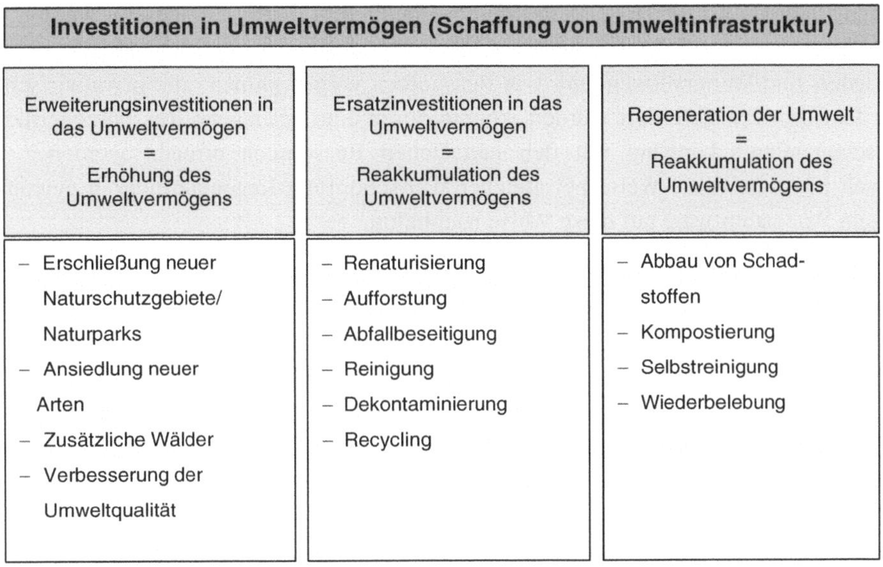

2.4 Instrumente der Umweltpolitik

Investitionen in Umweltvermögen (Schaffung von Umweltinfrastruktur)		
Erweiterungsinvestitionen in das Umweltvermögen = Erhöhung des Umweltvermögens	Ersatzinvestitionen in das Umweltvermögen = Reakkumulation des Umweltvermögens	Regeneration der Umwelt = Reakkumulation des Umweltvermögens
– Erschließung neuer Naturschutzgebiete/ Naturparks – Ansiedlung neuer Arten – Zusätzliche Wälder – Verbesserung der Umweltqualität	– Renaturisierung – Aufforstung – Abfallbeseitigung – Reinigung – Dekontaminierung – Recycling	– Abbau von Schadstoffen – Kompostierung – Selbstreinigung – Wiederbelebung

Abb. 2.16 Investitionen in Umweltvermögen

Möglichkeit, Gutschriften für Emissionen zu erwerben und ggf. diese Gutschriften zu handeln, indem sie anderen Emittenten übertragen werden (können). In den vergangenen Jahren hat es einen deutlichen Paradigmenwechsel in der Umweltpolitik hin zum Einsatz der marktkonformen Zertifikatlösung gegeben. Nach den erfolgreichen Programmen in den USA in den 90er Jahren wurden Umweltzertifikate als Instrument im Rahmen der ersten weltweit bedeutenden Klimakonferenz von Kyoto festgeschrieben. Die Europäische Union hat in Konsequenz daraus einen Zertifikatmarkt etabliert. Schließlich wurden die Zertifikate als wichtiges Instrument zur Umsetzung der Ergebnisse des Klimagipfels 2015 in Paris vereinbart.[23]

2.4.3.6 Investitionen in Umweltvermögen (Infrastruktur)

Der Staat kann umweltpolitische Investitionen tätigen, die den Wert des Umweltvermögens steigern. Entsprechend der Definition aus Abschn. 2.3.1 Nachhaltigkeit und Wohlfahrtsökonomik wären dies Maßnahmen zur Verbesserung der Regenerationskraft der Umwelt, Ersatzinvestitionen in das Umweltvermögen und Erweiterungsinvestitionen in das Umweltvermögen (siehe auch Abb. 2.16). Der erste Bereich, in den der Staat aktiv eingreifen kann, wären Maßnahmen zur Stärkung der Selbstheilungskräfte der Natur. Hier bestehen die Möglichkeiten, entsprechende Forschung zu fördern sowie einen

---

[23]Im Frühjahr 2016 hat eine Rekordzahl von über 170 Staaten das Pariser Klimaabkommen unterschrieben. Für eine Ratifizierung und damit völkerrechtliche Verbindlichkeit steht die nationale Bestätigung, davon in über 50 Ländern die parlamentarische Zustimmung, noch aus.

Ordnungsrahmen zu setzen. Zudem könnten staatliche Finanzen eingesetzt werden, um Wertschöpfungskreisläufe zu optimieren. Wenn Investitionen in verbessertes Recycling, in Wieder- und Weiterverwendung von Ressourcen vorgenommen oder privatwirtschaftliche Investitionen gefördert würden, könnte durch eine gestiegene Ressourceneffizienz ein schonenderer Umgang mit den natürlichen Ressourcen erreicht werden.[24] Die Umwelt hätte auf diese Weise bei gleicher Wertschöpfung Regenerationszeit gewonnen oder ein Wachstum wäre auf diese Weise nachhaltig.

> **Aus der Praxis: Investitionen in Umwelttechnologien**
> Der Nachholbedarf bei Investitionen in Umwelttechnologien oder Infrastruktur ist hoch. Als Anwendungsbezug sind vor allem Maßnahmen interessant, die eine Verbesserung der Umweltpolitik in diesem Bereich hervorbringen können. Die Förderung von Technologien, die zur Schließung von Stoffkreisläufen und zur Effizienzsteigerung bei der Ressourcenverwendung beitragen, kann positive externe Effekte erzeugen. Eine einzelne geförderte Umweltverbesserung führt zu Multiplikatoreffekten durch die Verbreitung der Technologie. Darüber hinaus können sogenannte Green Tech Fonds gezielt helfen, solchen Technologieunternehmen mit Kapital und Know-how über die ökonomisch schwierige Gründerphase zu helfen.

Die Ersatzinvestitionen beschreiben in dem Zusammenhang der ökologischen Infrastrukturinvestitionen die Maßnahmen, mit denen Verluste des Umweltvermögens direkt wieder kompensiert werden. Es sind Investitionen zur Korrektur von Umweltschäden. Bei Wasser und Luft sowie öffentlichen Flächen liegt die Zuständigkeit ohnehin beim Staat[25], sodass die Aufgaben der Reinhaltung/Reinigung, aber auch der Wiedernutzbarmachung von regenerativen Ressourcen, in seiner Verantwortung liegen. Darüber hinaus können Anreize für privatwirtschaftliche Initiativen zur Verbesserung der Qualität regenerativer Umweltressourcen gesetzt werden.

Der Staat kann durch Investitionen (und Rechtsnormen) das Umweltvermögen verbessern (steigern), wenn nicht nur Entnahmen an regenerativen Ressourcen wieder ersetzt werden, sondern zusätzliche natürliche Ressourcen geschaffen werden. Dies können im Fall der Lebewesen die Ansiedlung neuer Arten oder zusätzliche Waldflächen sein. Es können zusätzliche Bodenflächen als Naturschutzgebiete oder Naturparks

---

[24]Die konsequente Weiterverfolgung des Gedankens von Wertschöpfungskreisläufen führt nachhaltiges Wirtschaften zum „cradle to cradle"-Ansatz. Dieses Prinzip „von der Wiege zur Wiege" beinhaltet, dass alle stofflichen Ressourcen Nährstoffe für natürliche Kreisläufe oder in geschlossenen technischen Kreisläufen sind. Dies bedeutet eine komplette Abfallvermeidung durch z. B. kompostierbare Textilien, essbare Verpackungen und reine, vollständig wiederverwendbare Kunststoffe und Metalle.

[25]Sofern die Verfügungsrechte nicht bereits privatwirtschaftlich vergeben sind.

ausgewiesen und geschützt werden. Die Luftqualität kann durch Verringerung der Immissionen verbessert werden. Letzteres ist deshalb Aufgabe des Staates, weil für bereits vorhandene Luftverschlechterung (Immission) i. d. R. nicht mehr die Verursacher haftbar gemacht werden können. Eine verursachergerechte Internalisierung der negativen externen Effekte kommt in dem Fall nicht (mehr) infrage.

Für Investitionen in das Umweltvermögen müssen Staatsausgaben getätigt werden. Dies gilt bei staatlichen Direktinvestitionen ebenso wie bei der Bereitstellung von Fördermitteln über Kredite oder Subventionen. Dabei ist aber zu betonen, dass es sich hierbei um eine investive Verwendung handelt. Es gelten grundsätzlich die gleichen Bewertungen der Instrumente wie bei den anderen diskutierten Verwendungen. Subventionen sind auch hier ineffizient, dies kann aber kurzfristig durch die ausgelösten positiven externen Effekte der subventionierten Umweltinvestitionen überkompensiert werden.

2.4.4 Sozialwissenschaftliche Instrumente der Umweltpolitik

Die Palette der umweltpolitischen Instrumente bleibt unvollständig, wenn die Betrachtung nicht auf sozialwissenschaftliche Instrumente ausgedehnt wird.[26] Hier sollen alle Maßnahmen klassifiziert werden, die Verhaltensweisen von Marktteilnehmern beeinflussen. Im Hinblick auf die Umweltpolitik sind darunter die Instrumente zu fassen, die für die Ausprägung eines nachhaltigen Denkens und Handelns sorgen können. Es ist u. a. zu prüfen, ob sozialwissenschaftliche Instrumente geeignet sein können, die spieltheoretische Situation des Gefangenen-Dilemmas zu überwinden. Das rechtliche und ökonomische Umweltinstrumentarium kann dieses Problem nur sehr eingeschränkt bewältigen. Zur Überwindung der Dilemma-Situation ist eine Verhaltensänderung hin zu einem kooperativen Verhalten erforderlich. Zugleich erfordert die intertemporale Internalisierung externer Effekte ein Verhalten, das generationsübergreifende Interessen berücksichtigt.

Aus einem anderen Blickwinkel betrachtet sind die verhaltensbeeinflussenden Instrumente erforderlich, um eine Bewertung von nicht-materiellen Wohlfahrtsparametern zu ermöglichen. Sozialwissenschaftliche Instrumente können und sollen eine kalkulatorische Einbeziehung von Umweltschäden in das Angebots- und Nachfrageverhalten der Marktakteure erzeugen und damit eine implizite Bewertung natürlicher Ressourcen erreichen. Man kann diesen Prozess auch als Schaffung eines Umweltbewusstseins bezeichnen. Im allokationspolitischen Sinne wäre dies gleichbedeutend mit einer veränderten Rationalität der Marktteilnehmer. Ein langfristig rationales, wohlfahrtsmaximales Verhalten muss die Nachhaltigkeit im pareto-optimalen Sinne zum Gegenstand haben.

Viele empirische Erhebungen sowie das Wählerverhalten in den Demokratien auf der einen Seite und die Priorisierung umweltpolitischer Ziele in den Parteiprogrammen auf der anderen Seite zeigen über die vergangenen Jahrzehnte ein deutlich gestiegenes

---

[26]Kaufmann spricht dabei von „pädagogischen Interventionen". Vgl. (Kaufmann 2009, S. 124).

Umweltbewusstsein. In der Konsequenz haben sich bereits Verhaltensweisen auf den Märkten verändert. Die Nachfrage ist zunehmend von dem Parameter einer ökologisch (und sozial) nachhaltigen Produktionsweise beeinflusst. Die Zahlungsbereitschaft für nachhaltig produzierte Güter und Leistungen liegt insbesondere bei besseren Einkommen höher. Unternehmen reagieren auf diese Nachfrageveränderung indem sie die Reputation eines nachhaltig wirtschaftenden Unternehmens als Zielstellung in ihr Zielsystem aufnehmen. Dies erfolgt nur deshalb und nur dann, wenn sie sich von einer solchen nachhaltigen Verhaltensweise bzw. einem Nachhaltigkeitsimage eine größere Unternehmenswertsteigerung bzw. eine Gewinnmaximierung erwarten. Wohlfahrtsökonomisch wäre damit das Ziel sozialwissenschaftlicher Instrumente erreicht.

So wie ökonomische Methoden und Instrumente, z. B. die Bewertung und Bepreisung von Personen- und Umweltschäden eine sachgerechte Argumentation und die Operationalisierung von sozialen Zielen erst ermöglichen, sind sozialwissenschaftliche Instrumente umgekehrt unentbehrlich, um gesellschaftliche und humanitäre Ziele in eine ökonomische Rationalität zu übertragen. Umweltpolitik mit sozialwissenschaftlichen Instrumenten kann und soll eine kalkulatorische Berücksichtigung von immateriellen Wohlfahrtsdeterminanten auf dem Markt bewirken. Bei einer derartigen Integration in den Marktmechanismus sind die umweltpolitischen Ziele Effizienz, (ökologische) Wirksamkeit, (politische) Durchsetzbarkeit und Anreizwirkung automatisch gewährleistet, sodass bereits jetzt konstatiert werden kann, dass diese Instrumente langfristig auch in der Umweltpolitik außerordentlich geeignet erscheinen. Der gesamte Komplex der sozialwissenschaftlichen Instrumente im Unternehmensbereich wird gegenwärtig unter dem Begriff Corporate Social Responsibility zusammengefasst.

2.4.4.1 Corporate Governance, Verhaltenskodex und Informationspolitik

Eigennutz orientiertes und maximierendes Verhalten stößt an Grenzen, wenn es zwischen Akteuren zu Interessenkonflikten kommt. Bei externen Effekten existiert zwangsläufig ein Interessenkonflikt zwischen den Verursachern auf der einen Seite sowie den Geschädigten (negativer Effekt) bzw. Nutznießern (positiver Effekt) auf der anderen Seite. In der Umweltökonomie tritt der Interessenskonflikt zwischen den Nutzern der natürlichen Ressourcen in der Gegenwart und den Nutzern dieser Ressourcen in der Zukunft hinzu. Gleichzeitig bestehen Instrumente, die der Eigennutzmaximierung mittels opportunistischen Verhaltens entgegenwirken. Die Festlegung und Kommunikation eines Regelwerks mit Verhaltensstandards reduziert die Attraktivität eines opportunistischen Verhaltens. Die Wirkung von Wohlverhaltensregeln ist umso stärker, je größer die erwarteten Verluste bei einem Fehlverhalten sind. Zudem steigt die Wirksamkeit von Regeln mit der Konsequenz ihrer Anwendung über die Zeit. Etablierte Standards prägen über einen langen Zeitraum ein Wertesystem. Ein Verstoß gegen Regeln, die allgemeingültiges Selbstverständnis sind, kann mindestens so hohe Verluste bzw. entgangene Gewinne bedeuten wie strafrechtliche Verstöße. Im Ergebnis kann das eine höhere Wirkung entfalten als Haftungsregeln.

> **Aus der Praxis: Verhaltenskodex in Unternehmen**
> Fast alle börsennotierten Unternehmen in den führenden Industrieländern haben inzwischen einen Verhaltenskodex (Code of conduct). Die Etablierung solcher Regeln dient zum einen dazu, ein nachhaltiges Handeln von Managern und Mitarbeitern zu befördern. Zum anderen sollen Glaubwürdigkeit und Verantwortungsbewusstsein als Unternehmenstugenden nach außen getragen werden. Ein Fehlverhalten hat dann nicht nur negative individuelle Konsequenzen, sondern auch Glaubwürdigkeitsdefizite für das Unternehmen. Letzteres führt über Umsatzeinbußen und/oder Marktanteilsverluste zu Schäden in den betroffenen Unternehmen. Hier wird die Wirkungseffizienz der sozialwissenschaftlichen Steuerungsinstrumente wesentlich vom Konsumverhalten beeinflusst. Der Konsument entscheidet durch seine Kaufentscheidung, ob (ökologisch) nachhaltiges Wirtschaften ökonomisch rational ist. Der aktuelle Abgasskandal von VW wäre als Fallstudie in diesem Sinne weiter zu verfolgen.
>
> Ein anderes Beispiel für die Wirksamkeit solcher Instrumentarien sind Insidergeschäfte an der Börse. Prominentestes Beispiel dafür ist der Insider-Skandal des damaligen Gewerkschafts-Vorsitzenden der IG-Metall, Franz Steinkühler, im Jahr 1993. Es wurde vermutet, dass er unter Ausnutzung seines Wissensvorsprungs als Aufsichtsratsmitglied von Daimler-Benz erfolgreich an der Börse gehandelt hat. Die Wohlverhaltensregeln eines führenden Gewerkschaftsmitglieds sind ohnehin nicht mit Börsenspekulation vereinbar. Zudem widerspricht ein solches Verhalten einem damals noch ungeschriebenen Börsenkodex. Inzwischen würde allein die Tatsache, dass er seinerzeit in einer Frist mit den Aktien handelte, in der kursrelevante Informationen nur einem geschlossenen, kleinen Personenkreis zugänglich waren (Insider), den Straftatbestand des Insiderhandels erfüllen. 1993 führte das Fehlverhalten zum Rücktritt von Franz Steinkühler.

Die Corporate Governance stellt einen Ordnungsrahmen für das Management eines Unternehmens dar. Dieser Kodex ist teilweise rechtlich verbindlich und teilweise eine faktische Handlungsmaxime. Mit Bezug auf umweltpolitische Zielstellungen soll die Corporate Governance den Stakeholdern, insbesondere dem Management, den Anreiz nehmen, Gewinne auf Kosten der Umwelt zu maximieren. Opportunistisches Verhalten besteht in diesem Zusammenhang darin, eine Umweltschädigung vorsätzlich oder fahrlässig herbeizuführen, um Vermeidungskosten zu sparen, die Produktion auszudehnen oder eigene Ressourcen zu sparen. Eine Festschreibung der Nachhaltigkeit im Unternehmenskodex und eine konsequente Anwendung der Regeln wirken dem Opportunismus von Entscheidungsträgern entgegen. Der Staat muss hierbei keine Ressourcen aufwenden, um wirksame Umweltpolitik zu betreiben.

Ein Verhaltenskodex setzt teilweise rechtliche Maßstäbe und moralisch-ethische Richtlinien für das Verhalten von Führungskräften und Mitarbeitern. Ein solcher Kodex kann Element der Corporate Governance sein. Ein implementierter und kommunizierter

Verhaltenskodex wirkt in gleicher Weise wie Corporate Governance insgesamt. Beide Instrumente gewinnen insbesondere langfristig an Bedeutung. Die angestrebten Verhaltensweisen bei den Stakeholdern werden vor allem durch die Autorität und Reputation dieser Regeln über einen langen Zeitraum erzeugt. In der Umweltökonomie kann damit ein Umweltbewusstsein und intrinsisch motiviertes nachhaltiges Wirtschaften erzielt werden. Dagegen verfehlen diese Instrumente ihre Wirkung bei nicht sanktionierten Verstößen bzw. akzeptiertem Fehlverhalten. Umweltschädigungen als Kavaliersdelikt oder legitimes Mittel zur Gewinnmaximierung würden die Konsequenz daraus sein.

Die Informationspolitik eines Unternehmens hinsichtlich der Umweltthematik wirkt in zwei verschiedenen Richtungen. Zum einen sind Transparenz, stetige und offene Kommunikation über Nachhaltigkeit und umweltbewusstes Handeln wichtige Bausteine einer glaubwürdigen Nachhaltigkeitsstrategie. Zum anderen sind sie notwendig, um ökologisches Wirtschaften nachvollziehbar und überprüfbar zu gestalten. Erst die Übereinstimmung von Worten und Taten über einen langen, mehrjährigen Zeitraum baut Reputation und Glaubwürdigkeit auf. Die Informationspolitik ergänzt also die Corporate Governance bzw. ist eine notwendige Flankierung dessen.

2.4.4.2 Selbstverpflichtungen und Vorbildfunktion

Eine weitere, über einen längeren Zeitraum wirksame Möglichkeit, um umweltbewusstes Verhalten zu erzeugen, liegt in der Vorbildfunktion von Entscheidungsträgern in Wirtschaft und Politik. Das Verhalten von in der Öffentlichkeit stehenden Akteuren wird beobachtet und über Medien kommuniziert und diskutiert. Die Multiplikatorwirkung der so vorgelebten Verhaltensweisen ist nicht zu unterschätzen. Es liegt eine Chance darin, dass ein Vorleben von ökologischen Werten und nachhaltigem Verhalten zur Nachahmung anregen und eine entsprechende Breitenwirkung erzielen. Im Umkehrschluss kann davon ausgegangen werden, dass umweltfeindliches bzw. opportunistisches Verhalten der Entscheidungsträger einer Gesellschaft ebenfalls das Verhalten der anderen Akteure der Gesellschaft beeinflusst und prägt.

> **Aus der Praxis: Vorbildwirkung von Entscheidungsträgern**
> Die Verantwortung, die Entscheidungsträgern in Politik und Wirtschaft obliegt, ist nicht zu unterschätzen. Die Vorbildwirkung, die vom Verhalten dieser Gruppe ausgeht, ist im Medienzeitalter potenziert. Es kann davon ausgegangen werden, dass Manager, deren Einkommen überproportional hoch sind, deren Einkommen auch im Verlustfall Bonusanteile ausweisen und deren Einkommen bei opportunistischem Verhalten steigen oder zumindest nicht sinken, ein Besitzstand wahrendes und ebenfalls opportunistisches Verhalten bei allen anderen Wirtschaftsakteuren zur Folge haben. Der fehlende Verzicht der verantwortlichen VW-Manager auf Bonuszahlungen trotz des klaren Fehlverhaltens und der eindeutigen Verantwortung für einen Rekordverlust des Unternehmens ist nicht nur ein eklatanter Verstoß

2.4 Instrumente der Umweltpolitik

> gegen jede wirtschaftsethische Regel, sondern wird Nachahmungseffekte nach sich ziehen. Adäquate Effekte gelten in der Umweltpolitik für Manager, die vorsätzlich oder grob fahrlässig Umweltschädigungen verantworten. Die politischen Entscheidungsträger, die Eigeninteresse oder Lobbyinteressen geleitet agieren, lösen bei anderen Mitgliedern der Gesellschaft ein gleichartiges Verhalten aus. Entsprechend kann ein konsequent nachhaltiges Handeln von Entscheidungsträgern ein gleichartiges gesellschaftliches Verhalten begünstigen.

Ein oft eingesetztes Instrument in diversen Bereichen der Wirtschaftspolitik ist das Mittel der freiwilligen Selbstverpflichtung. Unternehmen verpflichten sich, in einem bestimmten Zeitraum zu entsprechenden Maßnahmen bzw. Handlungsweisen. Oftmals werden solche Selbstverpflichtungen in Abstimmung mit den politischen Entscheidungsträgern eingegangen, um einer gesetzlichen Regelung vorzubeugen. Der Vorteil der Selbstverpflichtung liegt zum einen in der Ersparnis eines umfassenden Regelungsaufwandes und zum anderen in einer hohen Anreizwirkung selbst gesteckte Ziele zu erreichen. Ein Nachteil liegt in der Unverbindlichkeit der eingegangenen Verpflichtungen. Da aufgrund nicht vorhandener gesetzlicher Grundlagen bzw. hoheitlicher Regelungen ein Haftungsrecht fehlt, gibt es keine Konsequenzen bei Verfehlung der Zielvorgaben. Daher sind Selbstverpflichtungen zwar effizient, weil sich die Marktakteure einigen, aber in der Zielerreichung oftmals mangelhaft. In der Umweltpolitik können Selbstverpflichtungen daher allenfalls zusätzlich bei ökologischen Zielen, die weniger dringlich erscheinen, verwendet werden.

2.4.5 Wirkungsanalyse und Bewertung der umweltpolitischen Instrumente

Die Ableitung von Empfehlungen für die Umweltpolitik und eine Bewertung der verschiedenen umweltpolitischen Instrumente erfordern zunächst die Auswahl der Bewertungskriterien und die Diskussion von wirtschaftspolitischen Präferenzen. Da die Umweltpolitik ein Teilgebiet der Allokationspolitik repräsentiert, werden die gleichen Zielkriterien zugrunde gelegt wie bei der Beurteilung der Wettbewerbspolitik. Der Erfolg der Umweltpolitik ist grundsätzlich an die Zielerreichung geknüpft, aber gleichzeitig maßgeblich durch die Effizienz umweltpolitischer Maßnahmen geprägt. Da die politischen Entscheidungsträger für die Umweltpolitik verantwortlich sind, muss bei der Bewertung außerdem die politische Durchsetzbarkeit berücksichtigt werden.

2.4.5.1 Vergleich der umweltpolitischen Instrumente
Die bisher angegebenen Instrumentenkategorien sind hinsichtlich ihrer theoretischen Relevanz und ihrer praktischen Bedeutung sehr unterschiedlich einzuschätzen. Verhandlungslösungen und Pigou-Steuern sind theoretisch besonders gut geeignet, um effiziente

Ressourceneinsätze zu bewirken. Zwar ist Verhandlung ein anderes Paradigma als Markt, jedoch kann bei beiden Versionen, wenn räumlich der Tausch von Rechten verhandelt wird, auch von Marktkonformität gesprochen werden. In der Praxis scheitern diese Regelungen bisher an den sehr hohen Verhandlungs- bzw. Informationskosten und mangelnden Prognosefähigkeiten. Die Haftungsregeln beispielsweise im Sinne des Verbraucherschutzes sind unumgänglich, jedoch mit hohen Durchsetzungskosten behaftet; dieses Instrument wird in der Umweltpolitik eher subsidiär einzusetzen sein.

Auflagen und Subventionen sind unter bestimmten Voraussetzungen nur schwer zu umgehen (z. B. wenn das Gemeinlastprinzip zur Anwendung kommen muss). Jedoch berücksichtigen sie nicht Unterschiede in den Fähigkeiten der Unternehmen, Schäden zu vermeiden, liefern faktisch keine Anreize, intern Verschmutzungsstandards zu unterschreiten, sind vom gegebenen Standard der Technik abhängig und haben überdies im Falle der Subvention großes Beharrungs- und Ausbreitungsvermögen sowie u. U. kontraproduktive Effekte. Auflagen sind allenfalls im Sinne einer Ordnungspolitik zielführend. Marktkonformität weisen dagegen sowohl die Zertifikatslösungen als auch der Standard-Preis-Ansatz auf. Abgesehen von der nötigen Fixierung von Standards leiden sie gesamtwirtschaftlich auch nicht unter den beschriebenen Effizienzmängeln von Auflagen.

2.4.5.1.1 Bewertungskriterium Markt (Effizienz)

Die Eignung des umweltpolitischen Instrumentariums soll zunächst danach beurteilt werden, ob ein gegebenes umweltpolitisches Ziel mit geringstmöglichen Mitteln erreicht werden kann. Wenn dies erreicht wird, ist Umweltpolitik effizient. Das Zielkriterium ist nicht nur aus ökonomischen Gründen sinnvoll, sondern ist auch ökologisch rational, denn es bedeutet einen minimalen Ressourceneinsatz für die Umweltpolitik. Das Effizienzkriterium wäre auch erfüllt, wenn ein gegebener Ressourceneinsatz das bestmögliche umweltpolitische Ziel realisiert. Diese Problemstellung ist für die Umweltpolitik weniger relevant, weil es i. d. R. um ein konkretes, gesetztes Umweltziel gehen wird. Umgekehrt bedeutet Ineffizienz in der Umweltpolitik eine Ressourcenverschwendung bei der Erreichung ökologischer Ziele, die Wohlfahrtseinbußen zur Konsequenz hätte. Dies würde den Handlungsspielraum der Wirtschaftspolitik insgesamt reduzieren.

Um bei gleicher ökologischer Effektivität die ökonomisch effiziente Lösung herauszufinden, sollen im Folgenden zunächst Auflagen – also gesetzlich verankerte Ge- oder Verbote – mit Abgaben – also einer Steuerlösung – verglichen werden. Ausgangsüberlegung seien vier Unternehmen A, B, C und D, die die Gesamtwirtschaft bilden und jeweils sechs Einheiten Schadstoffe emittieren. die Gesamtschadstoffemission beträgt demgemäß 24 Einheiten (vgl. Tab. 2.1). Um jeweils eine Schadstoffeinheit zu reduzieren, muss das Unternehmen A 50 EUR, das Unternehmen B 100 EUR und das Unternehmen C 150 EUR aufwenden, bei Unternehmen D ist die Reduktion mit 200 EUR je Einheit am teuersten. Es wird in der Variante 1 die Auflage erteilt, die Gesamtemissionen um 50 % zu reduzieren, was gleichbedeutend ist mit einer individuellen Emissionszurückführung um ebenfalls jeweils 50 %. Jedes Unternehmen muss seinen Schadstoffausstoß um 3 Einheiten senken, was entsprechend der Tabelle durch die Addition der Einzelwerte

2.4 Instrumente der Umweltpolitik

Tab. 2.1 Effizienz von Auflagen und Abgaben

Unternehmen	Schadstoff-Emissionen	Reduktions-kosten pro Einheit in EUR	Variante I (Auflage)		Variante II (Abgabe) Standard-Preis-Ansatz		
			Ziel: Halbierung der individuellen Emission (=50 % Gesamtreduktion)		Ziel: Halbierung der Gesamtemission		Abgabe: 100,00 €
–	(1) E	(2) RDK/E	(3) RE	(4) = [(1) – (3)] * (2)	(5) RE	(6) RDK = [(1) – ((5)] * (2)	(7) = (5)*A
A	6	50	3	150	0	300	0
B	6	100	3	300	0	600	0
C	6	150	3	450	6	0	600
D	6	200	3	600	6	0	600
Gesamtwirtschaft	24	–	**12**	1500	**12**	900	–
						Staatseinnahme	*1200*

RDK = Reduktionskosten; E = Emission; RE = Restemission, A = Abgabe

(150, 300, 450, 600) gesamte Reduktionskosten von 1500 EUR bei einem verbleibenden gesamtwirtschaftlichen Emissionsniveau von 12 Einheiten ergibt.

Die Variante 2 dagegen besteht in der identischen ökologischen Gesamtzielorientierung, nämlich Reduzierung der Emissionen um 50 %; allerdings wird hierbei den einzelnen Unternehmen überlassen, wie dieses Gesamtziel erreicht wird. Durch die Besteuerung kann die Fähigkeit der Unternehmen A und B ausgenutzt werden, die Emissionen besonders kostengünstig zu reduzieren: Unternehmen A reduziert seine gesamten 6 Schadstoffemissionseinheiten unter Aufwendung von $50 \times 6 = 300$ EUR Kosten; bei Unternehmen B entstehen in ähnlicher Weise 600 EUR Kosten. Damit wird das ökologische Ziel der Reduzierung um 50 % bereits erreicht, wenn die Steuer mindestens bei 100 EUR pro Schadstoffeinheit liegt. Die Unternehmen A und B investieren in eine Vermeidungstechnologie, weil die Kosten dafür pro Schadstoffeinheit unter dem Steuerbetrag pro Schadstoffeinheit liegen. Bei gleichen Kosten für die Vermeidung oder für die Steuer kann unterstellt werden, dass ein Unternehmen in die Vermeidung investiert, weil daraus zusätzlich Imagegewinne generierbar wären. Die Unternehmen C und D, die nur zu sehr hohen Kosten die Schadstoffvermeidung hätten vornehmen können, verzichten auf entsprechende Investitionen. Sie bezahlen die Steuer, weil diese Kosten kleiner sind als die Vermeidungskosten. Das Ergebnis ist offensichtlich: bei gleicher ökologischer Effektivität (der Soll-Ist-Vergleich liefert identische Werte zu Variante 1) sind die Reduktionskosten um 600 EUR auf 900 EUR gesunken. Das bedeutet, dass die Steuervariante, aufgrund der Berücksichtigung der individuellen Reduktionsfähigkeiten die ökonomisch effiziente, d. h. kostengünstigere Lösung darstellt. Ebenfalls anhand der beiden Spalten der Reduktionskosten ist allerdings zu erkennen, dass die Belastungen individuell für die Unternehmen A und B bei der Steuervariante doppelt so hoch sind wie bei der Auflagenlösung; die Unternehmen C und D haben dagegen keine Vermeidungskosten. Die Unternehmen A und B müssten im Fall des Standard-Preis-Ansatzes und einer Steuer von 100 EUR pro Schadstoffeinheit jedoch noch höhere Kosten für die Steuer tragen als für die Vermeidung und werden daher in die Vermeidung von Schadstoffen investieren. Die Unternehmen C und D bevorzugen dagegen die Steuerzahlung, weil ihre Vermeidungskosten pro Schadstoffeinheit über der Steuer pro Schadstoffeinheit liegen. Die Steuer sorgt für eine Internalisierung der externen Effekte. Im umweltpolitischen und allokationspolitischen Interesse sollten die so generierten Staatseinnahmen zur Verbesserung der Umweltqualität investiert werden. Diese Steuereinnahmen entsprechen den sozialen Kosten der produzierten Schadstoffbelastung. Es ist daher effizient, sie zur Reduzierung der Schadstoffbelastung einzusetzen. Einen zusätzlichen Anreiz zur Schadstoffvermeidung und zu technologischem Fortschritt könnte eine befristete Subventionierung der Unternehmen A und B bei den Investitionen in die Vermeidungstechnologie darstellen. Die Neutralität einer Lenkungssteuer im theoretischen Sinne würde eine solche Vorgehensweise sogar erfordern.

Die Gegenüberstellung einer Abgabenlösung mit einer Auflagenlösung hat bei gleicher Zielerreichung die Überlegenheit der Abgabe gegenüber der Auflage aus Effizienzüberlegungen gezeigt. Nun soll das im ersten Vergleich allokationspolitisch bessere

Instrument dem umweltpolitischen Instrument Zertifikat gegenübergestellt werden. In der Tab. 2.2 emittieren die Unternehmen A bis D wiederum jeweils 6 Schadstoffeinheiten. Für die Abgabe (Variante II) gelten die gleichen Bedingungen und es ergeben sich die gleichen Resultate wie in Tab. 2.1. In der Variante I, dem Zertifikat, erhalten die Unternehmen die Berechtigung, jeweils 3 Schadstoffeinheiten zu emittieren. Gleichzeitig dürfen diese Emissionszertifikate am Markt gehandelt werden. Es ergibt sich dabei, dass bei einem Marktpreis bis zu 49,99 EUR alle Unternehmen weitere Zertifikate nachfragen würden, da die Vermeidungskosten bei allen Unternehmen darüber liegen. Umgedreht gilt, dass bei einem Zertifikatpreis oberhalb von 200 EUR für alle Unternehmen ein Verkauf der Zertifikate sinnvoll wäre, weil ihre Vermeidungskosten darunter liegen. Aus Mangel an Marktpartnern wird zu diesen Preisen kein Zertifikattausch entstehen. Bei einem Marktpreis von 100 EUR gleichen sich Angebot und Nachfrage nach Zertifikaten aus. Es kommt zu einem Marktgleichgewicht. Die Unternehmen A und B bieten ihre Emissionszertifikate an, weil ihre Vermeidungskosten darunter liegen oder dem Zertifikatpreis entsprechen. Die Unternehmen C und D fragen zu diesem Preis Emissionsrechte nach, weil ihre Vermeidungskosten darüber liegen. Es entstehen insgesamt Kosten von 900 EUR, wobei die Unternehmen B–D jeweils 300 EUR davon tragen. Die Vermeidungskosten von Unternehmen A in Höhe von 300 EUR werden durch die Erlöse aus den Zertifikatverkäufen kompensiert. Unternehmen B erhält aus den Verkäufen 300 EUR und reduziert so seine Vermeidungskosten um die Hälfte.

Die Zertifikatlösung ist nun aus mehreren Gründen der Abgabenlösung vorzuziehen. Zum einen wird das umweltpolitische Ziel sicher erreicht, zum anderen ist ein Staatseingriff entbehrlich. Dies vermeidet zusätzliche Verwaltungskosten und der Sekundärmarkt sorgt kostenminimal für eine effiziente Lösung. Zudem werden durch den Emissionshandel die Unternehmen belohnt, die niedrige Vermeidungskosten, also einen hohen Umweltstandard haben. Es entsteht ein Anreiz, die Vermeidungskosten zu senken bzw. die Umwelttechnologie zu verbessern. Im Folgenden soll auch die Verhandlungslösung einer Beispielanalyse unterzogen werden. Dabei werden nicht zwei unterschiedliche Instrumente gegenübergestellt, sondern die Verhandlungsergebnisse bei unterschiedlicher Verteilung der Verfügungsrechte.

Für den Fall, dass eine Verhandlungslösung aufgrund von zwei Parteien und klar definierten Verfügungsrechten anzuwenden ist, lässt sich mit Hilfe von Tab. 2.3 zeigen, dass sich die Verhandlungspartner kostenminimal auf ein allokationspolitisch optimales Niveau der Umweltbelastung einigen. Das umweltpolitische Ziel wird dabei unabhängig davon erreicht, wer von den beiden Parteien die Verfügungsrechte besitzt. Wenn die Geschädigten über die Rechte verfügen, bestehen sie auf einer Vermeidung, solange die angebotenen Entschädigungszahlungen geringer sind, als der Grenznutzen der Vermeidung. Die Unternehmen werden Entschädigungszahlungen bis zur Höhe ihrer Vermeidungskosten anbieten. Im Beispiel ergibt sich, dass die Vermeidungskosten der Unternehmen bis zu einer Reduktion der Schadstoffemission um 18 Einheiten auf 12 Einheiten unter den Grenznutzen liegen. Über dieses Niveau hinaus wird es zu keiner Vermeidung kommen, weil die Bewohner eine Kompensationszahlung in Höhe des

Tab. 2.2 Effizienz von Zertifikaten und Abgaben

Unternehmen	Schadstoff-Emissionen	Reduktionskosten pro Einheit in EUR	Variante I (Zertifikat) Ziel: Halbierung der Gesamtemission						Variante II (Abgabe) Ziel: Halbierung der Gesamtemission	
				Zertifikathandel		Brutto-RDK	Netto-Kosten			
	(1) E	(2) RDK/E	(3) Z	(4) +/− Z	(5) +/− €	(6) = [(1) − (3) − (4)] * (2)	(7) = (6) − (5)	(8) RE	(6) RDK = [(1) − (8)] * (2)	
A	6	50	3	−3	300	300	0	0	300	
B	6	100	3	−3	300	600	300	0	600	
C	6	150	3	3	−300	0	300	6	0	
D	6	200	3	3	−300	0	300	6	0	
Gesamtwirtschaft	24		12	0	0	900	900	12	900	

RDK = Reduktionskosten; E = Emission; RE = Restemission, Z = Zertifikate

(Fortsetzung)

2.4 Instrumente der Umweltpolitik

Tab. 2.2 (Fortsetzung)

Auktion (Sekundärmarkt)			Staatseinnahmen				
Preis	Angebot	Nachfrage	Unternehmen	Vermeidungskosten Pro Emissionseinheit	Abgabe pro Emissionseinheit		
					100	150	200
0	0	12					
50	3	9	A	**50**	100	0	0
100	6	6	B	**100**	0	0	0
150	9	3	C	**150**	600	0	0
200	12	0	D	**200**	600	900	0

Grenznutzens der Vermeidung akzeptieren würden. Für die Unternehmen sind diese Zahlungen geringer als eine zusätzliche Emissionsvermeidung. Die Verhandlungen führen in beiden Fällen (Variante I und Variante II in Tab. 2.3) zu einem Emissionsniveau von 12 Einheiten. Dafür müssen die Unternehmen entweder 5400 EUR Vermeidungskosten tragen (Variante II) oder die Bewohner (Geschädigte) würden den Unternehmen für die Unterlassung von 18 Einheiten eine Zahlung von 5400 EUR anbieten.

In der Tab. 2.4 sind Subventionen und Abgaben als alternative umweltpolitische Instrumente dargestellt. Die Wirkung der Abgaben für dieses Zahlenbeispiel ist schon in der Tab. 2.1 erläutert. Es wurde auch bereits erwähnt, dass beide Instrumente miteinander verknüpft werden können, um die Anreizwirkung einer Umweltinvestition zu verstärken.[27] Grundsätzlich führen Abgaben zu Staatseinnahmen und Subventionen zu Staatsausgaben. Im Beispiel besteht das umweltpolitische Ziel wiederum in einer Halbierung der Emissionsbelastung von 24 auf 12 Einheiten. Es wird zu Zwecken der Vergleichbarkeit unterstellt, dass der Staat bei beiden Varianten das gesamtwirtschaftliche Emissionsziel politisch vorgibt. Es besteht dann die Problematik die geeignete Subventionshöhe bzw. die Abgabenhöhe zu ermitteln. In der Tab. 2.4 sind Subventionen und Abgaben von jeweils 50, 100, 150 EUR pro Schadstoffeinheit gegenübergestellt. Es ist zudem aus Vereinfachungsründen unterstellt, dass ein Unternehmen nur bei einer vollständigen Subventionierung in die Vermeidung der Emission investiert. Dies wäre rational, wenn eine fortgesetzte Emission keine Konsequenzen nach sich ziehen würde (z. B. keine Abgabe). Es ist in der Tabelle erkennbar, dass der Staat das Emissionsziel bei einer Subvention von 100 EUR pro Emissionseinheit erreicht. In dem Fall trägt der Staat die Höhe der Vermeidungskosten von Unternehmen A und B mit insgesamt 900 EUR. Die angestrebte Emissionsvermeidung würde also die gleichen Kosten verursachen wie bei der Abgabenlösung, allerdings vom Staat bezahlt. In der Darstellung sind die Subventionszahlungen kursiv gekennzeichnet, wenn die Höhe der Subvention pro Einheit die Vermeidungskosten pro Einheit übersteigen. In dem Fall besteht für die subventionierten Unternehmen ein Anreiz, Mitnahmeeffekte zu realisieren. Sie werden versuchen, ihre Kosten höher darzustellen als sie sind, um in den höchstmöglichen Genuss einer Subvention zu gelangen. Es ist also davon auszugehen, dass die tatsächlichen Subventionen über den Vermeidungskosten liegen, weil der Staat die tatsächlichen Vermeidungskosten der Unternehmen nicht kennt bzw. nicht einschätzen kann. So kann konstatiert werden, dass die Subventionslösung im Idealfall zwar effizient wirken kann, aber eine negative Anreizwirkung zu Mitnahmeeffekten führt. Zudem gibt es keine allokationspolitische Rechtfertigung, warum der Staat bzw. die Gemeinschaft die Kosten der Internalisierung der externen Effekte tragen sollte.

Durch die Tab. 2.5 wird illustriert, dass Auflagen nicht zwingend eine Zielerreichung der Umweltpolitik gewährleisten. Unternehmen werden Auflagen selbst dann nicht immer erfüllen, wenn die Emission über das zulässige Niveau hinaus mit Strafzahlungen

---

[27]Im wirtschaftstheoretischen Sinne müssen beide Instrumente verknüpft werden. Im haushaltsrechtlichen Sinne würde dies dem Non-Affektationsprinzip widersprechen.

2.4 Instrumente der Umweltpolitik

Tab. 2.3 Effizienz von Verhandlungen

Schadstoff-Emissionen	Grenznutzen der Vermeidung pro Einheit in EUR	Reduktionskosten pro Einheit in EUR	Variante I (Verhandlung) Emissionsrecht bei den Unternehmen					Variante II (Verhandlung) Nutzungsrecht bei Bewohnern	
	(1) E	(2) RDK/E	(3) EV	(4) RE	(5) +/−	(6) =	(7) = Zahlung an Unternehmen	(5) RE	(6) Vermeidungskosten
30									
24	600	100	6	24	500	Verhandlung fortsetzen	600	24	600
18	450	200	12	18	250	Verhandlung fortsetzen	2400	18	2400
12	**300**	**300**	**18**	**12**	**0**	**Einigung**	**5400**	**12**	**5400**
6	150	400	24	6	−250	Abbruch	0	6	0

RDK = Reduktionskosten; E = Emission; RE = Restemission, EV = Emissionsvermeidung

Tab. 2.4 Effizienz von Subventionen und Abgaben

Unternehmen	Schadstoff-Emissionen	Reduktionskosten pro Einheit in EUR	Variante I (Subventionen) Ziel: Halbierung der Gesamtemission				Variante II (Abgabe) Ziel: Halbierung der Gesamtemission		
			max. S = 100 EUR/E			Staatsausgaben	Abgabe = 100 EUR/E		Staatseinnahmen
(1) E	(2) RDK/E	(3) RE	(4) S/E	(5) S	(6) = S + M	(7) RE	(8) RDK	(6) A * RE
A	6	50	0	50	300	***300***	0	300	0
B	6	100	0	100	600	600	0	600	0
C	6	150	6	0	0	0	6	0	600
D	6	200	6	0	0	0	6	0	600
Gesamtwirtschaft	24		12		900	900	12	900	1200

RDK = Reduktionskosten; E = Emission; RE = Restemission; S = Subvention; M = Mitnahmeeffekt; A = Abgabe

Unternehmen	Reduktionskosten pro Emissionseinheit	Staatsausgaben			Staatseinnahmen		
		Subvention pro Emissionseinheit			Abgabe pro Emissionseinheit		
		50	100	150	100	150	200
A	50	300	***300***	***300***	0	0	0
B	100	0	600	***600***	0	0	0
C	150	0	0	900	600	0	0
D	200	0	0	0	600	900	0

belegt ist. Wenn die Sanktionen geringer sind als die Vermeidungskosten des Unternehmens, hat das Unternehmen einen Anreiz, die Auflagen nicht zu erfüllen und stattdessen eine Strafzahlung zu tätigen. Die Verbindlichkeit der Auflage und die gesetzliche Pflicht ihrer Erfüllung garantieren nicht hinreichend ihre Einhaltung. Das Haftungsrecht verbessert die Treffgenauigkeit einer Auflagenlösung. Die Effizienz der Umweltauflage wird durch Sanktionen für deren Verfehlung nicht gesteigert. Die Zielerreichung der Auflage wird durch die Flankierung mit Haftungsregeln gesteigert.

Die Gegenüberstellung der umweltpolitischen Instrumente hat hinsichtlich der Effizienz gezeigt, dass Emissionszertifikate den anderen Instrumenten überlegen sind. Insbesondere verbindliche rechtliche Regulierungen, die anhand von Auflagen untersucht wurden und mit anderen Instrumenten verglichen wurden, weisen Schwächen beim

2.4 Instrumente der Umweltpolitik

Tab. 2.5 Effizienz von Haftungsregeln

Unternehmen	Schadstoff-Emissionen	Reduktions-kosten pro Einheit in EUR	Auflage und Haftungsrecht (bei prohibitivem Bußgeld)		Auflage und Haftungsrecht (bei nicht prohibitivem Bußgeld)			
			Ziel: Halbierung der individuellen Emission (= 50 % Gesamtreduktion)		Ziel: Flankierung des Halbierungsziels			Bußgeld
	(1) E	(2) RDK/E	(3) RE	(4) = [(1) − (3)] * (2)	(5) RE	(5) B/E	(6) WENN RDK ≤ B= (3) * (5)	(7) = (5) * (2)
A	4	100	2	200	2	200	200	0
B	4	200	2	400	2	200	400	0
C	4	300	2	600	4	200	0	400
D	4	400	2	800	4	200	0	400
Gesamtwirtschaft	16		8	2000	12		600	
							Staatseinnahme:	800

RDK = Reduktionskosten; E = Emission; RE = Restemission, B = Bußgeld

Kriterium Effizienz auf. Bezüglich des Effizienzziels wirken alle ökonomischen Umweltinstrumente marktkonform und erfolgreich. Allerdings verursachen die notwendigen staatlichen Eingriffe bei Steuern bzw. Abgaben sowie bei Subventionen einige Abweichungen vom Effizienzziel und haben zusätzlich Verteilungswirkungen.

Die sozialwissenschaftlichen Instrumente wirken aufgrund ihres Charakters effizient. Da sie auf eine Verhaltensanpassung abzielen, sorgt das Eigennutzprinzip dafür, dass die Anpassung effizient erfolgt. Jeder Marktteilnehmer strebt nach Kostenminimierung bzw. Nutzenmaximierung. Dieses Prinzip stellt auf funktionsfähigen Märkten die Effizienz sicher.

2.4.5.1.2 Bewertungskriterium Zielerreichung
Tendenziell sind die rechtlichen Instrumente bei der Zielerreichung schneller wirksam. Die Zielerreichung kann durch die direkte Regulierung und den verbindlichen Charakter sichergestellt werden. Dies geht zulasten der Effizienz, wie für die Auflagen im vorhergehenden Kapitel gezeigt wurde. Die Anpassung erfolgt nicht kostenminimal, aber der Standard wird durch den Staat administrativ festgesetzt. Die Zielgenauigkeit der Auflagen ist damit gegeben. Im Gegensatz dazu muss der Staat bei der Abgabenlösung schätzen, welcher Abgabensatz zum angestrebten Emissionsniveau führt. Die Realisierung des Emissionsstandards erfordert die Kenntnis der Vermeidungskosten oder einen Prozess, bei dem der Steuersatz so lange angepasst wird, bis der Zielstandard erreicht ist. Beim Bewertungskriterium Zielgenauigkeit zeigt sich die Vorteilhaftigkeit der Zertifikatlösung. Die Zielerreichung ist gegeben, weil das Emissionsniveau vorgegeben wird durch die Zahl der Zertifikate und die dadurch festgelegte Emissionsmenge. Das angestrebte Emissionsniveau wird gleichzeitig effizient realisiert, weil die Unternehmen mit niedrigen Vermeidungskosten die Emissionen minimieren, solange der Marktpreis für die Umweltzertifikate über ihren Vermeidungskosten liegen. Umgekehrt erwerben Unternehmen mit hohen Vermeidungskosten die Emissionsrechte am Markt. Das Emissionsziel kann dynamisiert werden, indem der Staat Zertifikate aufkauft und vom Markt nimmt oder zulässt, dass Dritte am Zertifikathandel teilnehmen mit dem Ziel der Stilllegung der Emissionsrechte.

Allerdings sind bei der Bewertung der Zielerreichung Verhaltensanreize und individuelle Anpassungsreaktionen zusätzlich zu berücksichtigen. Dies gilt in besonderer Weise bei der Auflagenlösung aufgrund fehlender Anreize Vermeidungskosten zu senken. In der Tab. 2.6 wird verdeutlicht, welche Entscheidungsprozesse bei rationalen Erwartungen der Marktteilnehmer stattfinden. Die Wirksamkeit der umweltpolitischen Instrumente wird dadurch maßgeblich beeinflusst. Eine Auflage wird das Steuerungsziel verfehlen, wenn ihre Durchsetzung nicht durch Haftungsregeln flankiert wird. Dies wurde bei der Effizienzanalyse der Haftungsregeln im vorangegangenen Abschnitt bereits aufgezeigt. Darüber hinaus stellt sich für einen risikoneutralen Entscheidungsträger die Situation wie in Tab. 2.6 dar.

Das Unternehmen hat eine Entscheidung unter Risiko zwischen Alternativen zu treffen. Im Beispiel besteht eine Entscheidung darin, zwischen der Entsorgung von Abfall und der Umweltverschmutzung zu wählen. Die Entsorgungskosten werden den Bußgeldzahlungen für eine Umweltverschmutzung gegenüber gestellt. Bei der Entscheidung über den Einbau von Filteranlagen besteht die Wahl zwischen der Emission und dem Filtereinbau. Ein

2.4 Instrumente der Umweltpolitik

Tab. 2.6 Zielerreichung von Haftungsregeln und Sanktionen

Entscheidungssituation	Szenarien Handlungsalternativen	Verhaltensverschleierung	Verhaltensaufdeckung	Erwartetes Handlungsergebnis als Kosten in EUR
	Wahrscheinlichkeit p =	0,7	0,3	Erwartungswert μ (€)
Entsorgungs-entscheidung	Abfallbeseitigung	20.000 €	20.000 €	20.000
	Umweltverschmutzung	0 €	30.000 €	**9.000**
Entscheidung Filteranlagen	Filtereinbau	100.000 €	100.000 €	100.000
	Emission	0 €	200.000 €	**60.000**
Kosten der Abfallbeseitigung:		20.000 €	Bußgeld Abfall:	30.000
Kosten der Emissionsvermeidung:		100.000 €	Bußgeld Emission:	200.000

Unternehmen ist zwischen der Umweltverschmutzung und der ökologischen Verhaltensweise indifferent, wenn die Kosten beider Alternativen gleich sind. Das Risiko der Entscheidung ist in den Eintrittswahrscheinlichkeiten widergespiegelt. Der Erwartungswert für die Kosten der Alternativen ist jeweils entscheidungsrelevant. Es wird deutlich, dass bei einer Entdeckungswahrscheinlichkeit von 30 % (0,3) und den gegebenen Bußgeldern die Umweltverschmutzung bzw. die Emission aus Sicht des Unternehmens deutlich preiswerter erscheint als die Vermeidung der Umweltschädigung. Generell gilt, dass eine Umweltschädigung umso attraktiver wird, je niedriger die Bußgelder und je niedriger die Entdeckungswahrscheinlichkeit sind. Die Umweltpolitik ist gut beraten, Bußgelder prohibitiv hoch anzusetzen und Aktivitäten zur Aufdeckung von Umweltsünden zu entfalten. Bei der Bewertung der Zielgenauigkeit von Umweltpolitik sind diese Überlegungen zwingend zu berücksichtigen.

2.4.5.1.3 Bewertungskriterium Anreizwirkung

Grundsätzlich gilt, dass ein effizientes Instrumentarium der Umweltpolitik die Chancen zur Erreichung anspruchsvoller umweltpolitischer Ziele steigert. Insbesondere wird die Zielerreichung gefördert, wenn von den verwendeten umweltpolitischen Instrumenten positive Anreizwirkungen im Hinblick auf weitere ökologische Verbesserungen ausgehen.

Die unter Effizienzaspekten zu bevorzugenden Instrumente Zertifikat und Ökosteuer bewirken einen Anreiz zur Ersparnis von Vermeidungskosten, wenn die Emission in die Umwelt besteuert wird. Während eine Produkt- oder Ressourcenbesteuerung lediglich einen Anreiz bietet, weniger des Produktes herzustellen oder weniger von der Ressource einzusetzen (Inputsubstitution), ergibt sich bei der Emissionsbesteuerung zusätzlich eine Möglichkeit der Kostenersparnis durch den Einsatz von Vermeidungstechnologien oder Prozessoptimierung. Bei einer Auflagenregelung besteht dagegen kein Anreiz zur Kostenminimierung. Ein Unternehmen kann durch ökologische Verbesserungen keine Kosten einsparen. Die Auflage muss zu den Vermeidungskosten zum Zeitpunkt der Implementierung erfüllt werden. Darüber hinaus besteht kein Anreiz für Unternehmen, Emissionen zu reduzieren bzw. ökologische Standards zu steigern. Im Gegenteil ist sogar zu erwarten, dass Umwelttechnologien sehr zurückhaltend entwickelt werden und Kosten überhöht werden, um eine befürchtete Auflagenverschärfung zu umgehen (vgl. Endres 2007, S. 122 ff.). Das Phänomen ist auch bekannt als das „Schweigekartell der Oberingenieure" (vgl. Cezanne 2005, S. 56).

Von verhaltensbeeinflussenden Instrumenten geht implizit eine dynamische Anreizwirkung aus. Marktteilnehmer werden ihr Verhalten in Richtung eines nachhaltigen Wirtschaftens bzw. einer Steigerung der Umweltqualität nur anpassen, wenn durch ein solches Verhalten Nutzenvorteile für sie entstehen. Damit sind auch in der Umweltpolitik die sozialwissenschaftlichen Instrumente langfristig die am besten geeigneten Instrumente zur effizienten Zielerreichung mit hoher Anreizdynamik. Das Ergebnis bestätigt die allokationspolitische Bewertung dieser Maßnahmen in der Wettbewerbspolitik.

2.4.5.1.4 Bewertungskriterium politische Durchsetzbarkeit

Die Auswahl der umweltpolitischen Instrumente richtet sich nicht allein nach der Zielerreichung bzw. nach der Allokationseffizienz. Vielmehr folgt die Umweltpolitik grundsätzlichen Orientierungen nach denen die Wirtschaftspolitik ausgerichtet ist. Dabei sind vor allem drei Überlegungen relevant: Das Verursacherprinzip, das Gemeinlastprinzip und das Vorsorgeprinzip. Diese Prinzipien bilden die Leitlinie für wirtschaftspolitische bzw. umweltpolitische Entscheidungen. Darüber hinaus wird die Umweltpolitik von parteipolitischen Präferenzen der jeweiligen Regierungskoalition geprägt. Schließlich spielen die potenziellen Auswirkungen umweltpolitischer Maßnahmen auf das Wahlverhalten bzw. die Wahrnehmung der umweltpolitischen Entscheidungen bei der Zielgruppe der Politiker eine wesentliche Rolle.

Das **Verursacherprinzip** folgt dem Grundsatz, dem Verursacher einer Schädigung die Kosten dieser Schädigung aufzuerlegen. In der Umweltpolitik wird oft davon gesprochen, dass eine Internalisierung der externen Effekte dem Verursacherprinzip folgt. Dies scheint zudem aus Gerechtigkeitsüberlegungen angemessen, wenn der Schuldige die Kosten seines schuldhaften Verhaltens übernehmen muss. Dem Prinzip sind in der Umweltpolitik enge Grenzen gesetzt. Zum einen ist die Frage des Verantwortlichen (Verursachers) eines Umweltschadens nicht dadurch beantwortet, dass dem umweltbelastenden Produzenten eines Gutes die Verantwortung zugewiesen wird. Die Konsumenten entscheiden souverän über den Erwerb von Gütern und Leistungen, deren Umwelt belastende Herstellung oftmals bekannt ist. Selbst die eigentliche Umweltschädigung lässt sich nicht immer eindeutig einem Hersteller zuordnen. Damit ist weder faktisch noch juristisch das Verursacherprinzip konsequent anwendbar. Zum anderen entspricht es nicht dem Verursacherprinzip, wenn der physische Produzent eines Umweltschadens dafür haftbar gemacht wird. Es entspricht aber dem Effizienzprinzip. Ökonomisch ist das Verursacherprinzip sinnvoll interpretierbar, wenn darunter allokationspolitische Effizienz der Umweltpolitik verstanden werden soll.[28]

Wenn ein Schaden bereits entstanden ist oder selbst die technische Verursachung nicht unmittelbar einem Verantwortlichen zugeordnet werden kann, wäre die Verfolgung des Verursacherprinzips in jedem Fall limitiert. Dies ist beispielsweise der Fall bei einer zu spät festgestellten, vorliegenden Schädigung oder fehlender Rückverfolgungsmöglichkeit einzelner Emissionen in die natürlichen Ressourcen. Das **Gemeinlastprinzip** ist eine wichtige Ergänzung für die politischen Grundsätze der Umweltpolitik. Es beinhaltet, dass der Staat, und damit die Gemeinschaft, für bereits entstandene Umweltschäden aufkommen. Umweltschäden sollen durch Staatsaktivität beseitigt werden. Dies ist mit Staatsausgaben verbunden. Die Gemeinschaftsmittel können nicht mehr für andere Zwecke der Wirtschaftspolitik verwendet werden. Im Einzelfall kann der Staat ex post versuchen, einen Verursacher für den Umweltschaden haftbar zu machen, aber der Schaden für die Gemeinschaft ist zunächst zulasten der Gemeinschaft zu beseitigen. Das ökologische Ziel der Umweltverbesserung kann durch das Gemeinlastprinzip einfacher und wirksamer sichergestellt werden. Zudem ist das Gemeinlastprinzip bei Gefahr im Verzug anwendbar.

Die beiden bisherigen Prinzipien der Umweltpolitik berücksichtigen nicht den Nachhaltigkeitsgedanken. Für eine generationsübergreifende Umweltpolitik und um den Erhalt eines Umweltvermögens in der Zukunft zu gewähren, muss präventiv Umweltpolitik betrieben werden. Das **Vorsorgeprinzip** soll der Nachhaltigkeit einer Umweltpolitik Rechnung tragen. In Deutschland bzw. Europa ist das Prinzip teilweise gesetzlich verankert. Die Festschreibung einer Umweltverträglichkeitsprüfung bei Projektvorhaben ist ein wesentliches Element dieses Prinzips.

Während die erläuterten Prinzipien als Leitlinien einer Umweltpolitik dienen, wird die konkrete, operative Umweltpolitik durch Interessengruppen und Mehrheiten in der Demokratie beeinflusst. Politische Entscheidungsträger mit einer hohen Priorität für die Umwelt werden die Erreichung von anspruchsvollen Umweltzielen anderen wirtschaftspolitischen Zielstellungen unterordnen. Daraus kann abgeleitet werden, dass es bei diesen Vertretern eine Tendenz zu schnell wirkenden umweltpolitischen Instrumenten und einer Priorisierung der Zielerreichung gegenüber der Effizienz geben wird. Dazu sind rechtlich verbindliche Instrumente der Umweltpolitik, wie Auflagen, Gebote, Verbote besser geeignet. Dagegen werden politische Entscheidungsträger mit einer hohen Priorisierung ökonomischer bzw. allokativer Ziele tendenziell zu ökonomischen Instrumenten der Umweltpolitik, insbesondere zu Zertifikatlösungen neigen. Die langfristig hohe Eignung von handelbaren Umweltzertifikaten für Effizienz und Zielerreichung hat in

---

[28]Davon unabhängig bezahlen die Konsumenten eine Verteuerung von Gütern infolge der Internalisierung der externen Effekte durch höhere Marktpreise. Insofern sind weder Ursache der Umweltverschmutzung noch umweltpolitische Wirksamkeit monokausal.

den vergangenen Jahren eine Umkehr der praktischen Umweltpolitik von Auflagen (rechtlichen Instrumenten) zu Zertifikaten (ökonomische Instrumente) bewirkt. Sozialwissenschaftliche Instrumente sind zwar hinsichtlich Effizienz, Zielerreichung und Anreizwirkung optimal geeignet, werden aber hinsichtlich der politischen Durchsetzbarkeit nur eine untergeordnete Rolle spielen. Sie wirken nur langfristig, sie sind politischen Entscheidungsträgern nicht direkt zuzuordnen bzw. ihre Wirkung lässt sich nicht auf deren politische Aktivität zurückführen. Da sie dennoch in der Ordnungspolitik verankert werden müssen, stehen einer Implementierung dieser Instrumente in der politischen Anwendungslogik erhebliche Hürden im Weg.

2.4.5.2 Bewertung der Nachhaltigkeit

Die Forderung eines nachhaltigen Wirtschaftens beinhaltet die Berücksichtigung des zukünftigen Wohlfahrtsniveaus. Dies geschieht bei Eigennutz maximierendem Verhalten der Individuen nicht. Vielmehr besteht ein Anreiz, natürliche Ressourcen in der Gegenwart zu übernutzen, um zulasten zukünftiger Generationen den (eigenen) Gegenwartskonsum zu maximieren. Das Ziel der Nachhaltigkeit lässt sich anhand der regenerativen Ressourcen verdeutlichen. Der natürliche Ressourcenbestand soll erhalten bleiben. Ein Anstieg der regenerativen Ressourcen wäre zwar zielführend im Sinne der Nachhaltigkeit, wird sich aber im Wettbewerb nicht einstellen. Selbst ein funktionierender Wettbewerb führt zu einem Gefangenen-Dilemma. Dies bedeutet, dass die Ressourcen übernutzt werden, wenn es keinen Eingriff in den Marktmechanismus gibt. Die Operationalisierung des Nachhaltigkeitsniveaus erfolgt durch die Forderung, die Ressourcen entsprechend ihrer Regenerationsrate zu nutzen. Dabei sollen maximal so viele regenerative Ressourcen verbraucht werden, wie durch die Regeneration nachwachsen. Für die Umweltpolitik erfordert dies die Kenntnis der Regenerationsrate und der aktuellen Ressourcennutzung.

In Tab. 2.7 ist der Ressourcenbestand in der Ausgangssituation bei 20 Einheiten. Es wird eine Regenerationsrate von 2 angenommen. Bei einer Nutzung in Höhe dieser 20 Einheiten wäre die Ressource erschöpft. Bei einer Nutzung von weniger als 10 Einheiten der Ressource ergibt sich bei einer Regenrationsrate von 2 Einheiten eine Verbesserung der Ressourcenausstattung. Bei einem Verbrauch von 10 Einheiten der Ressource bleibt der Ressourcenbestand unverändert. Das Ziel der Umweltpolitik muss es sein, mindestens diesen Ressourcenbestand der Ausgangssituation zu erhalten.

Für diese Zielstellung, die einer intertemporalen Internalisierung externer Effekte entspricht, stehen die gleichen umweltpolitischen Instrumente zur Verfügung wie für die Internalisierung der externen Effekte der Gegenwart. Die Zertifikate wären auch bei der intertemporalen Internalisierung der negativen externen Effekte die beste Lösung. Es gelten die gleichen Eigenschaften der Instrumente. Eine Festlegung des Niveaus der Ausnutzung der regenerativen Ressource muss so erfolgen, dass mindestens der Erhalt des Ressourcenbestandes sichergestellt wird. Für die Nutzung der Ressource können

Tab. 2.7 Nachhaltigkeit im Umgang mit natürlichen Ressourcen

	Ressourcennutzung	Ressourcenbestand	Regenerierter Ressourcenbestand	Veränderung des Ressourcenbestands	
Potenzial	20				
	(1) C_t	(2) R_{Rest}	(3) $R_{Rest} * r$	*(4) ΔR*	*Umwelteffekt*
A	0	20	40	20	Ressourcenverbesserung
B	2	18	36	16	Ressourcenverbesserung
C	10	10	20	0	Nachhaltigkeit
D	15	5	10	−10	Übernutzung
E	20	0	0	−20	Übernutzung
Ressourcenausstattung (R)	20				
Regenerationsrate (r)	2				

dann Umweltzertifikate als Nutzungsrechte ausgegeben werden. Die Handelbarkeit der Nutzungszertifikate stellt die kostenminimale Ausnutzung der Ressource sicher. Eine dynamische Steuerung der Ressourcenausstattung ist durch die Anpassung der Menge der Nutzungsrechte an Marktpreise, die Veränderung der Regenerationsrate oder die Bestandsveränderung möglich. Die Ausdehnung der klassischen Umweltpolitik auf eine Politik der Nachhaltigkeit wäre allokationspolitisch sinnvoll und wirtschaftspolitisch begrüßenswert. Der Leser möge selbst prüfen, wie dramatisch die Veränderung der Ergebnisse ausfällt, wenn eine angenommene Regenerationsrate von 1,2 zugrunde gelegt wird.

Literatur

Bundesamt, Statistisches. 2014. *Indikatorenbericht nachhaltige Entwicklung*. Bonn: Statistisches Bundesamt, 2014.
Cezanne, Wolfgang. 2005. *Allgemeine Volkswirtschaftslehre*. 6. Auflage. München, Wien : Oldenbourg, 2005.
Endres, Alfred. 2007. *Umweltökonomie*. 3. Auflage. Stuttgart: Kohlhammer, 2007.
Endres, Alfred/Martiensen, Jörn. 2007. *Mikroökonomik*. Stuttgart: Kohlhammer, 2007.
Haucap/Schmidt. 2013. *Wettbewerbspolitik und Kartellrecht*. 10. Auflage. München: GeGruyter Oldenbourg, 2013.
Kaufmann, Franz-Xaver. 2009. *Sozialpolitik und Sozialstaat*. 3. Auflage. Wiesbaden : Verlag für Sozialwissenschaft, 2009.
Klump, Rainer. 2006. *Wirtschaftspolitik*. München: Pearson Deutschland, 2006.
Meadows/Meadows/Randers/Behrens. 1972. *The Limits of Growth*. New York: Universe Books Publication, 1972.
Nutzinger, Hans G. (Hrsg.). 1995. *Nachhaltige Wirtschaftsweise und Energieversorgung*. Marburg: Metropolis, 1995.

Rogall, Holger. 2004. *Ökonomie der Nachhaltigkeit.* Wiesbaden: VS Verlag, 2004.
Weizsäcker, Ernst U./Lovins, Amory B./Lovins, Hunter L. 1995. *Faktor Vier – Bericht an den Clube of Rome.* München: Droemer Knaur, deutsche Lizenzausgabe, 1995.
Weltkommission, für Umwelt und Entwicklung. 1987. *Brundtland-Bericht Our Common Future.* New York: UN Documents, 1987.

Wirtschaftspolitische Schlussfolgerungen 3

Die Voraussetzung für eine erfolgreiche Wirtschaftspolitik ist die richtige Analyse der ökonomischen Situation und der Ursachen einer wirtschaftlichen Fehlfunktion. Eines der wichtigen Aufgabenfelder der Wirtschaftspolitik ist die Allokationspolitik. Eine optimale Ressourcenallokation erfordert die Funktionsfähigkeit des Marktmechanismus. Die Allokationspolitik muss daher entweder die Bedingungen für funktionierende Märkte schaffen (können) oder geeignete Korrekturmöglichkeiten vorgeben, um eine „Second Best"-Lösung zu erreichen. Die Wirtschaftspolitik kann dies nur leisten, wenn sie dort ansetzt, wo der Markt unvollkommen ist oder versagt und dabei die Prinzipien des Marktmechanismus beachtet. Die optimale Ressourcenallokation ist jedoch nur ein wirtschaftspolitisches Ziel. Bei Zielkonflikten zwischen verschiedenen wirtschaftspolitischen Zielstellungen ist die Priorisierung eine gesellschaftliche Aufgabe, stellvertretend zu lösen durch die Vertreter des Staates, die Bürokratie und die Politik. Dabei sind weitere Zielkonflikte zwischen den eigennützigen Zielen der staatlichen Entscheidungsträger und den wohlfahrtspolitischen Zielen der Gesellschaft zu erwarten. Umso wichtiger wäre die Ausrichtung der Wirtschaftspolitik an einem soliden wirtschaftswissenschaftlichen Fundament. Die Sicherung des Wettbewerbs ist kein wirtschaftspolitisches Ziel als solches. Der funktionsfähige Wettbewerb ist eine Bedingung für die Wirksamkeit des Marktmechanismus. Die Wettbewerbspolitik ist Allokationspolitik, insofern als der Wettbewerb die Vorbedingung für eine optimale Ressourcenallokation darstellt. Ein Versagen des Wettbewerbs ist gleichbedeutend mit Wohlfahrtsverlusten und Fehlallokation. Das nachhaltige Wirtschaftswachstum bleibt hinter der möglichen Wirtschaftsleistung zurück, weil die Marktvolumina niedriger als bei optimaler Allokation sind. Die Vollbeschäftigung wird verfehlt, weil die Arbeitskraft eine Ressource darstellt, die nicht optimal eingesetzt und nicht voll ausgeschöpft werden kann. Das soziale Gleichgewicht wird sich bei einem geringeren Maß an Sozialleistungen einstellen, weil infolge der Fehlallokation der Verteilungsspielraum reduziert ist. Schließlich ist auch die Realisierung eines ökologischen Gleichgewichts negativ beeinflusst, weil das nicht funktionierende Wettbewerbsprinzip eine faire Bepreisung von Umweltschäden aufgrund der gefährdeten anderen wirtschaftspolitischen Ziele als weniger bedeutend erscheinen lässt.

Die Unabhängigkeit von Institutionen der Wettbewerbssicherung ist aus diesen Gründen eine Voraussetzung, um eine Entkopplung von Interessengruppeneinfluss zu erzielen und eine nachrangige Prioritätensetzung zu vermeiden. Die Möglichkeit, die Kartellbehörde durch ministerielle Sondergenehmigung zu überstimmen und die ausgiebige Nutzung dieses Instruments durch unterschiedlichste Wirtschaftsminister zeigen exemplarisch die Defizite der Wettbewerbspolitik. Wenn bereits bei den konstitutionellen Anforderungen an die Wettbewerbspolitik substanzielle Fehler zu bilanzieren sind, wirft dies kein gutes Licht auf die weiteren Felder der Wettbewerbspolitik. Das Buch versucht, eine wertneutrale Aufarbeitung des zur Verfügung stehenden Spektrums an wettbewerbspolitischen und umweltpolitischen Instrumenten aufzuzeigen. Es kann konstatiert werden, dass dabei kein Instrument kategorisch als ungeeignet klassifiziert werden kann. Je nach Priorisierung der wirtschaftspolitischen Ziele eignen sich eher ordnungspolitische oder regulatorische Instrumente. Während die Wettbewerbspolitik ein Anwendungsfeld der Allokationspolitik ist, in dem die Voraussetzungen für eine funktionierende Wirtschaftsordnung geschaffen werden, stellt die Umweltpolitik ein wirtschaftspolitisches Ziel dar, dessen Operationalisierung im wirtschaftspolitischen Zielsystem erst noch gefunden werden muss.

Das ökologische Gleichgewicht ist ein wirtschaftspolitisches Ziel, das noch nicht konsequent gleichrangig neben den Zielgrößen des klassischen magischen Vierecks implementiert ist. Das gilt für die Wirtschaftstheorie ebenso wie für die angewandte Wirtschaftspolitik. Aus diesem Grund ist eine Operationalisierung des ökologischen Gleichgewichts eine wesentliche Herausforderung für Wissenschaft und Politik. Darüber hinaus konnte gezeigt werden, dass Zielkonflikte zwischen Ökonomie und Ökologie durch den abwägenden Einsatz des umweltpolitischen Instrumentariums reduziert werden können. Marktkonforme Instrumente, die eine höhere Effizienz anzeigen, sind mittel- bis langfristig besser geeignet. Wenn dagegen ein bestimmtes ökologisches Ziel dringend und treffsicher erreicht werden muss, sind administrative, verbindliche Vorgaben kurzfristig überlegen.

Aus der allokationspolitischen Sicht genießt das Effizienzkriterium die höchste Priorität. Wohlfahrtsoptimal wäre eine wettbewerbspolitische oder umweltpolitische Maßnahme, wenn sie effizient und zielführend ist. Wenn die Zielerreichung nicht gefährdet ist bzw. über einen Anpassungsprozess realisiert werden kann (sollte), eignen sich ordnungspolitische Instrumente und staatliche Investitionen am besten als Allokationspolitik. Die Wirtschaftspolitik benötigt allerdings regulatorische Instrumente bzw. rechtliche Instrumente mit schneller Zielerreichung und hoher Verbindlichkeit ebenso, um situativ auf volkswirtschaftliche Herausforderungen (z. B. Globalisierungseffekte), auf exogene Schocks (z. B. Reaktorkatastrophe) oder Einzelfälle (Wettbewerbsverstöße, Umweltschädigungen) reagieren zu können. Das Buch liefert einen Beitrag zur Systematisierung der allokationspolitischen Instrumente und zur fundierten Abwägung ihres Einsatzes auf Basis der mikroökonomischen

Theorie. Es wurden die Wirkungen und Nebenwirkungen des wirtschaftspolitischen Instrumentariums in den Politikfeldern Wettbewerb und Ökologie unter Berücksichtigung der entscheidungsrelevanten Kriterien Zielerreichung, Effizienz und politische Durchsetzbarkeit aufgezeigt. Es wurden jeweils Anreizwirkungen und Anpassungsdynamik in die Analyse einbezogen. Im Ergebnis steht zwar keine klare Empfehlung zur Verwendung der wirtschaftspolitischen Instrumente, aber ein Plädoyer dafür, wirtschaftspolitische Entscheidungen aus einer sorgfältigen Situationsanalyse und einem klar formulierten Zielsystem abzuleiten.

Literatur

Altmann, Jörn: Umweltpolitik, Stuttgart.
Blankart, Charles Beat: Öffentliche Finanzen in der Demokratie, 7. Auflage, Vahlen, München, Darmstadt, 2008.
Cezanne, Wolfgang: Allgemeine Volkswirtschaftslehre, 6. Auflage, Oldenbourg-Verlag, München, Wien, 2005.
Endres, Alfred/Martiensen, Jörn: Mikroökonomik, Kohlhammer, Stuttgart, 2007.
Endres, Alfred: Umweltökonomik, 3. Auflage, Kohlhammer, Stuttgart, 2007.
Eucken, Walther: Grundsätze der Wirtschaftspolitik, Tübingen, 1952.
Fehl, Ulrich/ Oberender, Peter: Grundlagen der Mikroökonomie, Vahlen, München, 2004.
Stobbe, Alfred: Mikroökonomik, 2. Aufl., Springer-Verlag, Berlin, Heidelberg, New York u.a., 1991.
Varian, Hal R.: Grundzüge der Mikroökonomik, 8. Auflage, Oldenbourg, München, Wien, 2011.
Woll, A.: Allgemeine Volkswirtschaftslehre bzw. Wirtschaftspolitik, Vahlen, München, aktuelle Auflage.
Deimer, Klaus /Jaufmann, Dieter: Wann lernen wir zu optimieren? in: Henkel, Heinrich A. et al.: Gegen den gesellschaftspolitischen Imperialismus der reinen Ökonomie, Marburg.
Pätzold, Jürgen/Mussel, Gerhard: Umweltpolitik, Berlin.
Haucap, Justus / Schmitt, Ingo (2013): Wettbewerbspolitik und Kartellrecht. Eine interdisziplinäre Einführung, 10. Auflage, München: Oldenbourg.
Statistisches Bundesamt (2014): Indikatorenbericht nachhaltige Entwicklung in Deutschland, Wiesbaden, 2014.
von Weizsäcker, Ernst-Ulrich/Lovins, Amoroy B./Lovins, L. Hunter: Faktor vier, der neue Bericht an den Club of Rome, Darmstadt.
Wicke, Lutz: Umweltökonomie, München.

The manufacturer's authorised representative in the EU is Springer Nature Customer Service Centre GmbH, Europaplatz 3, 69115 Heidelberg, Germany. If you have any concerns regarding our products, please contact ProductSafety@springernature.com

Printed and bound by CPI Group (UK) Ltd, Croydon, CR0 4YY
23/03/2026
02076394-0020